ÓPERAS FAMOSAS

NICOLÁS BARQUET

ÓPERAS FAMOSAS

CRONOLOGÍA, ARGUMENTOS Y REPARTO

PRÓLOGO DE
EUGENIO D'ORS
De la Real Academia Española

EPÍLOGO DE
CÉSAR GONZÁLEZ RUANO

EDITORIAL JUVENTUD, S. A.
Provenza, 101 · Barcelona

© Nicolás Barquet, 1970
    Editorial Juventud, Barcelona, 1970
Tercera edición, 1995
Depósito Legal, B. 39.830-1994
ISBN 84-261-0889-X
Núm. de edición de E. J.: 9.117
Impreso en España - Printed in Spain
EDIM, S. C. C. L. Badajoz, 145 - 08018 Barcelona

PRÓLOGO

Heme al borde, otra vez, del abismo. ¿Hasta cuándo? Superior mandato académico me obliga hoy a leer —peor, a juzgar—, una tras otra, quince novelas. Ayer fue un temerario quien me hizo declarar, velis nolis, una improvisada opinión sobre el doblaje en el cine. Otro quiere obligarme a pensar acerca de las "relaciones entre la Religión y el Arte", justo en el momento en que yo me disponía a una abstracta reflexión acerca de las que unen la Gimnasia con la Magnesia. Ahora me pide un ingenio de mis playas encabezamiento para un libro, donde se seleccionan avisadamente "argumentos" de óperas famosas... ¿Hasta cuándo se prolongará esto? ¿Hasta cuándo se me empujará, a cada instante, con la mejor voluntad sin duda, hacia los precipicios de la incompetencia?

No recuerdo ahora si fue mi querido Vossler u otro amigo alemán quien me contó la historia de un colega suyo que, habiendo permanecido treinta años en China, volvió tan adaptado, inclusive en las maneras de sentir, que no tenía un "no" para nadie; pues la cortesía chinesca es tan refinada, por lo menos entre la selección letrada y tradicionalista, que a nadie se pide lo que no se le presume gustoso en dar. Así, el aludido profesor veíase obligado a multiplicar las conferencias públicas, las contestaciones a encuestas, los diálogos periodísticos, con daño doble de su reposo y de su quehacer. Hasta que sus discípulos se decidieron a montar una especie de guardia a su alrededor, para defenderle, parando los golpes.

Ahora, que, si los golpes vienen de los propios miembros de esta guardia, ya es el acabóse... A mí, así me ha alcanzado el de las óperas; y agravado, por tratarse de óperas y, a la vez, de sus argumentos. Me ocurre como a un señor venido a Valencia para las Fallas y que se encontró de pronto en la calle con un pariente suyo: "¡Hombre, Tomás; tú por aquí —exclamó éste—. Ya te estás viniendo a casa, sin cum-

plidos, para comer un cocido en familia." "Has mentado —respondió fríamente el otro— las dos cosas que me dan más asco: el cocido y la familia..." A mí, no es que me den asco; pero tal vez las dos cosas del mundo de que menos se me alcanza son los argumentos y las óperas.

Ya, respecto de las obras de pintura y escultura, frente a las cuales me muevo, sin embargo, tan a gusto, la consideración de lo que se llama su asunto me encocora y la considero más bien como un estorbo a la comprensión. A su descrédito dediqué una vez cierta lección agresiva en el Museo del Prado, recogida luego en un librillo de introducción a la crítica de arte. En cuanto a las óperas, debo humildemente confesar que, si alguna vez me ha seducido el bel canto —mucho más, naturalmente, si venía de garganta de soprano que de pulmones de tenor—, la intriga que mientras tanto iba desarrollándose en escena me tenía perfectamente sin cuidado. No ya la de La flauta mágica, que me figuro no ha descifrado nadie —y donde, por otra parte, la atención estética se va por entero hacia los primores pajariles y casi vegetales de la orquesta y de las voces humanas—, sino el de las adaptaciones de temas archiconocidos, como el del Fausto, donde precisamente lo que me extraviaba era una simplificación, reductora a lo anecdótico, de lo que uno tiene costumbre de ver como dialéctico.

Para mí, como para varias generaciones desde Stendhal, la ópera ha sido, por excelencia, una institución social —mundana, dijérase, mejor que artística—, donde la elegancia del vestir de los espectadores importaba más que la propiedad del vestir de los artistas; y donde podía sacarse mejor substancia estética de los entreactos que de las romanzas. Mis experiencias personales de espectador de ópera son, principalmente, juveniles y situadas en el Gran Teatro del Liceo de mi ciudad, universalmente tenido por primacial en el género. No me da vergüenza el recordar, siguiendo en la especial valoración mundana que a éste atribuyo, que fue allí, y a través de aquéllas, donde encontré novia; y también los oportunos sucedáneos hasta encontrarla. Las cosas pasaban en aquel ambiente lo más correcta, cortesana y apaciblemente del mundo; hasta que la tempestuosa introducción del drama lírico wagneriano, que ya no debe llamarse ópera, vino a alterarlas, con no pocos elementos de subversión. Así y todo, no me olvidaré nunca de que, cuando

la primera noche del Parsifal, *solemne entre todas y rodeada de una expectación mística entre los aficionados, cuya
cena había tenido lugar desusadamente, previendo la duración enorme del espectáculo, al cual asistían con linternitas
manuales, para seguir la partitura; y como yo, tras de la sacra
orgía musical, descendiera del palco dando el brazo a una señora colombiana, que había mantenido sin el menor sobresalto la venusta serenidad de su rostro y la blanda amabilidad
de la sonrisa, ella susurró, con un aire de complacencia inde-
cible:* "Estuvo graciosa la piesesita."
*De París, ya son mis evocaciones mucho menos diver-
tidas, en este capítulo. La* Grande opéra *salía muy cara;
aparte de que nunca echaban allí otra cosa que* Los Hugonotes. *A la* Opéra-comique *sí que tuve la fortuna de poder asistir una temporada, entre* Falla *y* Turina, *gracias a
unos* "pases", *que a ellos les procuraban, y que yo adquiría
también, por un precio muy reducido, en un estanco; alguna vez entré de este modo, sin ninguna sorpresa de los señores —entonces enchisterados— del control, con una tarjeta
extendida a nombre de Giacomo Rossini. Gocé más de una
velada, con el* Barbero de Sevilla, *o cuando cantaba* Carmen *nuestra inolvidable María Gay. Pero lo que estas ve-
ladas no me devolvían eran el específico placer social del
Liceo ni el substancial alimento de sus entreactos. Por otra
parte, en París, esto mismo podía encontrarse bajo techos
más reducidos y en compañías más selectas. En Madrid,
me ha ido todavía peor. Entre el incendio del Real y la concurrencia, siempre apercibida a lo promiscuo, de la "zarzuela grande", se ha ido aquí sedimentando mi despego.
No es que la zarzuela sea un "género híbrido", según hace
media centuria se discutía. Pero, si grande, resulta un género
inevitablemente paleto. Otros dicen: "típicamente español".
Da lo mismo, cuando el encomio de "español" se toma en
el sentido a que lo redujeron años y daños y con que, afor-
tunadamente, ya vamos acabando nosotros. En cualquier hi-
pótesis, ante la zarzuela grande, menos aún que ante la ópera
el "argumento" me interesaba... Que me perdonen los autores de las "letras": este parecer particular en nada merma
su mérito ni ha de nublar su gloria.
En nada tampoco reduce el interés de una Antología
de "argumentos de ópera". Si la superioridad artística del
drama lírico wagneriano consiste fundamentalmente en aque-*

*lla fusión de la música con la poesía y con el espectáculo,
frecuentemente subrayada por la unidad de autor, ¿cómo
negar que un fiel percatarse del asunto y de su desarrollo
ha de elevar la preparación del oyente, logrando en él una
aproximación, hasta en presencia de una "ópera italiana",
de la consabida síntesis de las artes, que Wagner se ala-
baba de haber logrado? Sobre todo, si el colector es un aficionado fino, en cuyo talento se juntan los primores de la
erudición con los de la maestría civil. Sobre todo, si este
colector es amigo mío, y —en jerarquía aún más apetecible
tal vez que la de la amistad—, un interlocutor. Sobre todo
si nuestros diálogos, pululantes a través de estivaciones pla-
yeras, no se han interrumpido ni bajo el agobio del sol ni
en las noches que sorprende la aurora; ni siquiera entre
el estruendo de las verbeneras radiolas, ni dentro mismo
del fragor de las olas del mar, las cuales alguna vez pudie-
ron amenazar con devolver, horas más tarde, nuestros cuerpos reunidos, así los de tales o cuales "amantes célebres".*

Eugenio d· Ors

FRA DIAVOLO

Ópera cómica en tres actos

Música: Francisco AUBER   Libreto: Eugenio SCRIBE

Estreno: París, 8 enero 1830

REPARTO

FRA DIAVOLO, jefe de bandoleros	Tenor
LORD COCKBURN, turista inglés	Bajo
LADY PAMELA COCKBURN, su esposa	Mezzo-soprano
LORENZO, oficial	Tenor
MATTEO, mesonero	Bajo
ZERLINA, su hija	Soprano
FRANCESCO, molinero	Barítono
GIACOMO, bandolero	Bajo
BEPPO, bandolero	Tenor

Lugar de la acción: Una aldea del Sur de Italia
Época: A mediados del siglo XIX

ACTO PRIMERO

EL mesón de Matteo. Lorenzo y otro oficial, que se encuentran en la escena, explican que han llegado al lugar para intentar la captura del famoso bandolero Fra Diavolo, en recompensa de la cual el Gobierno italiano ha ofrecido una considerable cantidad de dinero. Pero Lorenzo no aspira tan sólo a ese premio metálico, sino que sueña también con obtener el amor de Zerlina, la bella hija del mesonero.

Entran los turistas ingleses Lord y Lady Cockburn, acompañados de un amigo de viaje, un cierto Marqués de San Marco. Lord Cockburn explica que han sido desvalijados en el camino, y mientras se lamenta y protesta de este atropello, el Marqués, con la indiferencia y altanería de un gran señor, confecciona un menú de manjares escogidos para la cena de los tres.

Seguidamente escucha el canto de Zerlina explicando las hazañas del famoso bandido: "Recostado en las lejanas rocas". Después del mutis de Zerlina, se dedica a cortejar a la dama inglesa, y, mientras le declara su pasión, le roba un broche de diamantes.

Entra de nuevo el oficial Lorenzo y explica que acaba de capturar a la cuadrilla de bandoleros y recuperar los objetos robados a los viajeros. Mientras hace entrega de un cofrecito de joyas a Lord Cockburn, da cuenta de que el único que no ha podido ser apresado es el jefe de la banda, pero confía en que pronto caerá en sus manos. El Marqués de San Marco —que no es otro que Fra Diavolo— sonríe irónicamente.

ACTO SEGUNDO

El dormitorio de Zerlina. Ésta acompaña a Lord y Lady Cockburn a sus habitaciones, contiguas a la suya. Terceto: "Querida esposa, vámonos a dormir". Al hacer mutis ellos, entran en escena Fra Diavolo y dos secuaces suyos, los cuales se ocultan en un ángulo del dormitorio.

Aparece Zerlina, la cual dice su contento por volver, al día siguiente, a reunirse con Lorenzo. Cavatina: "Mañana, mañana, qué felicidad". Los tres bandidos observan, entre tanto, cómo la muchacha se desviste. Cuarteto: "¡Qué hermosa doncella!"

Zerlina se acuesta y se duerme al poco rato. Los bandoleros se introducen en el aposento del matrimonio inglés e intentan robar el cofrecito de las joyas. Pero éstos despiertan, a causa de la torpeza de uno de los ladrones, y dan la voz de alarma. Entra Lorenzo seguido de varios guardias.

Fra Diavolo ha logrado cubrir la retirada de sus dos satélites y sonriente se entrega, mas no como el ladrón que en realidad es, sino como el enamorado Marqués de San Marco. ¿Enamorado, de quién? Su presencia en aquel lugar, su gallardía y su audacia, despiertan al igual los celos en el corazón de Lorenzo que en el de Lord Cockburn. Tras breve discusión, Lorenzo reta en duelo a Fra Diavolo y éste acepta.

ACTO TERCERO

En pleno bosque, Fra Diavolo, sin disfraz ahora, espera a Lorenzo tras unas peñas. "Oigo a mi amigo acercarse", y se aleja yendo en su busca.

Entre tanto, en la aldea, Zerlina ha sido prometida por su padre —y bien en contra de los impulsos de su corazón— al campesino Francesco. En la fiesta de esponsales han sido apresados por Lorenzo los dos compinches de Fra Diavolo. Lorenzo entra con ellos en escena y después de lamentarse de su sino que le hace perder a su enamorada —"Siempre pensaré en ti"—, persuade a los dos perillanes para tender una emboscada a su jefe.

Aparece Fra Diavolo y es apresado y herido. Llegan las gentes de la aldea, junto con Lord y Lady Cockburn, el mesonero y su hija. Fra Diavolo, moribundo, explica que Zerlina es inocente.

La recompensa por la captura del bandido es concedida a Lorenzo, al mismo tiempo que le es concedida la mano de Zerlina, pues el mesonero Matteo no aspiraba a otra cosa que a un yerno rico. Y mientras los dos jóvenes cantan su gozo por verse de nuevo unidos y para siempre, Lady Cockburn expresa su asombro y su dolor al comprobar que su galante Marqués de San Marco y el famoso jefe de bandoleros no eran más que una sola persona.

LA MUDA DE PORTICI
(LA MUETTE DE PORTICI)

Ópera en cinco actos,
el tercero dividido en dos cuadros

Música: Daniel Francisco AUBER   Libreto: Eugenio SCRIBE

Estreno: París, 29 febrero 1828

REPARTO

ALFONSO, conde de Arcos	Tenor
ELVIRA, su prometida	Soprano
MASANIELLO, pescador napolitano	Tenor
FENELLA, su hermana	Actriz mímica
LORENZO, joven cortesano	Tenor
PIETRO, cabecilla revolucionario	Bajo
SELVA, oficial de la guardia	Bajo
BORELLA, pescador	Barítono
UNA DAMA DE HONOR	Contralto

Lugar de la acción: Nápoles
Época: Mediados del siglo XVII

ACTO PRIMERO

S ALÓN de recepciones en el palacio del Virrey. El hijo de éste, Alfonso, conde de Arcos, en tanto se están efectuando los preparativos para festejar su desposorio con Elvira, princesa de España, tiene una entrevista con su amigo y consejero Lorenzo. Según manifestación de éste, han resultado infructuosas cuantas averiguaciones ha realizado para dar con el paradero de la joven Fenella, la hermana muda del pescador Masaniello, que el galanteador Alfonso sedujo y después de haber sostenido relaciones amorosas con ella algún tiempo, se apartó de su lado con el fin de

poder contraer matrimonio, sin traba alguna, con la princesa española que su padre le destinaba como esposa.
Los dos amigos temen que la desventurada muchacha se haya suicidado y los remordimientos atormentan la conciencia del seductor por la vileza que otrora cometió. Llega con su séquito y los cortesanos allí reunidos le rinden homenaje y la agasajan con la ejecución de danzas típicas y canciones populares. De entre los espectadores surge una humilde y hermosa jovencita, que privada del don de la palabra ruega por gestos a la princesa que le dispense su protección. La venturosa novia, que dentro de breves instantes va a contraer matrimonio y desea que todo sea gozo a su alrededor, permite a la muchacha que se le aproxime y utilizando como único medio de comunicación la expresiva mímica de que se sirve a falta de voz, la informe de sus tribulaciones. La muda da a comprender que fue engañada por un indigno galán que la abandonó después de haber conseguido sus favores y como si tal desdicha fuera poca, seguidamente fue detenida sin que para ello existiera razón ni causa alguna, y encerrada en la cárcel. El relato mímico es confirmado de viva voz por Selva, oficial de la guardia de corps del Virrey, quien dice que la muchacha se llama Fenella y que por mandato de su señor había sido arrestada e ingresada en una de las mazmorras del palacio, de donde acaba de evadirse. La princesa impide que de nuevo se detenga a la infeliz criatura y le brinda su protección. Mas en el instante que llega el conde Alfonso para reunirse con Elvira y encaminarse juntos al altar, donde va a ser bendecida su unión matrimonial, la muda reconoce en el novio a su seductor y huye despavorida, consiguiendo burlar la persecución de los guardias del Virrey, que no aciertan a apresarla.

ACTO SEGUNDO

Un lugar en la playa de Portici. Los pescadores realizan las faenas propias de su profesión, arreglo de barcas y remiendo de redes, acompañando sus trabajos con cantos típicos de la región. Entre la población marinera cunde el desconcierto por la tiranía que el país sufre bajo el dominio despótico del Virrey de Nápoles. La noticia de la desaparición de Fenella, bondadosa joven de todos ellos conocida y por todos apreciada, no hace sino acrecer la ira de aquella sufrida gente. El pescador Masaniello entona una patética canción por la que expresa el temor de que algún mal irreparable haya ocurrido a su hermana, a la vez que alienta la rebelión que contra el absolutismo del Virrey está fraguando juntamente con su amigo el conspirador Pietro. Llega Fenella a la playa y para contestar al severo interrogatorio a que su hermano la somete delante de todos los pescadores, efectúa un trágico relato mímico dando a entender que el hombre que la sedujo es de elevada alcurnia y en la actualidad ya no le es posible reparar su falta, pues acaba de casarse con una mujer de su misma clase social. En vano insiste Masaniello para que la desventurada muda descubra la personalidad del villano que le arrebató la honra: ella se niega obstinadamente a facilitar detalle alguno que pueda comprometer al conde Alfonso. Entonces, el irritado pescador, de común acuerdo con el cabecilla revolucionario Pietro, exhorta a sus camaradas para que secretamente se provean de armas y estén dispuestos para lanzarse a la inminente revuelta que ha de poner término al inicuo dominio del Virrey.

ACTO TERCERO

CUADRO PRIMERO

Un aposento en el palacio real de Nápoles. La princesa Elvira, acompañada de su dama de honor, se muestra desconsolada por el malhadado incidente acaecido en el día de su boda, doblemente penoso para ella, ya que le dio a conocer el infortunio de una pobre muchacha, a la vez que le reveló la traición del hombre que iba a convertirse en su consorte. ¿Qué hacer? ¿Cuál era el mejor camino a seguir para poder actuar con equidad? En la imposibilidad de rechazar al marido infiel por hallarse unida a él con el indisoluble vínculo del matrimonio, sólo le resta dispensar su amparo a la infeliz víctima del seductor... En tanto la conciencia de la noble dama se debate en un mar de dudas y confusiones, penetra el conde Alfonso en la estancia y exponiendo su razonamiento de no considerarse reo de la infidelidad, puesto que la galante aventura ocurrió antes de estar prometido a su esposa e impetrando humildemente clemencia por aquel ignominioso suceso del que se muestra arrepentido, acaba por conseguir el perdón de Elvira. No obstante, la princesa exige que Fenella sea traída a palacio para poder ella socorrerla, a lo que el conde Alfonso accede, ordenando seguidamente al oficial Selva para que busque a la pobre muchacha y la conduzca ante su esposa.

CUADRO SEGUNDO

La plaza del mercado público de Nápoles. Alternando con los puestos de venta de mercaderías hay tablados de titiriteros y charangas de músicos cuyas actuaciones distraen a la multitud de compradores e incrementan la algarabía de aquel concurrido lugar. Los vendedores de pescado, entre los cuales se hallan Masaniello y su hermana, ofrecen al público su mercancía, apostados en sus tenderetes y permaneciendo aparentemente en calma, pero todos ellos están alerta aguardando recibir las consignas de los dirigentes de la conspiración. Irrumpe en la plaza un piquete de guardias al mando de Selva. Escudriñan los soldados entre la muchedumbre y, al descubrir a Fenella, el oficial da la orden de su detención. Masaniello impide el hecho amotinando al pueblo y apuñalando a Selva. Se produce una violenta refriega que ofrece oportunidad a los pescadores para sacar las armas que escondidas en sus cestas habían introducido secretamente en el mercado y las distribuyen entre el pueblo. La hora del motín ha sonado: antes de iniciar la lucha, los revolucionarios ruegan al Todopoderoso para que les otorgue su celestial protección en la contienda liberadora que van a emprender; después obligan a los guardias a batirse en retirada y, lanzando antorchas encendidas contra los edificios circundantes, se dirigen tumultuosamente al palacio del Virrey, profiriendo gritos de muerte contra el opresor.

ACTO CUARTO

Interior de una cabaña de pescador, en la playa de Portici. Solitario y cariacontecido se encuentra Masaniello en su humilde vivienda, lamentando los excesos que el populacho está cometiendo, cuando aparece Fenella y le confirma mímicamente los atropellos que los revolucionarios triunfantes perpetran en la ciudad. La triste jovencita, que está rendida de cansancio, se acuesta en un camastro y su hermano procura mecer su sueño con una canción marinera. Al poco llegan el cabecilla Pietro con Borela y otros pescadores y acremente reprochan a Masaniello su falta de colaboración en los actos de venganza que están ejecutando, exigiéndole que se una a ellos para buscar al conde de Arcos, el hijo del odiado Virrey, que hasta aquel entonces no han podido localizar, y darle muerte. El requerido se niega a participar en el proyectado homicidio, y como la discusión sube de tono, obliga a sus camaradas a pasar a una habitación contigua para no despertar a su hermana. Pero ésta, que fingía dormir, ha escuchado cuanto se ha dicho y precisamente, al entrar en la cabaña en aquel instante el conde Alfonso y su esposa, que huyendo de sus perseguidores acuden allí en demanda de amparo, cree llegada la hora de tomar venganza del hombre que la mancilló y al propio tiempo de la mujer que ha sido su rival. No obstante, el profundo amor que otrora profesó la muchacha a Alfonso se sobrepone en su bondadoso corazón al rencor que su vil comportamiento puede inspirarle, y decide salvarle a él y a Elvira a todo trance. Al volver Masaniello y los revolucionarios, implora Fenella con patética gesticulación la libertad para la noble pareja de refugiados. El pescador admira la altruista actitud de su hermana y para proteger su magnanimidad recuerda a Pietro y sus secuaces la vigencia de la inviolable ley de hospitalidad que de siempre ha regido en el país y el juramento de prestarle obediencia que hicieron cuando conspiraban bajo su iniciativa, obteniendo que sea respetada la evasión del conde de Arcos y su esposa. Este hecho, contrario al sentir de los amotinados, acarrea el odio de éstos al humanitario pescador, y al disponerse a exigirle la responsabilidad por la huida de la pareja de aristócratas, llegan a la cabaña los magistrados de Nápoles para comunicar a Masaniello que ha sido elegido por el pueblo como jefe de la triunfante revolución, invitándole a acompañarles a la ciudad para darle posesión inmediata de su elevado cargo.

ACTO QUINTO

Una terraza en el palacio del Virrey, divisándose las rocas de los acantilados de la costa y, al fondo, la silueta del Vesubio. Masaniello, que acaba de asumir la suprema jefatura del movimiento revolucionario, apenas ha podido ejercer su autoridad, pues se halla gravemente enfermo, víctima de un envenenamiento. El cabecilla Pietro, despechado por el rápido ascenso jerárquico de su camarada y considerándole traidor a la causa del pueblo, le ha administrado criminalmente un fuerte tóxico en el curso de una comida celebrada en el palacio y el efecto letal de la ponzoña se está manifestando en el organismo de la víctima sin que su mortífero efecto pueda ser contrarrestado por antídoto alguno. El pescador Borela, que llega procedente de las afueras de Nápoles, es portador de una alarmante noticia: el conde de Arcos, capitaneando un ejército de mercenarios españoles, acaba de derrotar a los grupos armados de revolucionarios que, apostados en los alrededores, defendían la ciudad y en aquellos momentos están avanzando hacia el palacio sin hallar obstáculo alguno a su paso. Los pescadores, que no han perdido la confianza en su jefe, acuden a él despavoridos ante la acometida de las tropas contrarrevolucionarias y le suplican que de nuevo tome el mando y les guíe ante el inminente peligro que les acecha. Para no defraudar a sus fieles seguidores, el agonizante Masaniello realiza un postrer esfuerzo, se pone en pie sostenido por su hermana e incita al pueblo a reemprender la lucha y defender la libertad y sus derechos hasta el fin. Para dar ejemplo, el moribundo empuña un arma con las escasas fuerzas que le restan, dispuesto a pelear como un voluntario más y atacar personalmente al enemigo común. Pero las huestes acaudilladas por el conde Alfonso llegan con ímpetu incontenible y aniquilan a los revolucionarios, en una pavorosa contienda a cuyo fragor la naturaleza parece asociarse, pues el Vesubio entra en erupción en aquella crítica circunstancia, arrojando por su cráter llamas de fuego y mares de lava. Masaniello cae muerto. Cuando el victorioso conde de Arcos llega al lugar para tomar posesión del palacio y hacerse cargo del gobierno de la conquistada ciudad, Fenella pone fin a su malaventurada existencia arrojándose al inmenso abismo de los acantilados desde lo alto de la terraza.

2

FIDELIO

Ópera en dos actos,
divididos en dos cuadros cada uno de ellos

Música: Luis von BEETHOVEN
Libreto: SONNLEITHNER y TREITSCHKE

adaptado de la obra "Leonora", de Juan Nicolás BOUILLY

Estreno: Viena, 20 noviembre 1805

REPARTO

FLORESTÁN, noble encarcelado	Tenor
LEONORA, su esposa	Soprano
DON PIZARRO, gobernador de una prisión	Barítono
ROCCO, carcelero	Bajo
MARCELINA, su hija	Soprano
DON FERNANDO, ministro del rey	Barítono
JAQUINO, portero de la prisión	Tenor
UN CAPITÁN DE LA GUARDIA	Bajo

Lugar de la acción: Alrededores de Sevilla
Época: Postrimerías del sigo XVIII

ACTO PRIMERO

CUADRO PRIMERO

INTERIOR de la vivienda que ocupa el carcelero de una fortaleza-prisión. El portero Jaquino corteja a Marcelina, hija del carcelero Rocco, y trata en vano de convencerla para que lo acepte por marido. La muchacha le confiesa que en otro tiempo estaba interesada por él, pero desde que entró al servicio de su padre el joven llamado Fidelio, sólo anhela poder ser amada por aquel apuesto forastero. Ni ella, ni nadie en la fortaleza, sospechaban que bajo la vestimenta y el nombre masculino de Fidelio se oculta la femenina personalidad de una valerosa mujer, Leonora, esposa del noble caballero Florestán. Éste se halla cautivo en aquella fortaleza a consecuencia de las turbias maquinaciones de su rival político el gobernador de la misma don Pizarro, quien al poco de haber aprisionado a su víctima hizo correr la voz de que había muerto. Pero la fiel esposa de Florestán no dio crédito a aquella falaz noticia, y, para averiguar la verdad de lo que sucedía en el interior de aquella fortaleza, se había vestido de hombre y con el nombre de Fidelio había conseguido un empleo como ayudante del carcelero. La extremada diligencia con que el fingido mozo atendía las órdenes de Rocco fueron interpretadas por éste como un afán de congraciarse con él para obtener la mano de su hija, y al sorprenderlos juntos en íntimo coloquio, les otorga su consentimiento para que entablen relaciones amorosas. Fidelio simula aceptar gustoso aquel absurdo compromiso con tal de poder captar la benevolencia y confianza del carcelero y que éste le permita acompañarle en sus visitas a los calabozos donde sabe que se encuentra encerrado su marido, con vida, pero agonizando de inanición.

CUADRO SEGUNDO

El recinto, sólidamente amurallado, del patio central del presidio. Los soldados de la guarnición militar de la plaza, bajo las órdenes de un capitán, rinden honores al gobernador don Pizarro, amo absoluto y señor omnipotente de aquella fortaleza en la cual manda a su capricho y donde no impera más ley que la de su libre albedrío. Acaba de recibir noticias de que don Fernando, ministro del Rey Carlos III, se dirige hacia allí para girar una visita de inspección, y, temeroso de que descubra a Florestán, que detenido arbitrariamente sufre cautividad desde hace más de dos años en una mazmorra subterránea, se dispone a deshacerse de aquel comprometedor testigo de su iniquidad. En su consecuencia, el gobernador distribuye estratégicamente a los guardias y conmina al Capitán para que permanezca apostado como vigía en lo alto de una almena y le prevenga con un toque de clarín de la aparición del coche del ministro. Después, hace entrega de una bolsa de oro a Rocco para que proceda a dar muerte a un condenado a la última pena y que debe ser ejecutado inmediatamente, pero el carcelero tiene escrúpulos y sólo se compromete a cavar la fosa para enterrar el cadáver. Seguidamente, los detenidos del presidio salen al patio por condescendencia de Rocco, que desea complacer a Fidelio, que le había pedido aquel favor, pero aparecen todos menos Florestán, por hallarse encerrado e incomunicado con tal rigor, que ni el propio carcelero ha podido liberarlo. Al darse cuenta el fingido mozo de lo infructuoso de su búsqueda entre los penados, suplica a Rocco que le permita acompañarle para realizar juntos la macabra tarea que le ha sido encomendada, en el convencimiento de que el preso sentenciado a muerte es su marido. Por mandato del gobernador, los reclusos retornan a su encierro, despidiéndose melancólicamente del aire libre y la luz solar que con tanta brevedad les fue dado gozar.

ACTO SEGUNDO

Cuadro primero

Interior de un calabozo emplazado en el subsuelo de la fortaleza. El noble caballero Florestán, macilento por su larga permanencia en aquel sótano y depauperado por el hambre sufrida, se lamenta de su injusto arresto, sin tener apenas fuerzas para mover su cuerpo cubierto de cadenas y grilletes. El lastimero plañido del cautivo se pierde en la sorda concavidad de aquellos gruesos muros que impiden llegar hasta él cualquier signo de vida o destello de luz del exterior, permaneciendo de continuo envuelto en las espesas tinieblas que ensombrecen aquel lóbrego subterráneo. ¿Qué hizo, sino haber cumplido siempre con su deber, para merecer tan cruel destino? Cesan sus gemidos a causa de un desvanecimiento, precisamente cuando Rocco y Fidelio llegan a la mazmorra y se apresuran a reanimarlo con una bebida reconfortante y un poco de alimento. El cautivo, al recobrar el sentido, reconoce en el fingido mozo a Leonora y con emoción escucha de aquellos labios amados un mensaje de esperanza, en tanto el carcelero, obedeciendo las instrucciones recibidas, excava un profundo hoyo donde ocultar el cadáver. Llega don Pizarro empuñando una daga con la que se dispone ejecutar su homicida propósito. Ordena a Rocco que libere al preso de los grilletes de las manos y los pies, pero no de la cadena que le mantiene aherrojado a la pared, y en el momento que intenta hundir el arma mortífera en el pecho de su indefensa víctima surge la valerosa Leonora de en medio de las sombras circundantes, le apunta al pecho con una pistola, le obliga a retroceder e impide el crimen que se iba a perpetrar. Repercute en la lejanía el toque estridente de la trompeta del capitán que anuncia la inminente llegada del ministro del rey. Entran entonces en el calabozo el portero Jaquino y unos soldados con antorchas, que vienen a recibir órdenes del gobernador, y éste, frustrado su siniestro intento, se ve obligado a salir con ellos. Leonora arroja el arma que empuñaba y se apresura a postrarse para abrazar jubilosamente al yacente Florestán.

Cuadro segundo

Plaza pública frente a la fachada de la prisión-fortaleza. Los campesinos de aquellos alrededores se han congregado para dar la bienvenida al ministro real don Fernando, que es recibido con los máximos honores por la guarnición militar de la plaza. Una vez aposentado, revisa con equidad las condenas de los presos y levanta la encarcelación de cuantos fueron ilegalmente detenidos. Cuando llega el turno a Florestán y es examinada la causa que motivaba su infundado arresto, el ministro del rey le manifiesta su congratulación de hallarle con vida, ya que en la corte todo el mundo le consideraba muerto desde hacía mucho tiempo y acto seguido le abraza como amigo que le considera. Al ser don Fernando informado del heroico comportamiento de la esposa del noble caballero en el curso de su injusto cautiverio y a la vez del mal uso que el vil gobernador hacía de su autoridad en el presidio, dispone que sea la propia Leonora quien despoje de las cadenas que aún cubren el cuerpo de su marido y sea tal estigma de criminalidad traspasado a la persona del infame don Pizarro, a quien sentencia ingresar como reo en la propia fortaleza donde tantos abusos había cometido. El pueblo recibe con aplauso la justiciera actuación del ministro real y aclama con vítores a Florestán y Leonora, en tanto Marcelina se consuela de su adorado Fidelio aceptando como compensación la propuesta de noviazgo que esta vez le reitera un auténtico mozo, su antiguo y fiel pretendiente el portero Jaquino.

NORMA

Ópera en dos actos,
el segundo dividido en dos cuadros

Música: Vicente Bellini   Libreto: Félix Romani

Estreno: Milán, 26 diciembre 1831

REPARTO

POLLIONE, procónsul romano	Tenor
OROVIST, jefe de los druidas	Bajo
NORMA, su hija	Soprano
ADALGISA, sacerdotisa	Alto
CLOTILDA, amiga de NORMA	Soprano
LOS HIJOS DE NORMA Y POLLIONE	....

Lugar de la acción: Galia
Época: Después de la invasión romana

ACTO PRIMERO

B OSQUECILLO de los druidas. La gran sacerdotisa Norma es la única que tiene el poder de proclamar la guerra o establecer los tratados de paz del pueblo galo. Orovist anuncia a los sacerdotes que su hija está a punto de llegar a oficiar en el ritual de cortar el muérdago sagrado y declarar la guerra contra los romanos invasores. Orovist y el coro entonan el himno por el cual convocan a todos a la ceremonia: "Ascended a la colina, druidas".

Aparece Norma, la cual, ignorando los altos designios de su padre, ha roto desde hace algún tiempo los votos sagrados que la unían con el templo y se ha casado con el Procónsul romano, del cual tiene dos hijos. Coro: "He aquí a Norma".

Empieza la ceremonia. Norma reprende duramente a los druidas por desear y provocar la guerra contra los romanos y acaba por implorar la paz, invocando a la Luna con su bella canción "Reina del firmamento", para que serene los sentimientos de todos. Algo más pacificados los espíritus, después de su canción, salen lentamente todos los asistentes al acto. Norma va hacia el templo.

Entran Pollione y Adalgisa. El Procónsul romano, que es infiel a Norma, declara su amor a la joven sacerdotisa y trata de decidirla a abandonar su religión y huir con él a Roma. Dueto de Pollione y Adalgisa: "Partamos y renuncia a los falsos dioses". Al fin, ella promete acceder a sus deseos. Sale el Procónsul.

Regresa Norma del templo. Adalgisa, atormentada por el remordimiento, le confiesa su sacrílega pasión pidiendo perdón y absolución por los votos que va a quebrantar. Norma acoge con insospechada simpatía a la perjura —al fin y al cabo no se trata más que de una pecadora que va a cometer la misma falta que ella ya ha cometido— y promete ampararla y proteger su fuga.

Llama a su amiga Clotilda y le ruega que ayude a la joven sacerdotisa en la realización de sus proyectos. Pero cuando ésta pronuncia el nombre de su seductor, Norma se enfurece y desespera. Entra Pollione, al que su esposa echa en cara su falsía y amenaza con su venganza.

ACTO SEGUNDO

CUADRO PRIMERO

Aposento en la morada de Norma. Ésta entra muy agitada y con el horrible propósito de matar a sus dos niños —hijos suyos y de Pollione—, que duermen apaciblemente en el fondo de la estancia. Canto de Norma: "Sueñan felices sin ver el acero que ha de despedazarlos".

Pero el amor maternal se sobrepone y le impide ejecutar su faltal pensamiento, tomado en un momento de desesperación. Entra Adalgisa mientras Norma llora amargamente, horrorizada de sí misma. Interrogada por la joven sacerdotisa, explica los criminales propósitos de que estaba poseída y acaba por decidirse a ceder a su rival sus hijos y su esposo,

con la esperanza de que los hará felices. Dueto de Norma
y Adalgisa: "¡Oh Adalgisa, atiende mis ruegos!"
Adalgisa, emocionada por la humildad y el gesto de renuncia y sacrificio de Norma, rechaza su ofrecimiento y promete intervenir para que Pollione vuelva al lado de su
esposa. Pero Norma le dice que es inútil porque está dispuesta a acabar con sus sufrimientos y expiar al mismo
tiempo sus pecados lanzándose viva a la pira funeraria.

CUADRO SEGUNDO

Interior del templo druida. Adalgisa ruega a Pollione
que olvide su pasión por ella y retorne a su hogar. Pero el
Procónsul no solamente no atiende esta súplica, sino que
trata de agarrar a la joven sacerdotisa y llevársela a viva
fuerza. En este instante entra Norma. Al darse cuenta de
la violenta escena que se desarrolla, trata de ayudar a su
amiga y en la lucha rompe el egido sagrado, lo que simbo-
liza declaración de guerra. Inmediatamente los guardianes
del templo entonan el canto de batalla: "A la lucha, a la
lucha".
Pollione, que en la refriega ha tratado de escabullirse,
es apresado por unos soldados que lo traen ante la gran
sacerdotisa. Dueto de Norma y Pollione: "Ahora estás en
mis manos". Después de larga deliberación, ella acaba por
concederle la libertad si le promete olvidar a Adalgisa y regresar a Roma. Pero el Procónsul rehúsa esta proposición.
Al convencerse Norma de que el amor de su marido por
la joven sacerdotisa es más profundo de lo que creía, acaba por ofrecerse ella misma en holocausto para morir en
la pira, puesto que el pueblo exige una víctima. Conmovido
Pollione ante esta magnanimidad de espíritu que no vacila
en aceptar cualquier sacrificio para salvarle, y comprendiendo al fin el gran amor que su esposa siempre le ha pro-
fesado, se decide a seguirla en su trágico destino. Dueto
final: "Un nuevo sacrificio". Y ambos avanzan hacia las
llamas expiatorias que han de devorar y unir para siempre
sus existencias.

LOS PURITANOS
(I PURITANI)

Ópera en tres actos,
el primero dividido en dos cuadros

Música: Vicente BELLINI   Libreto: Conde PEPOLI

Estreno: París, 25 enero 1835

REPARTO

LORD WALTON, Gobernador de los puritanos	Bajo
ELVIRA, su hija	Soprano
SIR GEORGE, tío de ELVIRA	Bajo
LORD ARTURO TALBOT, caballero realista amado por ELVIRA	Bajo
SIR RICARDO FORTH, caballero puritano enamorado de ELVIRA	Barítono
SIR BRUNO ROBERTSON, caballero puritano	Tenor
REINA ENRIQUETA, viuda de Carlos I	Soprano

Lugar de la acción: Alrededores de Plymouth
Época: Poco tiempo después de la ejecución del Rey
Carlos I de Inglaterra

ACTO PRIMERO

CUADRO PRIMERO

E XTERIOR de la ciudadela de Plymouth. Los soldados puritanos que combaten bajo el mando de Cromwell auguran un próximo fin a la guerra civil que sostienen contra los realistas. Como después de encarnizadas luchas dominan ya la mayor parte del territorio inglés, no dudan ni un instante que la victoria será favorable a sus ejércitos.

Entre los combatientes se encuentra Sir Ricardo Forth, quien está enamorado de Elvira, hija del gobernador de la ciudadela, Lord Walton. El caballero puritano expone al padre de su amada el amor que ésta le inspira y su pretensión de obtener un día su mano. Pero Lord Walton declina el honor de la petición y elude por el momento comprometerse a nada, alegando no estar del todo convencido de que su hija corresponde a esta pasión. Sir Ricardo expresa su contrariedad y desconsuelo ante esta evasiva, con su hermosa canción: "¡Ah, flor de amor para mí perdida!"

CUADRO SEGUNDO

Antecámara de Elvira. Ésta se encuentra en escena escuchando a su tío, Sir George, el cual le da cuenta de haber persuadido a su padre de no obligarla a aceptar por esposo a Sir Ricardo. De pronto, suenan las trompetas anunciando la llegada de Lord Arturo, caballero realista del cual está enamorada Elvira, a pesar de la oposición de sus ideas políticas. Entra Lord Arturo trayendo varios presentes entre los que ofrece un amplio y fino velo blanco de desposada.

Al poco tiempo de hallarse el caballero realista en la ciudadela de Plymouth descubre que Enriqueta de Francia, viuda del desventurado Carlos I, está prisionera en la fortaleza y su destino va a ser semejante al del infortunado Rey. Su lealtad hacia la causa de sus Soberanos le decide a libertarla valiéndose de su inmunidad en aquel lugar y aun a costa de su mismo amor.

Aprovechando un descuido, introduce a la Reina en la antecámara y la cubre con el amplio velo de desposada destinado a Elvira. Los centinelas y guardias, confundiéndola con la hija del Gobernador, la dejan salir sin dificultad. Al descubrirse la evasión, Elvira cree que su amado la ha abandonado por otra mujer y es tan grande su pena, que enloquece de repente. Los caballeros puritanos que la rodean juran solemnemente vengar la supuesta infamia de Lord Arturo.

ACTO SEGUNDO

Campamento de los puritanos. Los pregones anuncian

que Lord Arturo Talbot ha sido condenado a muerte por el
Parlamento por haber ayudado a la Reina Enriqueta a escapar de su encierro. Aparece la demente Elvira y canta una
dulce melodía de añoranza que en el desconcierto de su sin-
razón le recuerda a su amado.

Entra el tío de Elvira, Sir George, acompañado de Sir
Ricardo Forth, al cual suplica que interceda para conseguir
el perdón de Lord Arturo. El caballero rival se deja convencer al fin y promete obtener dicho perdón si Lord Arturo se
presenta en el campamento sin armas y abjurando de sus
ideales realistas. Sir George acepta esas condiciones que dice
transmitirá a su protegido. Finalmente, los dos caballeros
puritanos brindan su lealtad a la causa por la cual combaten, en un espléndido dueto: "Suenen, suenen los clarines".

ACTO TERCERO

Jardín contiguo a la morada de Elvira. Lord Arturo,
perseguido y acosado por sus enemigos, aguarda con ansia
la oportunidad de poder alejarse de Inglaterra. Pero antes
de abandonar definitivamente a su patria, desea ver a Elvira por última vez. Con este propósito merodea por los
alrededores de donde habita su amada esperando que el
Destino les coloque frente a frente.

Entra Elvira en el jardín y al divisar inesperadamente
a Lord Arturo su alegría es tan intensa, que de pronto parece haber recobrado la razón. Llena de gozo, canta: "Ven,
ven a mis brazos". Súbitamente suena el redoble de los
tambores de la tropa que se acerca. Ante el peligro que
corre su amado, Elvira sufre un nuevo desvarío.

Los soldados puritanos capturan al caballero realista y
cumplimentando la orden dada por el Parlamento, se disponen a ejecutarlo. Pero en el preciso instante llega un
mensajero trayendo un bando de Cromwell en el que se da
cuenta de la derrota de los realistas y del indulto general
concedido por el dictador a todos los prisioneros de guerra.
Elvira, al ver libertado a Lord Arturo, recobra de nuevo
la razón y amorosamente se cobija en sus brazos, esta vez
para siempre.

LA SONÁMBULA

Ópera en tres actos,
el tercero dividido en dos cuadros

Música: Vicente BELLINI   Libreto: Félix ROMANI
según una obra de Eugenio SCRIBE

Estreno: Milán, 6 marzo 1831

REPARTO

CONDE RODOLFO	Bajo
TERESA, molinera	Mezzo-soprano
AMINA, su hija adoptiva	Soprano
ELVINO, prometido de AMINA	Tenor
LISA, mesonera	Soprano
ALEJO, campesino	Bajo
UN NOTARIO	Tenor

Lugar de la acción: Una aldea suiza
Época: Comienzos del siglo XIX

ACTO PRIMERO

P LAZA de pueblo con un mesón al fondo. Los vecinos y vecinas del lugar celebran con gran regocijo los esponsales de Amina y Elvino, cuya boda ha de verificarse dentro de poco. Únicamente la posadera Lisa no toma parte en el contento general, por haber sostenido amores en otro tiempo con Elvino, al que ama todavía. Entran en escena los prometidos y firman el contrato matrimonial. Dueto de Amina y Elvino: "Toma ahora esta sortija".

De pronto aparece galopando en medio del gentío un airoso caballero. Desensilla su corcel y cuenta que se dirige al cercano castillo, pero sintiéndose un poco fatigado por la larga jornada que ha hecho, desea pasar la noche en el mesón y proseguir el viaje a la mañana siguiente. Al ser presentado a los novios, da muestras de un vivo interés por Amina, interés al que ella no es indiferente. Seguidamente explica que en su juventud vivió algún tiempo con el viejo se ñor del castillo al que ahora va a visitar para traerle nuevas de un hijo suyo que desapareció.

El campesino Alejo, coreado por todos sus compañeros y compañeras, le cuenta a su vez la historia de un fantasma que aparece todos los atardeceres al declinar el día y vaga por aquellos contornos. Coro: "Cuando la oscuridad de la noche viene". El caballero forastero se despide de todo el mundo y acompañado de la mesonera Lisa penetra en la posada. Al desaparecer ambos de la escena, el celoso Elvino reprende a su prometida por el interés que ha demostrado por el caballero.

ACTO SEGUNDO

Habitación del mesón destinada al caballero forastero. Éste se halla arreglando sus cosas cuando entra la posadera Lisa para preguntarle si todo está a su gusto. A la respuesta lacónica del caballero, ella replica que los campesinos sospechan que él no es otro que el propio conde Rodolfo, hijo y heredero del señor del castillo. Como él se niega a satisfacer su curiosidad, ella sale deseándole una buena noche, dejando caer inadvertidamente al salir un pequeño chal que lleva.

Al poco rato penetra Amina en el aposento, caminando con paso vacilante por hallarse profundamente dormida. Lisa, que volvía para recoger su pañuelo, sorprende a la muchacha y corre a prevenir a su prometido. El conde Rodolfo —pues no es otro el desconocido caballero—, al darse cuenta de la presencia de la doncella en su habitación y del extraño estado en que se encuentra, escapa por la ventana para no comprometerla.

Amina, que avanza tanteando, llega hasta el lecho que se halla en el fondo de la alcoba y se tiende en él. Entran Elvino, Teresa, Lisa y todos los que ésta ha despertado para que presencien lo que ella cree oprobio de su rival, y su asombro es inmenso al cerciorarse de que, efectivamente, Amina se encuentra en la habitación del caballero forastero y reposando en su propia cama.

Elvino, lleno de furor, despierta a su prometida y ella a su vez es la que más se admira de hallarse donde se halla, sin que pueda explicarse cómo tal cosa ha podido ocurrir. Elvino le reprocha duramente lo que él supone su infidelidad y la abandona. La única que defiende y ampara a la muchacha es Teresa, su madre adoptiva, que cree firmemente en su inocencia.

ACTO TERCERO

CUADRO PRIMERO

Paraje agreste de los alrededores del castillo. Amina y Teresa se dirigen al castillo en busca del conde Rodolfo, con el fin de suplicarle que aclare la situación de lo ocurrido en la hostería y pueda así rehabilitar la doncella su honor puesto en entredicho.

Pero en su ruta se tropiezan ambas mujeres con el celoso Elvino, que de nuevo acusa de doblez e infidelidad a la infeliz Amina, exigiéndole esta vez que le devuelva su anillo de esponsales por no ser digna de conservarlo. La desventurada muchacha ahoga sus penas y su desconsuelo en los brazos de su madre adoptiva.

CUADRO SEGUNDO

El molino de Teresa. Elvino, tratando de distraerse de sus pesares amorosos, corteja ahora a la mesonera Lisa, en compañía de la cual se dirige a la iglesia de la aldea. El conde Rodolfo se cruza con ellos y los detiene tratando de convencer a Elvino de que se ha equivocado al juzgar la conducta de Amina y que ésta es pura e inocente. Pero el mozo no quiere atender las explicaciones del noble caballero y trata de seguir su camino.

Ante su obstinación, aparece Teresa mostrándole el chal que Lisa extravió en la alcoba del conde Rodolfo y demostrándole así que tampoco la posadera es fiel. Elvino sufre un rapto de furor y desesperación por creer que todas las mujeres son pérfidas y se burlan de los hombres.

Entonces aparece Amina en una ventana del molino, en estado de sonambulismo otra vez, caminando por encima de una gruesa viga y dirigiéndose hacia la gran rueda que se halla situada sobre el río. Todos los personajes quedan sobrecogidos de espanto al ver el enorme riesgo que corre la doncella. Ella canta, entre tanto avanza por la peligrosa senda, una triste canción en la que expresa su amor por su antiguo prometido. Finalmente, logra deslizarse hasta el pie de la inmensa muela en donde Elvino, comprendiendo al fin el motivo que obligaba a su novia a obrar tan extrañamente, la despierta abrazándola amorosamente.

BIENVENIDO CELLINI
(BENVENUTO CELLINI)

Ópera en tres actos,
el segundo dividido en dos cuadros

Música: Héctor Berlioz
Libreto: Augusto Barbier y D. Vailly

Estreno: París, 3 septiembre 1838

REPARTO

Bienvenido Cellini, orfebre florentino.	Tenor
Ascanio, su amigo y discípulo	Mezzo-soprano
Jacobo Balducci, tesorero pontificio ...	Bajo
Teresa, su hija	Soprano
El cardenal Salviati	Bajo
Fieramosca, escultor pontificio	Barítono
Pompeyo, su amigo y cómplice	Barítono

Lugar de la acción: Roma
Época: Año 1532

ACTO PRIMERO

A POSENTO en un palacio romano, con un gran ventanal que da acceso a la calle. Es la morada de Jacobo Balducci, tesorero del Papa, quien se encuentra en la estancia con su hija Teresa, pero al poco rato se ausenta por verse precisado a salir a causa de las obligaciones inherentes a su cargo. Llega de la calle el eco de alegres canciones carnavalescas y la joven, que ha quedado sola, se asoma al ventanal, advirtiendo que su amado, el orfebre florentino Bienvenido Cellini, acompañado de músicos y cantantes, ofrece una serenata en su honor. Teresa está enamorada del

3

artista y, contraviniendo la voluntad de su padre, se ha prometido a él secretamente. Aprovechando la ausencia del dueño del palacio, ha entrado a hurtadillas en la mansión el escultor Fieramosca, pretendiente de Teresa, y, además de rival, enemigo encarnizado de Cellini, ocultándose tras una mampara contigua al aposento. Desde la calle arrojan flores a Teresa y en uno de los ramilletes encuentra una carta por la que su amado le pide una entrevista para aquella noche, mas antes de que la requerida se resuelva a contestar, penetra por el ventanal el propio autor de la misiva. Los enamorados sostienen un apasionado coloquio y a consecuencia de las negativas paternas con que reiteradamente tropezaron cuando pretendieron formalizar sus relaciones, conciertan ambos una fuga como único medio de vencer la obstinada oposición a sus deseos. La cita es en la plaza Colonna, al filo de la medianoche. Desde su furtivo escondrijo, Fieramosca ha podido enterarse de cuanto han hablado los enamorados y el idilio de éstos es interrumpido por la imprevista llegada de Jacobo Balducci, consiguiendo el orfebre escapar oportunamente en tanto que el escultor es descubierto en su escondite. Cuando el airado dueño de la casa obliga a Fieramosca a salir precipitadamente, unos vecinos, en castigo a su temeridad, le propinan una improvisada ducha vertiendo cubos de agua sobre su persona.

ACTO SEGUNDO

Cuadro primero

Interior de una taberna. En aquel lugar suelen reunirse los artistas romanos y en medio de ellos se encuentra aquella noche Bienvenido Cellini. Éste ha invitado con prodigalidad a sus colegas a libar copiosamente toda clase de brebajes, pero el tabernero se niega a servir más vino si no se le abona antes el importe de las bebidas consumidas. Llega Ascanio, amigo y discípulo del orfebre florentino, y le comunica que es portador de una cantidad de dinero que el Papa le destina, pero sólo puede hacerle entrega de la misma si promete formalmente dar término por todo el día siguiente a su escultura de "Perseo". Ansioso de coger aquellas monedas que le permitirán pagar lo que adeuda y prolongar la francachela, Cellini contrae compromiso, bajo juramento, de finalizar su obra en el plazo exigido, pero al recibir el dinero se da cuenta de que se trata de una suma tan exigua que su importe provoca su indignación y la de sus camaradas. Al manifestar Ascanio que aquella mezquina cantidad le fue entregada en propia mano por el tesorero pontificio Jacobo Balducci, todos los presentes deciden tomar venganza de lo que consideran un escarnio para el Arte y se ponen de acuerdo para representar aquella misma velada en el centro de la plaza Colonna, una parodia carnavalesca en la que se hará mofa del tacaño custodio de los caudales del Papa. El escultor Fieramosca, que, discretamente sentado en una apartada mesa, ha tenido oportunidad de escuchar cuanto se ha dicho y tramado allí, aguarda que todos los participantes en la burlesca farsa abandonen la taberna, para urdir una treta con su amigo, el bravucón Pompeyo. Como sea que la plaza a la que los artistas se dirigen es la misma donde se citaron Cellini y Teresa para reunirse y emprender la fuga que proyectaron, allí acudirán ambos compinches, vistiendo disfraces idénticos a los que lleven el orfebre y Ascanio, dispuestos a desbaratar los planes de la pareja de enamorados.

CUADRO SEGUNDO

El amplio circuito de la plaza Colonna. El pueblo romano en fiesta celebra alegremente la última noche del Carnaval. La muchedumbre disfrazada canta y baila en el ámbito de la vasta explanada, en tanto en un tablado erigido en su centro se representa la pantomima del "Rey Midas" que Bienvenido Cellini y sus amigos han improvisado para hacer burla de la mezquindad del tesorero papal Jacobo Balducci. Éste, que se halla circunstancialmente en el lugar acompañando a su hija Teresa, se reconoce como la contrafigura del escarnecido protagonista de la sátira y presa de indignación promete tomar venganza de sus autores. Confundidos en medio del tropel de máscaras, se encuentran Cellini y su compañero Ascanio, disimulados sus rostros tras los antifaces, cuando, llevando exactamente disfraces similares a los de ambos, llegan a la plaza Fieramosca y su compinche Pompeyo. El escultor se acerca a Teresa y la apremia para fugarse en su compañía, fingiendo ser Cellini, pero al percatarse éste de la añagaza de su rival se interpone para impedirla. Se origina una violenta discusión que permite a la muchacha darse cuenta del engaño de que iba a ser víctima y escabullirse oportunamente. La disputa se encona acabando en riña armada y cuando interviene en ella el pendenciero Pompeyo, es apuñalado y herido mortalmente por Bienvenido Cellini. El pueblo se dispone a detener al agresor en el preciso instante que suena en lontananza el cañonazo de medianoche que anuncia el fin del Carnaval. En la confusa agitación que se produce entre la multitud en precipitada dispersión, consigue Cellini escapar y Fieramosca, que viste idéntico disfraz, es apresado como autor del asesinato.

ACTO TERCERO

Aula en el taller de orfebrería y escultura de Bienvenido Cellini. La joven Teresa se ha refugiado allí en compañía de Ascanio y juntos rezan a la Virgen para que proteja al artista florentino en el difícil trance por que atraviesa. El canto de su plegaria hace coro al rezo de una procesión de frailes mendicantes que desfila por la calle preconizando el inicio del tiempo cuaresmal. De la hilera de los encapuchados religiosos se aparta uno y penetra en el taller: es Cellini, que merced al hábito frailuno ha podido pasar inadvertido y llegar hasta allí. Sin pérdida de tiempo, el recién llegado proyecta un plan de fuga con su amada y el fiel Ascanio, pero la ejecución del mismo es impedida por la intempestiva llegada de Jacobo Balducci. Éste amenaza con llevarse a su hija a viva fuerza si no accede ella a seguirle de buen grado y la conmina para que contraiga inmediato enlace matrimonial con Fieramosca. Las cosas se complican aún más al irrumpir en el taller con gente armada el cardenal Salviati, enviado por el papa Clemente VII, para recuperar lo que exista de la inconclusa estatua de "Perseo", que otro artista se encargará de perfeccionar, y detener al autor por perjuro y asesino. Bienvenido Cellini refuta la doble acusación alegando que si apuñaló al bravucón Pompeyo fue en legítima defensa para evitar ser él víctima del arma del agresor, y con respecto a la palabra que había empeñado de dar término aquella misma noche a su escultura, está dispuesto a hacerlo seguidamente o de lo contrario destruirá el molde de la misma. Ante aquella razonada aclaración y la grave amenaza de aniquilar definitivamente la tan preciada estatua, tanto el prelado como el tesorero pontificio se muestran más conciliatorios y ofrecen una postrera oportunidad de reivindicación al artista: si cumple su ofrecimiento, quedará libre y además podrá aspirar a la mano de Teresa. Aceptado el pacto, se aplica Cellini febrilmente al trabajo que se ha comprometido realizar. Como no dispone entonces en el taller de material suficiente para proceder a la rápida fundición que precisa efectuar, refunde cuantas obras suyas halla a mano hasta conseguir rellenar el molde de metal líquido y al romperlo tras laboriosas manipulaciones, aparece terminada la que debía ser en el futuro su obra maestra: "Perseo". A la vista de aquella estatua incomparable en belleza y perfección, quedan maravillados todos los presentes y con ello salva el genial escultor, platero y grabador florentino, Bienvenido Cellini, su vida, su reputación artística y su amor.

CARMEN

Ópera en cuatro actos

Música: Jorge BIZET
Libreto: Enrique MEILHAC y Ludovico HALEVY
adaptado de la novela homónima de Próspero MERIMÉE

Estreno: París, 3 marzo 1875

REPARTO

CAPITÁN ZÚÑIGA	Bajo
DON JOSÉ, cabo	Tenor
MORALES, cabo	Bajo
ESCAMILLO, torero	Bajo
DANCAIRO, contrabandista	Tenor
REMENDADO, contrabandista	Barítono
CARMEN, cigarrera	Soprano
MICAELA, joven campesina	Soprano
FRASQUITA, cigarrera	Soprano
MERCEDES, cigarrera	Contralto

Lugar de la acción: Sevilla y sus alrededores
Época: Año 1800

ACTO PRIMERO

ARRABAL de Sevilla en el que se ve la manufactura de tabacos, un puente sobre el río Guadalquivir y en primer término la fachada delantera del Cuartel de Dragones de Almansa. Un grupo de soldados, entre los que se halla el cabo Morales, esperan el cambio de guardia. Aparece Micaela y pregunta a éste por el cabo don José. Morales le dice que no puede tardar en venir, pero ella prefiere volver de nuevo en vez de aguardar y sale de escena. Óyense las trompetas que tocan una marcha militar y llega el relevo de la guardia con don José y el capitán Zúñiga. Poco a poco van apareciendo curiosos que se agrupan con el fin de ver entrar a las obreras de la fábrica de tabacos.

Llegan las cigarreras y con ellas Carmen, la más hermosa y atractiva, que arrastra la simpatía y admiración de todos los hombres, que la requiebran, excepto don José, que se muestra indiferente a sus encantos. Habanera: "El amor es como un pájaro". Carmen se acerca a él y le arroja a la faz un ramito de claveles. El cabo se levanta airado en el preciso instante en que ella y las demás cigarreras escapan para reintegrarse a su labor por haber sonado la campana de la manufactura. Aparece Micaela y entrega a don José, del que está enamorada, una carta de su anciana madre en la que le manda algún dinero y un beso que le da en su nombre. El cabo se lo devuelve amorosamente para que lo transmita a su vez y se despide de la muchacha.

Seguidamente don José es requerido en la fábrica de tabacos por una riña que se ha producido y a poco aparece seguido de Carmen, custodiada por dos dragones. Da cuenta al capitán Zúñiga de lo ocurrido y éste le ordena ate las manos de Carmen y la conduzca hasta la cárcel por pendenciera. Al tratar de ejecutar la orden, la bella cigarrera seduce al cabo, y de acuerdo con el plan que traman, al llegar al puente ella lo tumba de un empujón y logra escapar.

ACTO SEGUNDO

Patio interior de una posada. Carmen y sus amigas, Frasquita y Mercedes, acompañadas del capitán Zúñiga y el cabo Morales, cantan y bailan después de cenar. El propósito de las cigarreras no es otro que distraer la atención de los militares mientras sus amigos, los contrabandistas, pasan un alijo de tabaco. Entra el torero Escamillo, que se une a la juerga, cantando una bonita canción coreada por los asistentes. El capitán, que está enamorado de Carmen, le dice que olvide a don José, el encarcelamiento del cual, por haberla dejado escapar, ha cesado hoy. Salen todos, excepto las mujeres, y el posadero cierra la puerta.

Carmen y sus amigas discuten con los contrabandistas Dancairo y Remendado, cuando aparece don José. Carmen suplica la dejen sola con él. En pleno coloquio amoroso, suena el cornetín tocando a retreta y la cigarrera impide al cabo cumplir con su deber presentándose en el cuartel. Fuerzan la puerta y aparece el capitán Zúñiga, quien tras breve discusión empeña un duelo a espada con don José. Los contrabandistas impiden un fatal desenlace apresando al oficial y llevándoselo en calidad de rehén al monte. Don José, comprometido ya y loco de pasión por Carmen, decide desertar del ejército y seguir la suerte de los contrabandistas, escapándose con la cigarrera.

ACTO TERCERO

Guarida de los contrabandistas en plena sierra. Éstos pasan lentamente sus grandes fardos en tanto un grupo de ellos se encuentra descansando y echando las cartas alrededor de una hoguera. Entre éstos se halla Carmen y sus amigas y don José, Dancario y Remendado. La veleidosa cigarrera ya no ama al hombre que por ella abandonó su bienestar, y al recordar éste, en un momento de nostalgia, a su pobre madre solitaria, ella le aconseja que vaya a reunirse con la vieja, pues a ella no le faltarán galanes.

Aparece el torero Escamillo, el cual, sin reconocer a don José, explica que va en busca de una cigarrera llamada Carmen que se fugó con un cabo de los dragones de Almansa, del que, según referencias, está ya hastiada y él viene a sustituirlo. Don José, al oír esto, dice que para quitarle el amor de su amante será preciso arrancarle antes la vida, y ambos luchan con arma blanca. Carmen y los contrabandistas se apresuran a contenerlos, evitando la contienda. Retírase el torero con arrogancia, no sin invitar antes a todos los presentes a la próxima corrida que se lidiará en Sevilla y en la cual tomará parte.

Aparece Micaela dando cuenta a don José, en una sentida aria, de que su madre se halla gravemente enferma y no quiere morir sin abrazarle. Don José no se atreve a seguir a la ingenua muchacha, por temor de dejar el campo libre a su rival en el corazón inconstante de Carmen, pero al fin su amor filial puede más y sale previniendo a la cigarrera que volverá en su busca.

ACTO CUARTO

Exterior de la plaza de toros de Sevilla. Al fondo se ve la puerta pricipal del circo en donde la multitud se amontona con objeto de adquirir localidades para la gran corrida que se va a celebrar. La animación es inmensa, alternando con el barullo de la muchedumbre, los gritos de los vendedores de refrescos, frutas y abanicos. En escena se encuentran las cigarreras Frasquita y Mercedes, acompañadas del capitán Zúñiga y el cabo Morales. A poco se reúnen con ellos Carmen y Escamillo, que es uno de los diestros que ha de torear aquella tarde.

En espera de que la plaza abra sus puertas al público, se improvisa un baile coreado por la muchedumbre, hasta que llega la cuadrilla a la que se agrega Escamillo. El matador, antes de penetrar en el redondel, pregunta a Carmen si podrá amarle algún día, a lo que ella replica que le ama ya y accederá a sus pretensiones si sale vencedor en la faena que va a realizar.

Cuando la cigarrera a su vez se dispone a entrar en la plaza, sus amigas le advierten que don José la busca desesperadamente. Entra don José y la encuentra. Dueto de ambos: "¿Eres tú? Yo soy". En esto se perciben los clarines del circo y las voces del público que aclama al valiente espada que airosamente ha dado muerte al toro. Al oír los vítores del triunfo, Carmen lanza un grito de alegría e intenta entrar en el circo. Pero su antiguo amante se lo impide y la exhorta para que vuelva con él. Mas la voluble cigarrera lo desprecia y dice que no anhela otra cosa que poder reunirse con el audaz torero. Entonces don José, ciego de ira y celos, extrae del cinto su puñal y lo hunde en el pecho de la infiel. Carmen se desploma, herida de muerte, en el momento que retorna el victorioso Escamillo a reclamar su amor.

EL PRINCIPE IGOR

Ópera en un prólogo y cuatro actos,
el primero dividido en dos cuadros

Música: Alejandro Porfirievich BORODIN
Libreto: Wladimiro STASOFF

Estreno: San Petersburgo, 23 octubre 1890

REPARTO

IGOR SVIATOSLAVICH, príncipe de Seversk.	Bajo
YAROSLAVNA, su esposa	Soprano
WLADIMIRO IGOREVICH, su hijo	Tenor
PRÍNCIPE GALITSKY, su cuñado	Bajo
KONCHACK, kan tártaro	Bajo
KONCHACKOVNA, su hija	Contralto
LA NODRIZA	Soprano
SKULA, soldado ruso	Bajo
EROCHKA, soldado ruso	Tenor
OVLUR, guerrero tártaro	Barítono

Lugar de la acción: Ciudad y alrededores de Pultiowl
Época: Siglo XII

PRÓLOGO

PARTE exterior de las murallas que circundan la población de Pultiowl. Ante las puertas que franquean el acceso al recinto amurallado se ha reunido el pueblo para despedir a su soberano Igor, príncipe de Seversk, quien parte para la guerra acompañado de su hijo Wladimiro. Al frente de un poderoso ejército, el monarca eslavo se dispone combatir al tártaro Konchack, kan de la tribu nómada de los Polovtsy, por haber penetrado con sus huestes bárbaras en el territorio de su absoluta soberanía de aquella parte meridional de Rusia. El príncipe Igor se dirige a sus súbditos para comunicarles que durante su ausencia asumirá el poder en la ciudad como regente su hermano político, el príncipe Galitsky, el cual asimismo cuidará de su amada esposa la princesa Yaroslavna. Dos guerreros que forman parte del ejército, los soldados Skula y Erohka, más aficionados al jolgorio de la vida ciudadana que a las vicisitudes de una empresa bélica, se separan de la tropa para quedarse en la capital, al servicio del regente. Se produce un eclipse de sol, reinando la penumbra por unos instantes, y este fenómeno astronómico es interpretado por la princesa Yaroslavna y los astrólogos como presagio de adversidad para la guerra que va a iniciarse. Pero el príncipe Igor no hace caso del pesimista augurio y, seguido del joven Wladimiro y los hombres de su ejército, emprende decidido la ruta del campo de batalla, siendo vitoreado con entusiasmo por el pueblo.

ACTO PRIMERO

CUADRO PRIMERO

Salón de fiestas en el palacio del principe Galitsky. Se está celebrando una de las muchas orgías con que el regente escandaliza la corte desde la partida de su cuñado, haciendo mal uso del poder que éste le confirió mientras durara su ausencia y desoyendo las indignadas protestas de su hermana por su infame conducta. Rodeado de cortesanos aduladores y teniendo como guardias de corps a los soldados Skula y Erochka, el príncipe Galitsky recibe una comisión de jóvenes doncellas que se presentan en solicitud de su ayuda para averiguar el paradero de una compañera recién desaparecida y que suponen ha sido raptada. El indigno gobernante acoge con burlas soeces a las inocentes muchachas y acaba por confesarles que ha sido él mismo quien ordenó el secuestro de la compañera que buscaban y la retendrá a buen recaudo hasta tanto no haya conseguido sus favores. Escandalizadas por tan cínica manifestación, prestamente se retiran las virtuosas doncellas, siendo escarnecido su pudor por las mofas y vituperios que Skula y Erochka, en estado de embriaguez, les prodigan para provocar la risa de su depravado amo. Las informaciones de que es portador un emisario que acaba de llegar del frente de batalla, desfavorables para los combatientes rusos, son aprovechadas por los serviles secuaces del regente para sugerirle que se erija en único señor del principado, a cuya usurpación de los derechos de su cuñado están dispuestos a colaborar, proclamándole soberano de aquellas tierras.

CUADRO SEGUNDO

Aposento palaciego de la princesa Yaroslavna. En medio de los servidores que le permanecen fieles deplora la noble dama la ausencia de su marido e hijo y los desenfrenados excesos que está cometiendo su hermano en el despótico ejercicio de su regencia. Entra en la habitación el grupo de muchachas que habiendo sido mal atendidas por el príncipe Galitsky y escarnecidas por sus guardias de corps, acuden como postrer extremo a la bondadosa princesa Yaroslavna para implorar su intercesión al efecto de que sea liberada su pobre compañera inicuamente detenida. Pero llega entonces el regente, y, temerosas de la cólera de aquella vil persona, las amedrentadas doncellas escapan precipitadamente antes de haber recibido contestación alguna a su demanda. La princesa reconviene a su hermano por su infamante comportamiento y le conmina para que al punto ponga en libertad a la muchacha cuyo rapto instigó, pero el interpelado replica que se ha prendado locamente de sus encantos personales y no piensa soltarla del encierro donde la retiene mientras no se haya saciado de ella. La indignada y ofendida dama ordena al soez personaje que se retire de su presencia, cuando penetra en el aposento una delegación de boyardos que urgentemente buscan al regente y a la princesa para comunicarles novedades de extrema gravedad: según noticias que acaban de recibirse, en un cruento combate habido últimamente, los tártaros han vencido a los rusos y el príncipe Igor y su hijo han caído prisioneros. Ante la eventualidad de una invasión del ejército enemigo se toman de inmediato medidas de seguridad y emergencia: las campanas dan el toque de alarma y en lontananza se divisa el ígneo resplandor de las hogueras que incendian los alrededores de la ciudad.

ACTO SEGUNDO

Una tienda de campaña en el campamento tártaro. El joven Wladimiro Igorevich, cautivo como su padre del kan de los Polovtsy, se ha enamorado de la hija de éste y es correspondido en su amor. Bajo la vigilancia de su anciana Nodriza, la exótica Konchakovna, ataviada a la usanza oriental, sostiene un tierno coloquio con su apasionado pretendiente. El kan Konchack tolera con complacencia y favorece las relaciones amorosas de su hija con el primogénito de su enemigo, pues es su deseo poner término a las antiguas querellas existentes entre las gentes de su tribu y los rusos pobladores de aquella región meridional del vasto imperio. Un guerrero tártaro, llamado Ovlur, que secretamente abjuró de la religión de su raza y pasó al cristianismo como converso, brinda al príncipe Igor una oportunidad de fuga por darse la circunstancia de haber sido él designado como centinela de aquella tienda y encargado temporalmente de su custodia, pero el prisionero rechaza la generosa propuesta por no parecerle digno de su condición faltar a la palabra que dio a su vencedor dé jamás intentar escapar él o su hijo del campamento donde estaban confinados. El kan Konchack trata a sus dos prisioneros con deferente consideración, y en su afán de granjearse sus simpatías y crear sólidos lazos de amistad, ofrece al príncipe Igor la libertad si se compromete a no promover más conflictos bélicos entre sus súbditos y los tártaros. De nuevo el noble cautivo ruso renuncia a la segunda oportunidad de liberación que le ha sido formulada, por considerar que la aceptación de la misma bajo la condición exigida redundaría en perjuicio de los derechos de su pueblo y en menoscabo del prestigio de su propia soberanía. El jefe tártaro, para mitigar el agobio de la reclusión y divertir a sus dos prisioneros, hace ejecutar ante ellos las típicas danzas polovtsianas en las que intervienen los más ágiles guerreros y las más hermosas bailarinas de su tribu.

ACTO TERCERO

Un paraje en el campo de batalla. El príncipe Igor y su hijo deambulan por aquel lugar y presencian la llegada de unos contingentes de tropas tártaras que conducen los soldados rusos que han hecho prisioneros después de haber aniquilado totalmente al ejército enemigo. Llevan también un copioso botín de guerra, y esos despojos de su patria saqueada evocan al monarca cautivo el recuerdo de su solitaria esposa expuesta a todas las asechanzas bélicas, de sus fértiles tierras devastadas, de su querida ciudad de Pultiowl a punto de ser invadida... Las sombrías consideraciones que hacen presentir al noble prisionero las calamidades que amenazan a la princesa y a sus súbditos le deciden a quebrantar la palabra de honor que tenía empeñada con el kan Konchack, y, aceptando el ofrecimiento de evasión que le reitera su centinela guardián, el converso Ovlur, se dispone a huir juntamente con su hijo. Pero la enamorada Konchakovna, que tiene bien prendido en sus redes amorosas al joven Wladimiro, impide que éste la abandone y el príncipe Igor tiene que escapar solo. Los soldados tártaros se enfurecen al advertir la fuga del prisionero y se disponen a perseguirle a la vez que a castigar severamente a su hijo. La oportuna llegada del kan Konchack evita la realización de ambas acciones: primeramente, retiene a los perseguidores y permite que el fugitivo se aleje impunemente del campamento para que consiga alcanzar sano y salvo el destino a que su patriotismo le reclama; después,,ordena a sus guerreros que liberen a Wladimiro y manifiesta que, puesto que su amor por Konchakovna ha sido lo bastante fuerte para retenerle voluntariamente en cautividad, le concede gustoso a su hija como esposa.

ACTO CUARTO

Torreón en la fortaleza de Pultiowl. La princesa Yaroslavna, con un reducido séquito de cortesanos leales a su causa, escruta ansiosamente el amplio panorama que se domina desde aquel elevado lugar, tratando infructuosamente de avizorar en la lejanía algún vestigio del derrotado ejército de su esposo. La desesperanza abruma el ánimo de la egregia dama y no puede menos de lamentarse amargamente de su triste sino al considerar la deplorable situación en que se encuentra personalmente y el estado de ruina en que se hallan los poblados y campiñas de su patria...

Mas de pronto el desaliento de la afligida Yaroslavna se torna en ilusionada confianza en un posible cambio de suerte al divisar en lontananza la silueta de dos jinetes que desde lejos cruzan la pradera y velozmente se aproximan a la fortaleza: son el príncipe Igor y el fiel converso Ovlur, que han logrado llevar a buen término la penosa etapa de su arriesgada evasión. Llega el ex cautivo soberano junto a su querida esposa y la abraza tiernamente. Los soldados Skula y Erochka, que en su habitual estado de embriaguez rondan a lo largo de las murallas, llegan entonando una canción cuya letra ensalza a su amo Galitsky y denigra al príncipe Igor, pero al descubrir la presencia de éste al lado de la princesa Yaróslavna, ambos son presa de pánico por tan inesperada aparición y con las campanas de la fortaleza dan el toque de rebato. Alarmado el pueblo por el súbito llamamiento de alarma, acude inmediatamente al torreón, dándose cuenta con júbilo del retorno de su amado monarca... Y entre grandes manifestaciones de regocijo popular, el príncipe Igor y la princesa Yaroslavna efectúan su solemne entrada en la ciudad de Pultiowl, para hacerse cargo de nuevo del mando de sus dominios.

LA DOLORES

Ópera en tres actos

Música: Tomás Bretón   Libreto: Tomás Bretón
adaptado del drama homónimo de José Feliu y Codina

Estreno: Madrid, 16 marzo 1895

REPARTO

Dolores	Soprano
Gaspara, posadera	Mezzo-soprano
Lázaro, su sobrino	Tenor
Melchor, barbero	Barítono
Rojas, sargento	Bajo
Patricio, hacendado	Barítono
Celemín	Tenor

Lugar de la acción: Calatayud
Época: Mediados del siglo XIX

ACTO PRIMERO

Una posada, en la plaza del mercado de Calatayud. La moza de servicio del mesón, una bella muchacha conocida por la Dolores, cuenta con muchos admiradores entre los clientes del establecimiento donde trabaja. La cortejan asiduamente el sargento Rojas, militar que en comisión de servicio se halla de paso en la población y pretende a la chica por pura fanfarronería, y el rico Patricio, hacendado del lugar que se ha prendado de sus encantos y con dádivas y regalos cree que podrá conquistarla. La dueña del mesón, la tía Gaspara, alberga en la casa, durante las vacaciones estivales, a su sobrino Lázaro, estudiante seminarista que asimismo se ha enamorado de la agraciada sirvienta y ve con espanto zozobrar los virtuosos principios que le encaminaban vocacionalmente al sacerdocio por la incipiente pasión que extravía su austeridad por pecaminosos derroteros. Pero el único hombre del lugar que un día interesó de verdad a la tan requerida muchacha es el barbero Melchor, que fue otrora su novio y con malas artes llegó a rendir su honestidad. Entre los concurrentes a la posada se encuentra este presuntuoso conquistador, y enterada la Dolores de que proyecta casarse, le dice que de ser ello cierto debe antes reparar su maltrecho honor. El jactancioso Melchor se burla del justo requerimiento de su víctima y le asegura que si contrae matrimonio es tan sólo para buscar dinero y no otra mujer que le guste más que ella, pues la desea aún ardientemente y le molesta verla rodeada de pretendientes. Consecuente a lo manifestado, el bravucón, para enfriar los ardores pasionales que el sargento y el hacendado testimonian a la muchacha y para alejarlos definitivamente de su vera, desafía en público a quien la requiera en amores. Después, mientras la infeliz moza maldice la hora en que creyó en las falaces promesas de su vil seductor, éste remata su ruin labor de descrédito entonando una infamante copla:

> *Si vas a Calatayud,*
> *pregunta por la Dolores,*
> *que es una chica muy guapa*
> *y amiga de hacer favores.*

ACTO SEGUNDO

Patio del mesón, con vista al fondo de la plaza del lugar habilitada para celebrar una corrida de toros. La posadera Gaspara prodiga prudentes consejos a su sobrino, quien finalizadas sus vacaciones está a punto de regresar al seminario de Tarazona para reanudar sus estudios eclesiásticos. El sargento Rojas, que bebe una jarra de vino en compañía de Patricio y Celemín, discursea ampulosamente efectuando un exagerado relato de osadas hazañas bélicas de las que asegura ser el heroico protagonista. Llega la Dolores y su cortejador Patricio le brinda la novillada que seguidamente

4

va a tener lugar en el improvisado coso taurino de la plaza, fiesta que ha organizado el hacendado y le ofrece como un agasajo en su honor. Quedan solos la moza de servicio y el joven seminarista y éste, ante la inminencia de su partida, no resiste a la tención de declarar a su amada la desatinada pasión que le ha inspirado, cubre de besos su mano y cuando intenta abrazarla, la galante escena es sorprendida por Celemín, quien amotina la posada proclamando a gritos que el curita hace el amor a la criada. Cuando la Dolores, vivamente impresionada por la insospechada declaración que le ha permitido adivinar en los ojos del muchacho la revelación de un gran amor, pretende restar importancia a lo sucedido alegando que se trata de una chiquillada, Lázaro replica: "Pronto veréis de lo que es capaz este chiquillo." En aquel instante llega al patio un alarido de horror, proferido unánimemente por los espectadores que en la plaza asisten a la lidia. El sargento Rojas, improvisado torero, ha sido derribado por la res que se disponía matar y tumbado e indefenso bajo su testuz se encuentra en inminente riesgo. Al darse cuenta de lo ocurrido, el seminarista se precipita al ruedo, domina al novillo con hercúleo esfuerzo y salva al militar del mal lance que hacía peligrar su vida. Una clamorosa ovación, proferida al unísono por cuantas personas atestiguaron el audaz salvamento, acompaña al heroico joven cuando modestamente se retira del coso taurino.

ACTO TERCERO

Habitación contigua a una alcoba dormitorio, en la posada. Es la víspera del día en que Lázaro debe partir y antes de acostarse reza devotamente sus plegarias vespertinas. La posadera Gaspara, en una conversación con la Dolores, se ha enterado de que su sobrino había requerido de amores a aquélla. Solivantada la buena mujer por lo que considera una acción indigna e inmoral, despide al punto a la criada del mesón por creer que con sus coqueterías ha tentado al inocente muchacho y a la vez insta a éste para que sin aguardar la siguiente mañana para emprender el viaje a Tarazona, salga de Calatayud aquella misma noche. La infeliz sirvienta, que inmerecidamente se ha visto de repente privada de su trabajo y arrojada de la casa como castigo de una falta que no ha cometido, se lamenta de la adversidad de su sino. Para colmo de desdichas, el barbero Melchor, impulsado por el insensato deseo que experimenta todavía por su antigua novia, le ha dado apremiante cita en su propia alcoba, a las diez de aquella misma noche. La Dolores, temerosa de lo que pueda ocurrir en la entrevista proyectada, ha pedido al sargento Rojas y a Patricio que se encuentren cerca de su dormitorio a la hora prevista. Llega Lázaro para despedirse de la mujer que le ha inspirado tan ardiente pasión y le suplica que le confiese si su gran amor es correspondido, si puede irse con el consuelo de saber que también ella le ama...

Desde la plaza se percibe la voz de Celemín que canta la ofensiva copla alusiva al deshonor de la Dolores, en tanto suenan diez campanadas en un reloj inmediato. Llaman a la puerta de la posada y la atribulada muchacha, aunque sabe bien cuál es la persona que golpea la puerta, dice al joven seminarista que es su tía Gaspara quien está llamando y logra convencerle para que se retire de la estancia pasando a un cuarto contiguo donde ella lo encierra con llave. Entra Melchor y trata de seducir de nuevo a su ex novia, pero hallando obstinada oposición a sus torpes propósitos, la insulta soezmente y proclama a gritos su deshonra. Alertado por las voces de la disputa, acude Lázaro en auxilio de su amada a la que supone en peligro, introduciéndose en la habitación por una ventana. El valiente y caballeroso adolescente afirma que no puede tolerar la seducción, el abandono y la pública difamación de una pobre mujer desvalida, y desafía al bravucón Melchor, quien sin vacilar acepta el reto. Entran ambos en el dormitorio de la sirvienta, dispuestos a matarse como dos hombres celosos. Inútilmente ha intentado la afligida moza interponerse para evitar el duelo, como también vanamente prueba de forzar la puerta de la alcoba. Cuando ésta se abre, aparece Lázaro en su umbral, después de haber vencido a Melchor. Acude gente y aunque la Dolores se esfuerza en impedir que nadie pase a su cuarto, uno de los recién llegados se asoma allí y ve el cadáver del barbero. Entonces, la apenada muchacha, para salvar a su noble paladín, se declara culpable de la muerte de Melchor, pero Lázaro se apresura a desmentirla y, con gran asombro de todos, confiesa: "No es cierto: yo soy quien mató a ese hombre... El cobarde mancilló a la Dolores, yo la amo y he de responder por esta muerte."

EL MATRIMONIO SECRETO
(IL MATRIMONIO SEGRETO)

Ópera cómica en dos actos

Música: Domingo Cimarosa   Libreto: Juan Bertati

Estreno: Viena, 1792

REPARTO

Don Jerónimo, comerciante	Bajo
Elisetta, su hija mayor	Soprano
Carolina, su otra hija	Soprano
Fidelma, su hermana	Mezzo-soprano
Paulino, su secretario	Tenor
El conde Robinsón, su noble amigo ...	Barítono

Lugar de la acción: Una ciudad italiana
Época: Siglo XVIII

ACTO PRIMERO

Una sala de estar en la morada de don Jerónimo. Este acaudalado mercader, después de haber obtenido una considerable fortuna en el ejercicio del comercio, que considera una plebeya profesión, ambiciona poder casar a sus dos hijas con caballeros de la aristocracia. Con tal propósito ha conseguido trabar amistad con el conde Robinsón, a quien sobra abolengo pero faltan caudales, por cuyo motivo no tiene inconveniente en ennoblecer el burgués linaje del comerciante a cambio de su riqueza. Conviven con don Jerónimo, además de sus dos hijas Elisetta y Carolina, una hermana suya llamada Fidelma, viuda joven y coqueta, y un simpático muchacho de nombre Paulino, que le hace las veces de secretario para todo, pues se ocupa tanto de las transacciones de carácter comercial como de los asuntos de índole privada. Este joven contrajo matrimonio, unos meses antes, con Carolina, la hija menor de su patrón, pero como la ceremonia se verificó en secreto por temor de no conseguir el permiso paterno, ambos han mantenido oculto dicho enlace hasta entonces. Por desdicha para los furtivos contrayentes, Paulino ha inspirado una loca pasión a la enamoradiza viudita Fidelma, quien, ignorando el vínculo secreto que une con su sobrina al ídolo de su corazón, está que bebe los vientos por él.

Todos los habitantes de la casa aguardan con ansiedad la anunciada visita del conde Robinsón, que don Jerónimo destina como futuro marido de su hija mayor. Llega el noble arruinado y el dueño de la casa efectúa las presentaciones. Después de los cumplidos de rigor en tales circunstancias, el recién llegado da inequívocas muestras de haber sido Carolina más de su agrado que no Elisetta. Hay un gracioso intercambio de impresiones entre Robinsón y Paulino, ambos conocidos de antiguo, cuando, al encontrarse a solas, el secretario pide a su amigo una solución para su problema de hombre atosigado por dos mujeres que le asedian al unísono con un amor juvenil y otro otoñal, y al llegar al punto de descubrirle su matrimonio clandestino, su interlocutor ataja la confidencia para rogarle, según los dictados de su corazón, que intervenga cerca de don Jerónimo para que acceda a una permuta de novias otorgándole la mano de la menor de sus hijas en lugar de la otra que le estaba destinada. Paulino se retira desesperado al comprobar que en vez de resolverse sus cuitas se complican más y más. Entra Carolina y recibe del conde una declaración amorosa en regla, en tan inoportuna circunstancia que los apasionados conceptos de la propuesta de noviazgo son escuchados por Elisetta. Ésta, despechada por el escarnio de que la hace víctima aquel que consideraba como su fiel pretendiente y celosa de su propia hermana, promueve un formidable alboroto y a gritos informa a todas las personas de la casa de la indignante escena que casualmente ha sorprendido.

ACTO SEGUNDO

Otro aposento de la casa de don Jerónimo. El rico comerciante y su noble pero arruinado amigo el conde Robinsón celebran una entrevista, en el curso de la cual el aristócrata formula su renuncia a la dote que su futuro suegro había asignado a Elisetta y mantiene su compromiso de entrar a formar parte de la familia si éste le permite cambiar de novia y desposar a Carolina. El avariento don Jerónimo, ante la perspectiva de conseguir un yerno con título nobiliario sin necesidad de entregar los cincuenta mil escudos de oro, que era el importe de la dote señalada, acepta encantado el trato y concede su autorización al conde para que efectúe la permuta que solicita, siempre que la interesada le releve de la palabra empeñada. Sin pérdida de tiempo busca el aristócrata a Elisetta y le confiesa ser un calavera empedernido, pendenciero, jugador, mujeriego, borracho, estar arruinado y cuantos peyorativos conceptos se le ocurren para desacreditar su propia personalidad con el fin de que la joven renuncie al compromiso existente entre ambos, mas no acierta a persuadirla con aquel ardid y no consigue que le devuelva la libertad de acción, ya que ella le ama sinceramente.

Entre tanto la inflamable viudita Fidelma, sin pausa ni reposo, no cesa de importunar con su amoroso asedio al infeliz Paulino, y como éste la rehúye constantemente, intuye ella que la responsable de aquel desvío es Carolina. Persuadida asimismo Elisetta de que la causante del desamor de su prometido es su hermana, llega a un acuerdo con su tía para deshacerse ambas de la rival común y convencen a don Jerónimo para que al día siguiente disponga el ingreso en un convento de la menor de sus hijas y la obligue a tomar el velo como novicia. Ante la inminencia de aquel hecho, que resultaría catastrófico para los cónyuges ocultamente casados, puesto que se verían forzados a separarse para siempre, celebra la pareja, afectada por aquella amenaza, un conciliábulo nocturno, aprovechando que las demás personas se han retirado a sus respectivos dormitorios y llegan a la conclusión de que sólo una fuga inmediata puede poner a salvo su futura felicidad. Ambos se introducen en la alcoba de la muchacha para recoger algunas ropas y poner en práctica su plan, cuando casualmente Elisetta se da cuenta de que en la habitación de su hermana hay un hombre, y, encelada por creer que se trata del conde Robinsón, no vacila en amotinar con sus voces a su padre, su tía y la servidumbre para que sorprendan a los protagonistas de

aquella cita subrepticia. Pero entre los que acuden al gri-
terío de la airada joven aparece el conde, que acaba de salir
de su propio dormitorio, donde tranquilamente descansaba.
La confusión de Elisetta es enorme y la expectación de los
demás asistentes al barullo va en aumento hasta que don
Jerónimo, que amenaza con derribar la puerta de la alcoba,
consigue que ésta sea franqueada y entonces aparecen en su
umbral Carolina y Paulino. Manifiesta la clandestina pareja
que no hay culpa ni pecado en su permanencia a solas en
aquella cámara que muy bien podría ser nupcial, puesto que
legalmente son marido y mujer. Don Jerónimo se muestra
indignado al serle revelado el secreto de aquel enlace, pero
su ira decrece cuando el conde Robinsón, perdida definitivamente su esperanza de casar con Carolina, y optando por salvar el caudal ya que no pudo conseguir la novia apetecida,
declara estar dispuesto a desposarse con Elisetta. El comerciante acaba por aceptar como magnífica aquella doble solución matrimonial que le proporciona el yerno aristocrático
que ambicionaba y a la vez otro yerno que sin dispendio alguno de salario estará obligado a seguir siendo permanente-
mente su secretario... Y "tutti contenti", incluso la viudita Fidelma, que comprendiendo la inoportunidad de sus
coqueterías y devaneos, se resigna a renunciar a ellos
para siempre.

LUISA
(LOUISE)

Ópera en cuatro actos,
el segundo dividido en dos cuadros

Música y libreto: Gustavo CHARPENTIER

Estreno: París, 2 febrero 1900

REPARTO

LUISA	Soprano
EL PADRE	Barítono
LA MADRE	Contralto
JULIÁN	Tenor
IRMA, costurera	Contralto
EL REY DE LOS BOHEMIOS	Barítono

Lugar de la acción: París
Época: Postrimerías del siglo XIX

ACTO PRIMERO

COMEDOR de un pisito modesto —el último— de una casa de vecindad de París. Luisa, que se halla cosiendo en escena, abandona su labor para asomarse a la ventana, con el fin de ver a Julián, el joven artista que tiene su taller al otro lado de la calle. Es primavera y en el ambiente flota ese algo indefinible que trastorna el corazón y los sentidos de las almas juveniles: romanticismo, ideales, sueños de amor... Julián expresa todo eso en la hermosa canción que canta desde su "estudio". Pero la madre de Luisa, que aborrece al joven bohemio, interrumpe el hechizo descorriendo la cortina de la ventana y obligando a la chica a reintegrarse a su trabajo.

Entra el padre, cansado de su jornada, y pide la cena.

Mientras la madre pone los platos y prepara la comida, el padre muestra a Luisa una carta que ha recibido de Julián en la cual el joven expresa su aspiración de poder llegar a ser un día el marido de su hija. La muchacha confiesa, por su parte, que también corresponde a ese amor. Pero interviene la madre asegurando que un bohemio no es ningún buen partido y siempre se opondrá a esas relaciones. Luisa le replica con viveza y ambas discuten acaloradamente. El padre logra al fin calmarlas y con buenos razonamientos trata de convencer a la chica de que no debe contrariar a su madre y que tal vez no sea aquél el hombre que más le convenga. Luisa, con lágrimas en los ojos, promete esforzarse para olvidar a Julián, con tal de complacer a su buen padre.

ACTO SEGUNDO

CUADRO PRIMERO

Callejón de Montmartre. Es a primeras horas de la mañana, cuando los obreros, empleados y "midinettes" se incorporan a sus labores. Los exóticos tipos peculiares de ese pintoresco barrio parisiense desfilan por la escena: floristas, pintores, traperos, vendedores ambulantes, músicos callejeros... Aparecen Julián y sus amigos y aguardan a que pase Luisa, la cual trabaja en el taller de la modista de la esquina.

Canción del coro de bohemios: "Somos los hijos de Bohemia". Aparece Luisa, y el joven artista, después de jurarle una vez más su amor y fidelidad, intenta persuadirla de que se fugue con él. La modistilla rechaza sin firmeza esta proposición y, para no escucharla de nuevo, se refugia corriendo en el taller, donde cree que estará libre de las asechanzas del seductor.

CUADRO SEGUNDO

Sala interior de costura de una tienda de modista. Varias muchachas están cosiendo y entre ellas, Luisa y una joven oficiala llamada Irma. Ésta canta una bonita canción, coreada por las demás compañeras, y después reprende y se burla de su amiga por estar enamorada. En esto se percibe la voz de Julián que canta desde fuera. Las muchachas prestan gran atención al canto y cuando finaliza, aplauden con entusiasmo para que repita. En tanto, Luisa, en cuyo corazón se libra una cruel batalla entre la voz del deber que le aconseja seguir con sus padres y la voz de su pasión que la reclama al lado de su amado, no puede resistir más tiempo, y fingiéndose indispuesta, sale a la calle para reunirse con Julián y escapar con él.

ACTO TERCERO

Jardín de una pequeña villa situada en la cumbre de Montmartre. En esta casita de ensueño, Luisa y Julián han encontrado la felicidad: rincón florido donde palpita, como un pájaro en el nido, la dicha tenue de su amor de juventud. Anochece. A lo lejos una ciudad inmensa y maravillosa comienza a encender sus luces. Los dos amantes permanecen extáticos ante el bello espectáculo. Dueto: "París, París, ciudad iluminada". Para completar la mágica fantasmagoría, un fuego de artificio ilumina con múltiples resplandores la negra bóveda del cielo. Acabada esta fantástica visión, la enamorada pareja, estrechamente abrazados, se introducen en la casita.

Aparece un grupo de bohemios y "midinettes", llevando farolillos multicolores y guirnaldas de flores. Las muchachas bailan una *farandola* mientras los mozos dicen que vienen a celebrar la fiesta anual de recoger entre las bellas a una reina de Montmartre, habiendo elegido esta vez a Luisa como soberana. El rey de los Bohemios invita a Julián y su amante a salir del interior de la villa y una vez se hallan éstos en el jardín, el alegre tropel los rodea, y en un coro triunfal cantado por las "midinettes", éstas proceden a la ceremonia de la coronación de Luisa. Mas en pleno regocijo aparece la madre de ésta, quien explica que desde que abandonó su casa, el padre está enfermo. Ante esta revelación, la partida de juerguistas se retira. Al quedar sola con su hija y Julián, la madre insiste de nuevo, describiendo un triste cuadro y diciendo que quizás el pobre viejo tiene la muerte cercana y desearía antes ver una vez más a su hija...

Luisa, conmovida, pide permiso a su amante para irse con su madre y éste se lo concede, encareciéndole que no le olvide y trate de retornar a él lo antes posible.

ACTO CUARTO

Habitación en casa de Luisa, con ventanas al fondo que dan a la calle, por las que se ve un panorama de tejados, torreones y cúpulas de edificios parisienses. Luisa se ha reintegrado a su hogar, en donde ha descubierto que la enfermedad de su padre no era más que una superchería para atraerla hasta allí y poderla encerrar. Prisionera en el piso desde hace unos días, ella se agita en plena rebelión. El padre intenta calmar sus nervios y llevarla hacia el buen camino con sabios consejos. Por un instante, la indómita hija parece dejarse convencer por la dulzura y honradez de los razonamientos del bondadoso anciano. Pero el sortilegio de Montmartre y la atración de Julián tienen demasiado imperio en su corazón adolescente... Ella desea ser libre, correr, vagar por las calles pululantes de enamorados, junto al hombre que ama.

En un arranque de pasión e ira, Luisa trata de escapar, pero el padre logra detenerla todavía. Entonces la muchacha chilla desesperadamente llamando a Julián e invocando su derecho a la libertad. El pobre padre, vencido por tanta obstinación y al fin agotada su paciencia, deja suelta a la rebelde y la manda salir del hogar, de cuyo seno la arroja renegando de ella. Luisa se precipita, en un grito de dicha, hacia las escaleras y de allí hacia la calle que tanto la atrae y debe facilitarle el acceso hasta el seductor que la ha hechizado. El pobre viejo, después de un momento de reflexión, corre hasta la ventana, se asoma y llama todavía a su pequeña: "Luisa, Luisa". Pero Luisa ha escapado ya, está lejos, para siempre... Desde aquel día, el arroyo de París cuenta con una nueva presa.

EL ELIXIR DE AMOR
(L'ELISIRE D'AMORE)

Ópera cómica en dos actos

Música: Cayetano DONIZETTI   Libreto: Félix ROMANI

Estreno: Milán, 2 mayo 1832

REPARTO

ADINA, rica heredera .... Soprano
NEMORINO, joven campesino .... Tenor
BELCORE, sargento .... Barítono
DULCAMARA, curandero .... Bajo
GIANETTINA, joven campesina .... Soprano

Lugar de la acción: Una aldea italiana
Época: Mediados del siglo XIX

ACTO PRIMERO

P LAZUELA de un villorio del mediodía de Italia. Adina, la más rica propietaria del lugar, sostiene simultáneamente relaciones amorosas con dos hombres: Nemorino, joven labriego, y el sargento Belcore, destacado en la guarnición de la ciudad vecina. Ambos le gustan por igual y no sabe por cuál decidirse, pues mientras el rústico campesino le ofrece una pasión ingenua y sincera, el apuesto militar le brinda un amor ardiente y fantasioso. En la duda, Adina trata a los dos pretendientes con igual frialdad, a fin de alejarlos de su lado y así poder elegir con más calma. Mas el porfiado Nemorino se niega a alejarse de las cercanías de donde habita la mujer de sus sueños.

En tanto, se produce en el lugar gran revuelo por la llegada del vendedor ambulante y curandero Dulcamara.

El charlatán se instala en medio de la plaza y a grandes
voces invita a todos los vecinos de la aldea a prestarle atención y asombrarse de la maravillosa mercadería que lleva.
Pronto se forma un corro de curiosos que le rodea y el em-
baucador muestra un líquido embotellado que dice ser un
elixir amoroso que quien lo toma se hace irresistible para
la persona que desea. El cándido Nemorino, creyendo haber encontrado el remedio adecuado para los males del
corazón que le afligen, se apresura a adquirir una botella.
Vase a un lado y engulle de un trago la mágica poción,
que no siendo otra cosa que vino común, causa al poco rato
sus efectos, sumiéndole en un estado de semiembriaguez.

Seguidamente Adina se dirige al joven campesino y al
notar que está algo achispado, no vacila ni un instante
más en su elección y dice que se casará con Belcore, seña-
lando para el próximo día la celebración de la fiesta de esponsales. Nemorino, al oír esto se desespera y cree que
únicamente otra dosis del milagroso elixir puede arreglar la
cosa. Como no lleva encima más dinero para mercarlo y el
charlatán no quiere fiarle, se ofrece a su rival, el sargento,
para alistarse como voluntario en el ejército. El militar lo
acepta y le entrega unas monedas como prenda del compromiso que contrae. Una vez en posesión del dinero, el
infeliz muchacho compra inmediatamente otra botella de
lo que cree amoroso brebaje. Acto seguido la bebe y el resultado no se hace esperar: una borrachera imponente.

ACTO SEGUNDO

La fiesta de esponsales de Adina y Belcore. Los campesinos celebran alegremente, con cantos y danzas, los esponsales de la más rica hacendada del lugar. Pero ésta permanece triste y cabizbaja, en medio del regocijo general,
pues duda en firmar el contrato matrimonial por no amar
bastante al sargento. El curandero, que también toma parte
en la francachela, trata de disuadirla aún más del proyectado enlace. Aparece la doncella Gianettina y anuncia que
un tío de Nemorino acaba de morir en las cercanías del
poblado, dejándole como único heredero de su inmenso
caudal. Al oír esto, todas las mozas empiezan a insinuarse
y a coquetear con el cándido campesino, que es el único de

los concurrentes que ignora la noticia y cree deber su repentino éxito amoroso al mágico elixir que le expendió el charlatán.

El desconsuelo de Adina aumenta con eso, porque piensa que pronto Nemorino encontrará pareja y los celos que experimenta le demuestran que le ama. Ante su tristeza, el curandero Dulcamara se conmueve y le confiesa que si el día anterior sorprendió al joven campesino en estado de embriaguez fue debido a que las dos botellas que le vendió contenían vino puro y no una milagrosa poción. Al enterarse de esto, Adina aprecia aún más la sinceridad ingenua de la pasión de Nemorino y decide corresponderle.

Pero el despechado sargento dice que el muchacho se alistó formalmente al ejército, recibiendo en gaje la cantidad de dinero correspondiente a su primera paga como soldado, y como tal no tiene ya ninguna libertad para obrar, sino que se halla bajo sus órdenes y mando. En efecto, Nemorino, que gastó ya todo el dinero recibido, no sólo no puede devolverlo, sino que, según la ley militar, está subordinado a Belcore. Pero la rica Adina ofrece al militar devolver las monedas de la paga y muchas más, comprando así a peso de oro la libertad del elegido de su corazón y el consentimiento del sargento a renunciar a su mano. Libres al fin de todo compromiso, ella y Nemorino se unen con toda felicidad. En tanto, los campesinos, asombrados de tanta diversidad de pensamientos en tan poco rato, se apresuran a mercar todas las existencias que el charlatán posee del elixir amoroso a cuyas mágicas propiedades atribuyen el repentino cambio que en el corazón de la rica hacendada se ha operado.

LA FAVORITA

Ópera en cuatro actos,
el primero dividido en dos cuadros

Música: Cayetano Donizetti
Libreto: Alfonso Royer y Gustavo Váez

Estreno: París, 2 diciembre 1840

Reparto

Alfonso XI, Rey de Castilla	Barítono
Fernando	Tenor
El Abate Baltasar	Bajo
Gaspar, oficial del ejército	Tenor
Leonora, favorita del Rey	Soprano
Inés, amiga de Leonora	Soprano

Lugar de la acción: Reino de Castilla
Época: Año 1340

ACTO PRIMERO

Cuadro primero

INTERIOR de una celda del Monasterio de Santiago. El novicio Fernando, a punto de recibir las órdenes sagradas que han de instituirle monje de la comunidad, se ve asaltado por horribles dudas acerca de su vocación. Vacilando entre si debe o no seguir adelante en la ruta que ha emprendido, solicita del Padre Baltasar, abate del Monasterio, que le atienda en acto de confesión. El penitente explica al santo varón las extrañas alucinaciones que sufre todas las noches, desfilando ante sus ojos la visión de una hermosa muchacha, bella como un ángel, que perturba su ánimo y le atormenta como un sueño maléfico durante las horas de descanso. El venerable anciano se alarma ante esas revelaciones, pero, comprendiendo que Fernando es sincero y no hay maldad en sus palabras, le aconseja que abandone el convento por creer que Dios no le ha predestinado para servirle, sino para otros fines distintos. Al aconsejar así al joven novicio, el Padre Baltasar le releva por completo de sus votos y le otorga su bendición para que tenga mucha ventura en el mundo al cual retorna.

CUADRO SEGUNDO

Plazoleta de un frondoso parque cubierto de macizos de plantas tropicales y exóticas flores. En su peregrinaje por los campos castellanos, Fernando ha ido a dar en el real sitio que la corte de Alfonso XI ocupa en la provincia de León. En aquellos parajes de esplendor y maravilla, Leonor, la favorita del Rey, su amiga Inés y otra dama de compañía se hallan cortando flores. Por un azar de la vida, Fernando logra tener acceso hasta aquel reservado recinto, consiguiendo llegar hasta allí con los ojos vendados. Al descubrirse y contemplar a la hermosa Leonor, reconoce con asombro en ella a la personificación de la irreal y fantasmagórica mujer de sus sueños.

Acto seguido declara el ex novicio su pasión a la bella favorita —cuya personalidad desconoce— diciendo que vencerá todos los obstáculos y emprenderá las más arriesgadas aventuras con tal de conseguir enamorarla y ser digno de su amor. Leonora, ante esas impetuosas manifestaciones, ingenuas y sinceras, no se atreve a explicar su extraña posición en la corte, y temiendo que el apasionado doncel pueda descubrir quién es ella en realidad, le entrega un pergamino diciéndole que siga exactamente las instrucciones allí escritas. Y así esquiva la embarazosa situación retirándose seguida de sus acompañantes. Al leer Fernando el pergamino, ve que es un nombramiento para combatir en el ejército de Castilla y decide ingresar en él para conseguir gloria y honores y poder un día reclamar a la hermosa mujer que encarna el ideal de sus sueños.

ACTO SEGUNDO

Jardines de un alcázar morisco. El Rey Alfonso, seguido de su séquito, admira los vastos jardines del palacio que recientemente sus tropas han apresado a los árabes que invadían la península. La victoria se debe en gran parte al valor y pericia de Fernando, ascendido por sus propios méritos a jefe de los ejércitos castellanos. El jolgorio de cantos y bailes del alegre tropel que rodea al soberano, se ve turbado por la llegada de un mensaje del Abate Baltasar dando cuenta, en tono de crítica, de que el monarca de una nación católica no puede compartir públicamente su vida con una favorita sin ofender con ello gravemente a la Iglesia y a la honestidad de sus súbditos. Ante el escándalo inevitable, Leonora es presa de gran desconsuelo y suplica a su amo y señor, por respeto al apellido de su padre, que le devuelva su libertad y la olvide. Pero el enamorado soberano se resiste a desprenderse de la bella favorita.

En esto aparece el propio abate del monasterio de Santiago, el cual viene personalmente por ser portador de una carta del Santo Padre de Roma en la que se excomulga al Rey Alfonso si no renuncia inmediatamente a su concubina. Ante este mandato apremiante, el monarca se retira colérico a sus habitaciones, prometiendo no obstante obedecer las órdenes del Papa y complacerle en su demanda. Leonora, cubierta de oprobio y vencida una vez más por la vergonzosa timidez que le impide poner en claro su situación, no se atreve aún a confesar al crédulo Fernando su verdadera personalidad.

ACTO TERCERO

Salón del trono en Palacio. El Rey Alfonso, totalmente decidido a renunciar a su favorita, recibe con grandes honores y agasajo al victorioso Fernando que regresa triunfante de los campos de batalla. Como recompensa a sus méritos guerreros, el monarca le invita a pedir una merced, a lo cual el enamorado ex novicio replica que no aspira a otra gracia que a la concesión de la mano de Leonora. El Rey se la otorga y señala para dentro de una hora la celebración de la ceremonia nupcial que ha de tener lugar en los mismos salones palaciegos.

Leonora, ante el terrible dilema que se le presenta de engañar al esforzado pretendiente o de confesar la humillante verdad y disuadirle de su loco propósito de hacerla su mujer, opta noblemente por lo último. Como le falta valor para realizarlo de palabra y el tiempo urge, escribe un mensaje explicándolo todo y aclarando de una vez su ignominiosa posición en la corte, mensaje que envía a Fernando por mediación de su amiga Inés. Pero al intentar esta dama cumplir el encargo que se le ha encomendado, es detenida por orden del rey.

Aparece Fernando dispuesto tranquilamente para la ceremonia y la contrayente se admira de que su carta no haya producido en su ánimo ningún efecto. Se celebra con toda pompa el acto de la boda en el cual el Rey hace entrega al joven guerrero de Leonora como esposa y de un título de nobleza de la Corona de Castilla. Pero seguidamente, al ser presentada la pareja de recién casados a los cortesanos, éstos los reciben con tanto desdén y frialdad que Fernando se inquieta y trata de inquirir la causa de este insulto. En el preciso instante entra el abate Baltasar, quien, horrorizado de que el enlace se haya verificado, informa al desventurado ex novicio lo que ha habido, de burla y sacrilegio en la ceremonia que acaba de tener lugar. Fernando, enloquecido de ira y dolor, echa en cara al Rey Alfonso su falsedad y desleal comportamiento. Leonora, por su parte, trata en vano de explicarle su manera franca de proceder antes de la boda. El colérico guerrero, vejado por la terrible afrenta de que acaba de ser víctima, se precipita fuera de los muros de aquel palacio donde con tanta injusticia y doblez se le ha tratado. Al salir Fernando prometiendo no poner nunca más los pies en aquel recinto maldito, la favorita se desvanece en los brazos de las damas de la corte.

ACTO CUARTO

Claustro del monasterio de Santiago. Los monjes reciben con gran júbilo al dolorido Fernando que ha retornado a su antiguo refugio espiritual desengañado del mundo y sus falaces placeres y honores. El coro entona un canto ensalzando los goces y esplendores celestiales. Al quedar solo Fernando, recuerda por un instante su desdichada pasión, y como homenaje postrero a su amor muerto, canta la bella aria del "Spirito gentile".

En tanto, aparece refugiándose tras las columnas claustrales la favorita Leonora, la cual ha conseguido introducirse en el convento disfrazada de novicio. Fernando, al verla, intenta huir, pero ella consigue retenerle y le explica el mensaje que le envió por conducto de Inés poco rato antes de efectuarse la desventurada ceremonia nupcial y que, por desgracia, él no recibió. Al mismo tiempo le jura que nunca intentó engañarlo, y si antes no se atrevió a confesarle la verdad sobre su vergonzosa posición en palacio, fue porque le amaba.

Fernando se conmueve ante esa revelación y parece vacilar un momento. Pero la duda no encuentra albergue en su ánimo: el camino que debe seguir está ya trazado por Dios y no puede volverse atrás. Su pasión divina es más fuerte en su corazón que ninguna otra pasión terrenal. Él no puede hacer ya otra cosa más que perdonar a la pecadora y olvidarla para siempre. Y mientras la desdichada favorita desfallece al escuchar las justas palabras que demuestran la firmeza de espíritu de Fernando y la condena a una eterna soledad como una cruel sentencia, éste se aleja para siempre de su lado, uniéndose a la procesión de monjes que desfila bajo el claustro para orar en la capilla del monasterio.

LUCÍA DE LAMMERMOOR

Ópera en tres actos
dividos en dos cuadros cada uno de ellos

Música: Cayetano DONIZETTI   Libreto: Francisco CAMMERANO
adaptado de una novela de Sir WALTER SCOTT

Estreno: Nápoles, 26 septiembre 1835

REPARTO

LORD ENRIQUE ASHTON	Barítono
LUCÍA DE LAMMERMOOR, su hermana ...	Soprano
EDGARDO DE RAVENSWOOD	Tenor
LORD ARTURO BUCKLAW	Tenor
ALICIA, confidente de Lucía	Soprano
EL CAPITÁN NORMAN	Tenor
RAIMUNDO	Bajo

Lugar de la acción: Escocia
Época: Año 1700

ACTO PRIMERO

CUADRO PRIMERO

B OSQUE cercano al castillo de los Ashton de Lammermoor. El señor del lugar, Lord Enrique Ashton, cuya hacienda e intereses se hallan gravemente comprometidos por sus innumerables deudas, se decide a sacrificar a su bella hermana Lucía, dándola por esposa al acaudalado Lord Arturo Bucklaw, propietario de la vecindad, a fin de rehacer su quebrantado patrimonio. Pero en vano trata de convencer a la muchacha de que la única y mejor solución para ella es un marido rico; la joven rehúsa siempre acceder a sus propósitos. Preocupado por esta obstinación que deshace fatalmente sus planes, trata de indagar la causa que ia motiva y por el capitán Norman se entera de que su hermana sostiene secretamente amores con su más odiado enemigo, el caballero Edgardo de Ravenswood. Esta noticia le enfurece y promete poner fin al desatinado idilio de los jóvenes enamorados.

CUADRO SEGUNDO

Parque del castillo de Lammermoor. Lucía, acompañada de su amiga Alicia, aguarda a Edgardo. En tanto espera la hora fijada para la cita, Lucía canta una bella aria. Aparece Edgardo trayendo la nueva de que por orden superior debe trasladarse inmediatamente a Francia para unirse a las tropas inglesas que en aquella nación combaten. Como no desea partir sin arreglar antes su situación amorosa, suplica a Lucía que le permita entrevistarse con su hermano para pedir su mano y formalizar de una vez así sus relaciones. Pero la joven, que conoce el odio que Lord Enrique profesa a su amado y sabe los planes egoístas que alienta respecto a ella, le disuade por el momento de tal propósito. Ambos enamorados se separan jurándose fidelidad eterna.

ACTO SEGUNDO

CUADRO PRIMERO

Alcoba de Lucía. Lord Enrique, empeñado en su propósito de casar a su hermana con el rico Bucklaw, y a fin de desbaratar sus amores con su enemigo, ha conseguido interceptar toda la correspondencia de los jóvenes, por mediación del capitán Norman. Ayudado por éste, ha escrito una carta en la cual demuestra que Edgardo, olvidando sus promesas, ha sido infiel a su amor.

La infeliz Lucía, al leer la apócrifa misiva, es presa de gran desconsuelo y ofrece a su hermano hacer todo lo que éste ordene. Dueto de ambos. El pérfido Lord Enrique, aprovechando la buena disposición de la joven, le explica que habiendo tomado parte en un complot contra el Rey de Inglaterra y habiendo sido descubierto, tan sólo puede salir con vida del difícil trance casándose ella con el influyente Lord Arturo, único personaje que puede salvarle. Lucía se inquieta ante esta revelación, que no es más que una burda patraña hábilmente urdida para decidirla. Creyendo la pobre muchacha su amor traicionado, y por el cariño que profesa a su hermano, acepta el enlace que éste le propone con el convencimiento de que con su sacrificio le libra de la condena a muerte que como conspirador le espera.

CUADRO SEGUNDO

Salón de recepciones en el castillo de Lammermoor, en donde se celebra la boda de Lucía y Lord Arturo Bucklaw. En el preciso instante en que la desposada acaba de poner su firma en el contrato matrimonial, se precipita en la sala el furioso Edgardo, que acaba de llegar de Francia. El despechado galán, ante el asombro de los asistentes, que ignoran el secreto lazo que le unía con la novia, impide que la ceremonia siga adelante, y cuando le muestran el documento firmado por los contrayentes, jura y perjura que es falso. Pero al escuchar de labios de Lucía las terribles palabras que le cercioran de la triste realidad, la increpa con dureza, ofendiéndola gravemente con sus insultos y reproches. Viéndose impotente ante lo irreparable y sin querer atender las explicaciones que la recién casada intenta darle, se precipita fuera del recinto con la misma furia que penetró, maldiciendo al salir a los Ashton y toda su prosapia. Lord Enrique, reaccionando ante la afrenta, sigue a Edgardo en su fuga y, logrando alcanzarle, le reta para un duelo que ha de tener lugar a la mañana siguiente. Todos los testigos del desagradable episodio quedan consternados.

ACTO TERCERO

CUADRO PRIMERO

El salón del castillo de Lammermoor durante la misma noche de la boda. Los desposados se han retirado ya a sus habitaciones, pero los invitados a la fiesta, repuestos ya del estupor y molestia causados por la enojosa intromisión del colérico Edgardo, siguen celebrando alegremente el fausto acontecimiento. El buen humor reina otra vez y la maldición proferida por el intruso parece haber sido conjurada. De pronto, en pleno regocijo, llega el rumor de que Lucía ha enloquecido y dado muerte a su esposo en la cámara nupcial. Efectivamente, acto seguido aparece la infeliz desposada delirando en medio de los comensales. Víctima del más grande desvarío, Lucía interpreta una conmovedora escena de locura, cantando primero su dicha y felicidad esperando el amor del único hombre que quiso, y después su tristeza y desconsuelo por su forzado matrimonio. Al acabar su sentimental canción, la desventurada muchacha se desploma sin vida sobre las baldosas de la sala.

CUADRO SEGUNDO

Patio enfrente de una antigua iglesia medio en ruinas, rodeada de viejos monumentos funerarios. Éste es el lugar indicado para celebrarse el duelo entre Lord Enrique Ashton y el caballero Edgardo de Ravenswood. Éste espera ya con impaciencia a su contrincante. En tanto, canta una bella aria invocando la memoria de sus nobles antepasados, cuyos despojos reposan en las tumbas allí cercanas. En esto se oye el tañido fúnebre de la campana del castillo de Lammermoor, a cuyo toque mortuorio presta el joven caballero gran atención. Cuando se informa de que estas campanadas agoreras son causadas por la defunción de Lucía, el desdichado Edgardo se suicida, hundiéndose en el pecho la espada que destinaba para matar a su enemigo.

LA VIDA BREVE

Drama lírico en dos actos,
divididos en cuatro cuadros

Música: Manuel de FALLA   Libreto: Carlos FERNÁNDEZ SHAW

Estreno: Madrid, 1905, en velada íntima
Niza, 1913. París, 1914

REPARTO

PACO	Tenor
EL TÍO SALVADOR	Bajo
SALUD	Soprano
LA ABUELA	Mezzo-soprano
CARMELA	Mezzo-soprano
MANUEL, SU HERMANO	Barítono

Lugar de la acción: Granada
Época: A comienzos del siglo actual

ACTO PRIMERO

CUADRO PRIMERO

P ATIO de una casa de gitanos en el Albaicín. Al fondo, por un portalón, se ve una calle alegre. A la izquierda, una puerta por la que se vislumbra el negro interior de una fragua iluminada por rojizos resplandores de fuego. Es un hermoso día de sol. La Abuela avía unas jaulas con pájaros, colgadas en la pared, y canta hablando con las aves. En la fragua cantan también un coro de hombres. La canción de trabajo se contagia de ritmos vernáculos y de las profundidades temblorosas del "cante hondo".

Mal haya el hombre, mal haya,
que nace con negro sino.
Mal haya quien nace yunque,
en vez de nacer martillo.

La esencia dramática de la obra nace de esta canción, que es como un hilo de sangre candente en el tejido polifónico que forman con ella el canto de la Abuela, los pregones de un vendedor de flores y los demás vendedores de higos y fresas, el campanil del Albaicín y las lejanas campanas de Granada. Salud, una gitana joven y bella, llega de la calle desolada y se queja a su Abuela de la tardanza de Paco, su amante, un señorito presumido y conquistador que le finge amor a pesar de estar a punto de casarse con Carmela, rica señorita granadina que es huérfana de padre y madre y vive con su hermano Manuel. La Abuela y el tío de Salud, Salvador, sospechan la traición de Paco; pero callan, ocultándosela a la muchacha, por piedad. Después de un dúo entre la Abuela y Salud, demostrando ésta su inquietud amorosa y procurando la vieja animarla disimulando la triste verdad y yéndose a la azotea a vigilar la llegada de Paco, vuelve a oírse la voz de los hombres de la fragua cantando el coro inicial de la obra. Salud, sola, canta una "seguiriya" que ella misma comenta con un recitativo que tiene también ritmos de canción andaluza. Una voz de tenor, desde la fragua, repite sola la canción que al principio cantaba el coro de hombres:

Mal haya el hombre, mal haya,
que nace con negro sino...

Después continúan el canto el coro de tenores y bajos en una bella glosa polifónica, a la que une Salud su voz al final del concertante. Vuelve la Abuela anunciando a Salud la llegada de su novio. La muchacha muestra su alegría en un canto de desbordante entusiasmo. Entra Paco y entre él y Salud tiene lugar un dúo de vehemente pasión, en el que abundan los felices hallazgos musicales. Al terminarse el dúo, el coro de hombres reanuda su canto en la fragua. Llega el tío Salvador, un viejo gitano, y sin que Paco ni Salud lo adviertan, habla con la Abuela confirmando sus sospechas sobre el próximo casamiento de Paco con

Carmela. Indignado, el viejo quiere descubrirlo todo y llega incluso a decir a la Abuela que quiere matar a Paco, pero ésta le detiene y se lo lleva. El idilio continúa suavemente y el cuadro termina con la repetición del coro inicial de hombres desde la fragua.

CUADRO SEGUNDO

Callejón solitario en lo alto de un montículo. Cae la tarde. Llegan Salud y Paco, muy amartelados, después de haber dado un largo paseo. Este cuadro es un intermedio sinfónico-coral de profunda emotividad. La evocación musical de la realidad plástica, representada en la escena —una vista panorámica de Granada desde el Sacro Monte—, es intensamente sugestiva; pero no hay en esta música tan exquisitamente evocadora ningún propósito descriptivo. Las melodías de calidad popular constituyen con su rica vestidura armónica una bellísima trama polifónica. Se despiden los dos enamorados y aparece el tío Salvador, que ha venido siguiendo a la pareja y acecha el momento en que Paco quede solo para castigar su infidelidad. Creyendo llegada la oportunidad de vengar a la infeliz Salud, se dispone a ejecutar su venganza, pero la oportuna intervención de la Abuela evita que se cometa el homicidio. La creciente oscuridad del anochecer desciende sobre la ciudad y envuelve en sombras aquel paraje solitario mientras los dos viejos debaten sus cuitas.

CUADRO TERCERO

Una calle de Granada. Casi todo el telón corto está ocupado por la fachada lateral de una casa con amplias ventanas abiertas, desde las cuales se vislumbra el "patio" en que se celebra, con alegres fiestas, el matrimonio de Paco y Carmela. Es la casa de la rica heredera y de su hermano Manuel. Desde el interior llegan a la calle los rumores de la fiesta, la voz del "cantaor" flamenco, el son de las guitarras, los coros de hombres y mujeres que cantan en honor de los recién casados y los ritmos cadenciosos de la danza que se ha hecho célebre en todo el mundo filarmónico, por sus transcripciones para piano y violín. Antes de que acabe la danza aparece Salud y mira con ansiedad por una de las ventanas de la casa. Canta, después, tristemente, lamentando su desdicha, la traición de su amante y el engaño de su familia que quiso ocultárselo, y que ahora ve con sus propios ojos. Su desesperación es tan grande, que considera la muerte como única solución para sus penas. La voz del "cantaor" deja oír de nuevo frases alusivas a los novios, que aumentan su angustia. Llegan la Abuela y el tío Salvaor y se desarrolla una escena patética, en la que los dos viejos procuran, sin lograrlo, consolar a la desgraciada muchacha. En la casa sigue la fiesta y Salud reconoce entre las voces que cantan y hablan, la de Paco. Entonces, acercándose a una de las ventanas, canta:

> *Mal haya la jembra pobre,*
> *que nace con negro sino.*
> *Mal haya quien nace yunque,*
> *en vez de nacer martillo.*

Las voces interiores se han apagado como si escucharan la canción de la muchacha. Los dos viejos intentan hacerla callar y apartarla de aquel lugar; mas ella, desesperada, busca la puerta de la casa. La Abuela quiere impedir que entre, pero ante la obstinación de Salud, el tío Salvaor se decide a acompañarla y se va tras ella.

ACTO SEGUNDO

CUADRO CUARTO

Patio de la casa de Carmela y Manuel, en el que se está celebrando la fiesta, adornado con plantas y flores y profusamente iluminado. En el centro hay una fuente de mármol. Al fondo, una cancela. A la vista del espectador se ofrece un conjunto de gran animación: hombres, mujeres, tipos populares ricos de color, hablan y se mueven alegremente. A un lado están juntos Carmela, Paco y Manuel; al otro, el "cantaor" y varios "tocaores" con sendas guitarras. Bailan algunas parejas animadas ruidosamente por la concurrencia, que los "jalea". Paco procura fingir alegría, disimulando su preocupación. Carmela le observa atentamente, como con recelo. Después de la danza, los recién casados hablan brevemente. Manuel interviene en la conversación y manifiesta antes su satisfacción por el matrimonio de Paco con su hermana. El tío Salvaor y Salud entran por la cancela y avanzan entre los invitados. Paco, al verlos, se turba intensamente. Manuel pregunta al viejo gitano qué es lo que busca en su casa y éste le responde que como hay baile y canto, él y su chica vienen a bailar y a cantar. Entonces Salud, no pudiendo soportar más tiempo aquella violenta situación, descubre ante todos la traición de Paco, que después de engañarla fingiéndole amor, la ha abandonado sin decirle una palabra de justificación, para casarse con Carmela. Paco quiere defenderse y dice que Salud miente; pero ella va hacia él temblorosa y después de decir: "¡Paco!", con una ternura infinita, cae muerta a sus pies, finalizando así, por penas del querer, la "vida breve" de la enamorada gitana. Llega la Abuela en aquel momento y entre las voces de hombres y mujeres que rodean sobrecogidos el cadáver de Salud, se destaca la suya para maldecir al traidor.

MARTA
(MARTHA)

Ópera en cuatro actos,
el primero y el último divididos en dos cuadros

Música: Federico von FLOTOW Libreto: Jorge W. FRIEDRICH

Estreno: Viena, 15 noviembre 1847

REPARTO

LADY ENRIQUETA DURHAM, dama de honor de la Reina Ana	Soprano
NANCY, su amiga y confidente	Mezzo-soprano
LORD TRISTÁN, primo de Lady Enriqueta.	Bajo
PLUNKETT, rico hacendado	Tenor
LIONEL, su hermano adoptivo	Bajo
EL ALCALDE DE RICHMOND	Bajo
TRES DONCELLAS y TRES CRIADOS	

Lugar de la acción: Richmond. Inglaterra
Época: Durante el reinado de la Reina Ana
Principios del siglo XIX

ACTO PRIMERO

CUADRO PRIMERO

G ABINETE íntimo de Lady Enriqueta Durham. Esta dama, una de las más admiradas y agasajadas por los caballeros de la corte de la Reina Ana de Inglaterra, se encuentra en escena acompañada de su íntima amiguita Nancy, a la que explica su hastío por los placeres palaciegos y su fatiga por la asiduidad de sus pretendientes, que la abruman con sus declaraciones amorosas. En esto es anunciada la visita de su primo Lord Tristán, que seguidamente penetra en la estancia. Este noble joven es uno de los innumerables admiradores de la belleza de Lady Enriqueta y uno de tantos aspirantes a su mano, y como la ve aburrida, trata de hallar, para complacerla, alguna nueva distracción que disipe su tedio. Del exterior llegan los alegres cantos de las doncellas y mozos que se dirigen a la feria de Richmond en busca de empleo y esto sugiere a la mimada y caprichosa dama un nuevo divertimiento: disfrazarse de moza de servicio y presentarse como tal en la feria. Acto seguido convence a su amiga de su fantástico plan, y mientras ambas lo ponen en práctica vistiendo las ropas de sus doncellas, obligan al azorado Lord Tristán a despojarse de su rica indumentaria para ataviarse como un campesino. El elegante joven se resiste de momento a colaborar en la farsa; pero al fin, vencida su resistencia, se dispone a seguirlas transformado en contra de su voluntad en un verdadero lugareño.

CUADRO SEGUNDO

Plaza en la feria de Richmond. A ella acuden los propietarios rurales de los alrededores para contratar los jornaleros y mozas que necesitan para las labores de sus haciendas. Entre ellos se encuentran el rico granjero Plunkett y su hermano adoptivo Lionel, muchacho que el padre del primero recogió desde su más temprana edad, ignorando totalmente su origen, pero en la creencia de ser procedente de muy ricos pañales, pues al serle entregado el tierno infante le fue dada al mismo tiempo una preciosa sortija con la orden de que si con el tiempo el recién nacido se encontraba en algún apuro, presentara aquel distintivo a la Reina de Inglaterra e inmediatamente sería atendido. Lionel lleva siempre consigo el valioso anillo esperando con su ayuda poder poner un día en claro el misterio de su nacimiento. Él y Plunkett, que se profesan un cariño verdaderamente fraternal, están buscando trabajadores para su alquería. El Alcalde anuncia que va a empezar la contratación de sirvientes, siendo el compromiso verificado válido para un año, mediante la entrega a los interesados del salario correspondiente a este tiempo. En este preciso instante aparecen las caprichosas damas disfrazadas de mozas de servicio, acompañadas del contrariado Lord Tristán. Al verlas Lionel y Plunkett, se apresuran a contratarlas, adelantándoles acto seguido el dinero equivalente a doce meses de jornal. Para seguir la broma, ellas aceptan esta suma, cuyo valor desconocen en realidad, y cuando los jóvenes las invitan a acompañarles rehúsan deseando poner fin al equívoco. Pero con gran sorpresa por su parte, son obligadas por el Alcalde a seguir a sus nuevos amos hasta su domicilio, pues han contraído un compromiso formal de contrato, según la ley, al aceptar el dinero que éstos les han ofrecido; compromiso del cual no pueden retractarse ni verse libres antes de un año. Las damas se van, pues, con los dos jóvenes dejando al pobre Lord Tristán presa del más grande asombro y desesperación.

ACTO SEGUNDO

Interior de una granja situada en las cercanías de Richmond. Los propietarios de la misma, Plunkett y su hermano adoptivo Lionel, tratan de enseñar a las doncellas que recientemente han alquilado, cómo se verifican algunos trabajos caseros, asombrados de los escasos conocimientos que ambas poseen de los quehaceres domésticos. Las improvisadas mozas de servicio, Lady Enriqueta y su amiga Nancy, haciéndose llamar ahora Marta la primera y Julia la otra, no se esfuerzan, ni con mucho, en aprender ninguna de las provechosas enseñanzas que sus amos les prodigan. Para colmo, confiesan que ni hilar tan sólo en la rueca saben, labor que concienzudamente se empeñan los granjeros en enseñarles.

Entre bromas y veras, Lionel se ha enamorado de Lady Enriqueta, a la que supone una humilde campesina, y arrancando una rosa que lleva prendida en el corpiño, le dice que no se la devolverá si no canta algo para él. Accediendo a su ruego, Marta entona una inspirada canción titulada: "La última rosa del verano". Seguidamente, el joven le declara su pasión, de la cual ella se burla. Por otra parte, Nancy ha subyugado a Plunkett, que, desistiendo de su empeño de adiestrarla en las faenas caseras, escucha embobado las graciosas ocurrencias de la fingida moza de servicio. Al sonar la medianoche, los muchachos se retiran despidiéndose de las damas hasta el día siguiente. Al quedar solas Lady Enriqueta y Nancy, se conrabulan con Lord Tristán, que las aguardaba escondido, para escapar de la granja y poder regresar a sus casas. Seguidamente, ayudadas por el joven lord, realizan la fuga.

ACTO TERCERO

Paradero de caza en el bosque de Richmond. Mientras en una cantina cercana Plunkett y Lionel, en compañía de otros granjeros, beben unas copas, el primero percibe con asombro la presencia de la supuesta doncella Julia entre un grupo de elegantes amazonas y jinetes que en un intervalo de la cacería han hecho alto en el paradero. En tanto se frota los ojos para cerciorarse de que no es un sueño, Nancy canta coreada por el grupo de alegres cazadores. El enamorado Lionel tampoco tarda en vislumbrar a la mujer de sus sueños, la que él cree la humilde Marta, y aproximándose a ella le declara una vez más su amor. Pero la arrogante Lady Enriqueta le rechaza asegurando que debe equivocarse o estar loco para confundirla con una simple moza de servicio. El aturdido Lionel, víctima del más grande desconcierto, confía sus pesares a su hermano adoptivo, el cual trata de confortarle y darle ánimos.

ACTO CUARTO

CUADRO PRIMERO

El mismo interior de la granja del segundo acto. Habiendo entregado Lionel el misterioso anillo que le acompaña desde su nacimiento a Plunkett, para que éste lo presentara a la Reina Ana, ésta lo ha identificado como perteneciente a un noble cortesano que en otro tiempo fue despojado de sus títulos y riquezas por un supuesto delito de alta traición, pero puesta en claro más tarde la calumnia y levantada la condena, no se esperaba más que un heredero para rehabilitar el apellido de esta víctima de un error de la justicia. Lionel es reconocido como hijo de tal caballero, siendo nombrado en consecuencia Conde de Derby. Mas el desengaño amoroso de la fingida Marta impresionó tanto al apasionado joven, que extravió momentáneamente su razón. Lady Enriqueta, a instancias de Plunkett, visita la granja, pero el enloquecido Lionel ni tan sólo la reconoce. Aprovechando la presencia de Nancy, a la que no ha dejado de amar tampoco, el granjero trama con ella un proyecto destinado a devolver el juicio a su infeliz hermano adoptivo.

CUADRO SEGUNDO

El mismo paraje de Richmond que hemos visto en el segundo cuadro del primer acto y en el cual se organiza un simulacro de feria para dar la ilusión al perturbado Lionel del día feliz en que conoció a su amada Marta. Como tal y vestida con sus atavíos de campesina, aparece Lady Enriqueta acompañada de su fiel Nancy. Al enfrentarse con ellas y al ser reproducida la escena de su primer encuentro, la memoria parece retornar al ofuscado cerebro de Lionel, quien acaba por recobrar totalmente la razón. Él y su amada Marta, ahora ya siempre Lady Enriqueta, se prometen fidelidad eterna, así como también Plunkett y la falsa Julia, ahora también Nancy. Los cuatro entonan un canto de alegría y bienvenida a la primavera que se aproxima.

ANDRÉS CHENIER
(ANDREA CHÉNIER)

Ópera en cuatro actos

Música: Humberto GIORDANO   Libreto: Luis ILLICA
según un texto de Victoriano DECAZES

Estreno: Milán, 23 marzo 1896

REPARTO

ANDRÉS CHENIER, joven poeta	Tenor
GERARD, sirviente y revolucionario	Barítono
MAGDALENA DE COIGNY	Soprano
BERSI, su vieja sirviente	Mezzo-soprano
CONDESA DE COIGNY, madre de Magdalena	Soprano
EL ABATE CHENIER, hermano de Andrés.	Tenor
UN ESPÍA	Tenor
FOUQUIER-TINVILLE	Bajo
ROUCHER, amigo de Andrés	Bajo

Lugar de la acción: París y sus alrededores
Época: Durante la Revolución Francesa

ACTO PRIMERO

SALÓN de fiestas del castillo de Coigny, en el cual se celebra un gran baile. El doméstico Gerard, descontento de su suerte, se rebela de la servidumbre a que está sujeto; al mismo tiempo, muestra su esperanza de que un día se trastorne el orden social y pueda él ocupar una relevante posición desde la cual le sea posible conseguir el amor de la hija de la condesa de Coigny, de cuya hermosura está secretamente prendado. Magdalena, que éste es el nombre de la bella y aristocrática doncella, trata al criado como a todos con extremado desdén, pues está hastiada de los ficticios pla ceres de la frívola sociedad que la rodea y este cansancio denuncia en su carácter una aparente frialdad. Entre los concurrentes a la fiesta se encuentra el brillante poeta Andrés Chenier y su hermano el Abate, conocido autor, los cuales son deferentemente saludados y distinguidos por todos. Aparecen un grupo de pastorcillas y pastores, que constituyen una de las atracciones de la velada, y cantan y evolucionan en medio de la sala. Seguidamente, Magdalena solicita en broma del poeta Chenier que improvise una sonata sobre un tema amoroso. El joven, deseoso de interesarla, porque la ama, y esperando hacer vibrar su corazón, accede a la demanda. Y guiado por una súbita inspiración, canta la ternura que a su sensibilidad de poeta inspira el dolor y los males de los humildes, los pobres que soportan el trabajo y los sufrimientos sin ninguna vislumbre de redención... Su canción produce un efecto de frío malestar entre los invitados, como el presagio de un mal terrible que se aproxima. Y cuando el contento y la alegría retornan a los intranquilos espíritus, se introduce violentamente en el salón el criado Gerard acompañado de un grupo de hombres y mujeres miserablemente vestidos, los cuales expresan su descontento por la miseria en que se debaten mientras otros nadan en la opulencia. Los sirvientes del castillo, a duras penas pueden arrojar de la sala a la turba de desarrapados. Con la emoción producida por la desagradable intromisión, Magdalena y Andrés se dan a conocer mutuamente su recíproco amor.

ACTO SEGUNDO

Encrucijada de París en la cual está emplazada la terraza de una taberna. Algunos años más tarde, en plena Revolución francesa. El poeta Chenier, que ha denunciado al caudillo Robespierre, es encarnizadamente perseguido por los partidarios de éste. Mientras espera a su amigo Roucher, que debe proporcionarle un pasaporte para poder huir de Francia, una vieja se le aproxima entregándole una carta, operación que es observada por un espía que sigue los pasos del joven poeta. En el misterioso mensaje, una dama que no firma le pide una entrevista. Llega Roucher con los papeles arreglados para la fuga, pero Andrés se niega ahora a abandonar París por necesitar una mujer su ayuda.

Mientras enseña la carta a su amigo y ambos discuten acerca del mejor partido a tomar, pasa por el fondo Robespierre seguido de un gran tumulto de gentes. Aparece de nuevo la vieja mujer —que no es otra que Bersi, el aya de Magdalena de Coigny, actualmente arruinada y perseguida por el régimen de terror que impera en la nación— y entrega un nuevo mensaje a Chenier en el que su ama fija la hora y el lugar para la cita. Entre tanto, el espía que seguía la pista del joven poeta ha ido a dar cuenta de los manejos de éste a Gerard, el ex sirviente de la condesa de Coigny, convertido actualmente en un importante personaje de la Revolución. Mientras el día declina lentamente, varios grupos de *sans culottes* cantan en la terraza de la taberna.

Con las primeras sombras de la noche aparece Magdalena, quien, al encontrarse y ser reconocida por su antiguo pretendiente, es abrazada con gran júbilo por éste. Andrés jura por su vida que, puesto que el destino les ha deparado la dicha de juntarlos de nuevo, después de tantas penas y sinsabores, nunca más se separarán. La llegada de Gerard interrumpe, al poco rato, el amoroso coloquio. El antiguo sirviente, al ser advertido por el espía del encuentro de los jóvenes, pretende apoderase de Magdalena, la pasión de la cual no se ha extinguido aún en su corazón. Chenier, en defensa de su amada, desenvaina la espada y pelea con Gerard. En el duelo que sostienen, éste es herido por el poeta, quien consigue escapar acompañado de Magdalena.

ACTO TERCERO

Sala del Palacio de Justicia en el que actúa el Tribunal Revolucionario de París. Gerard, que forma parte como acusador de este tribunal, hace un alegato de una causa que se delibera. El coro de curiosos que asisten a los debates canta la "Carmagnole". Chenier ha sido apresado y va a ser juzgado dentro de poco. Gerard, que sabe que Magdalena quiere asistir al proceso, redacta la acusación de su rival. Acto seguido se le presenta Magdalena suplicándole que intervenga en favor del poeta, cosa a la cual se niega cruelmente. Entonces, la enamorada muchacha se ofrece en holocausto prometiéndole ser suya si Chenier sale libre. El astuto Gerard, que no esperaba otra cosa, acepta el trato prometiendo hacer todo lo posible para salvar al joven poeta. Penetra de nuevo la vocinglera y astrosa multitud ávida de contemplar los procesos trágicos de la nobleza francesa. Chenier, intensamente pálido, pero sereno, comparece ante el tribunal, que está presidido por el sanguinario Fouquier-Tinville. Por propia voluntad, quiere actuar él mismo como defensor, cosa que hace con el vigor y el brillo característicos de su fecunda imaginación. Pero su conmovedor discurso no consigue convencer a los jueces. Entonces, toma la defensa Gerard, quien, consecuente con lo que ha prometido a Magdalena, trata de sacar del mal paso al acusado afirmando que todas las denuncias presentadas en contra suya son falsas. Por un instante parece que los miembros del tribunal vacilan, pero la cruel multitud, que odia al joven poeta por creerle aristócrata, reclama su cabeza. Acto seguido, el presidente, tras breve deliberación con sus compañeros, lee el fallo del tribunal en el cual se complace a la chusma condenando a muerte a Chenier.

ACTO CUARTO

Celda de la prisión parisiense de San Lázaro. Es medianoche. El poeta Chenier, que está allí recluido, escribe sus últimas páginas antes de morir, pues no ignora que en el próximo amanecer le aguarda la guillotina. Su amada Magdalena, que no le ha olvidado, ha logrado de Gerard que le sea concedida una entrevista con el poeta, y acompañada de aquél penetra en la celda. Una conmovedora escena tiene lugar en el encuentro de los dos enamorados. La audaz Magdalena, cuya heroicidad es tan grande como su amor, una vez entre los muros de la sombría cárcel, ha sobornado a uno de los guardianes para que la subtituyera por una dama condenada a morir al día siguiente. Así se ha efectuado, saliendo esta dama en su lugar y quedando ella presa. Y al llamar el carcelero a Chenier, por haber sonado su hora, Magdalena se le une para subir juntos al cadalso.

ORFEO Y EURÍDICE

Ópera en cuatro actos

Música: Cristóbal Willibaldo Gluck
Libreto: Ramiero di Calzabigi
Estreno: Viena, 5 octubre 1762

REPARTO

Orfeo, músico y cantante	Contralto
Eurídice, su prometida	Soprano
El dios Amor	Soprano
La sombra de un alma feliz ....✔.....	Soprano
Coro de furias y seres angelicales	

Lugar de la acción: Grecia, el Infierno y el Paraíso
Época: Civilización griega

ACTO PRIMERO

Montículo de la costa helénica en el cual está emplazado un túmulo funerario. El afligido Orfeo llora con desconsuelo sobre la marmórea losa que cubre los restos mortales de su amada Eurídice, fallecida recientemente. Coreado por los amigos que le han acompañado hasta el fúnebre lugar, canta una conmovedora aria. Orfeo está dispuesto a realizar cualquier sacrificio, por enorme que sea, a afrontar el más espantoso peligro, con tal de rescatar de su tumba a su hermosa prometida. Así lo ofrece a los dioses en un heroico recitado en el cual les invoca suplicante y les increpa al mismo tiempo, por lo crueles que con él han sido. Como respuesta a sus palabras, se le aparece el dios Amor, que acude a su conjuro.

Éste informa al desesperado mancebo que el omnipotente Zeus ha oído sus lamentos e imprecaciones y enternecido por su dolor le permite llegar hasta el mundo lejano e invisible de los dioses y las furias, en donde podrá luchar para recobrar a su amada. Primeramente deberá vencer la resistencia de Pluto y los espíritus malvados que le rodean, quienes tratarán de impedirle la entrada a la mágica región; para contender con ellos no debe emplear otra arma que el encanto de su voz y la seducción de sus canciones. Otra advertencia importante es la de que, una vez encuentre a Eurídice, debe tener en cuenta que para efectuar felizmente su rescate no puede en ningún caso volver la vista atrás para contemplarla, hasta que hayan atravesado las aguas pestilentes de la laguna Estigia; de no hacerlo así, su prometida moriría irremisiblemente. Orfeo acoge con gran júbilo el mensaje de los dioses, dándoles las gracias por haber atendido su ruego e implorando su ayuda para la arriesgada empresa que va a iniciar.

ACTO SEGUNDO

Cueva sombría que sirve de entrada al averno. Aparece Orfeo, el cual es amenazadoramente recibido por las Furias que habitan en la lobreguez del antro, condenadas a montar la guardia eternamente. Ellas le injurian por su osadía de haber llegado hasta allí y tratado de penetrar en aquel infernal paraje cuyo paso está vedado a los mortales. Las amenazas son cada vez más inquietadoras, cuando el atemorizado Orfeo, recordando las palabras del dios Amor, recurre a su arma —como cantante— entonando una dulce melopea en la que expresa su infinita pasión por Eurídice y la honda pena que le ha causado su muerte. Amansadas por el hechizo de la música y el son cristalino de la voz del cantante, las Furias se apiadan de sus pesares, y para que pueda encontrar a su amada, le permiten entrar en el terrible reino cuyo única puerta de acceso custodian.

ACTO TERCERO

Valle paradisíaco. Éste es el lugar en donde los espíritus bienaventurados vagan libremente gozando por una eternidad de la paz y dicha que han merecido sus vidas ejemplares. Aparece Orfeo, prosiguiendo su peregrinaje en busca de Eurídice. Un coro de seres angelicales, conducidos por un alma feliz, le saludan dándole la bienvenida. Informados del deseo que le ha traído hasta allí, van en busca de su amada y se la presentan. Orfeo, al percibir la sombra adorada intenta abrazarla, loco de dicha, pero recordando la severa advertencia del dios Amor, se abstiene de ello y tomando a Eurídice de la mano se la lleva del grupo de espíritus, mirando en dirección opuesta y conduciéndola hacia los confines del valle en donde se encuentran la laguna Estigia y la salida del reino de las sombras. Ella le sigue dócilmente, aunque muy extrañada de la inexplicable actitud de su amado, que en vez de demostrar su contento por el encuentro, la arrastra brutalmente sin prodigarle ni una sola mirada de afecto.

ACTO CUARTO

Interior de un espeso bosque. Orfeo, que ha soltado por un instante la mano de su prometida, continúa avanzando en su camino sin detenerse y llamando a Eurídice para que le siga, pues sabe que las pantanosas aguas de la fatídica laguna no están lejos y no quiere perder tiempo en atravesarlas y alejarse de una vez de aquellos parajes de maldición. Mas la intrigada doncella, que continúa sin comprender el porqué de aquel extraño comportamiento, está celosa por lo que juzga desdén en la aparente indiferencia de su amado. Deteniéndose de pronto, se niega a dar un paso más si éste no la mira y le jura que la quiere, pues es preferible regresar a donde estaba que retornar al mundo de los vivos sin poseer su cariño. Orfeo trata en vano de resistir a este amoroso llamamiento. Olvidando la prohibición de los dioses y no obedeciendo más que al impulso de su corazón de enamorado, se vuelve repentinamente y estrecha a Eurídice entre sus brazos. Inmediatamente la bella muchacha desfallece sin vida. El desventurado Orfeo llora y se desespera, deseando morir también, porque cree que ha perdido para siempre a su prometida. Pero el dios Amor, que ha oído sus lamentos, se le aparece acudiendo una vez más en su auxilio, y enternecido por la gran pasión del joven cantante, retorna la vida a Eurídice para que juntos puedan gozar largos años de su amor en el mundo de los mortales.

LA REINA DE SABA
(DIE KÖNIGIN VON SABA)

Ópera en cuatro actos,
el segundo dividido en dos cuadros

Música: Carlos GOLDMARK   Libreto: Hans S. MOSENTHAL
inspirado en un relato de la Biblia

Estreno: Viena, 1875

REPARTO

EL REY SALOMÓN .... Barítono
ASSAD, su favorito .... Tenor
LA REINA DE SABA .... Mezzo-soprano
ASTAROTH, su esclava .... Soprano
EL SUMO SACERDOTE .... Bajo
SULAMITA, su hija .... Soprano
BAAL-HAANAN, guardián del palacio ...... Barítono

Lugar de la acción: Jerusalén y el desierto asirio
Época: Reinado de Salomón

ACTO PRIMERO

EL vestíbulo del palacio real de Jerusalén. La servidumbre está efectuando los preparativos para la celebración de una boda. Assad, cortesano favorito del rey Salomón, va a desposarse con Sulamita, hija del Sumo Sacerdote del templo hebraico. El joven cortesano ha sido enviado al desierto para servir de guía y dar la bienvenida a la reina de Saba, invitada por el rey Salomón a visitar sus dominios. Regresa Assad de su misión y al encontrar a su futura esposa se muestra con ella frío y poco comunicativo. Cuando es recibido por el monarca le anuncia la inminente llegada de la reina de Saba, de cuya belleza legendaria no puede darse razón alguna, ya que durante todo el tiempo que prestó escolta a su caravana no consiguió jamás verle el rostro por llevarlo cubierto por un espeso velo que prometió sino, a presencia del soberano israelita. Al propio tiempo refiere Assad la singular aventura que le acaeció en el transcurso de su misión: en un alto de la caravana sorprendió a una bella mujer, probablemente una esclava de la reina, que se estaba bañando a orillas del Líbano; se aproximó a ella y consiguió su amor, sin que más tarde acertara a encontrarla de nuevo, pero desde aquella galante circunstancia sólo piensa en la hermosa desconocida y ha dejado de amar a Sulamita. Ei rey Salomón amonesta severamente a su cortesano favorito, reprochándole su inconstancia y haciéndole prometer que en el día señalado llevará al tálamo nupcial a la muchacha que le ha sido destinada. Los clarines de la guardia palaciega anuncian la llegada de la reina de Saba y ésta efectúa su solemne entrada en medio de la magnificencia de su pomposo séquito. Assad queda maravillado al contemplar por vez primera el rostro de la soberana que acaba de levantar el velo que lo cubría y su asombro no tiene límites cuando reconoce en ella a la protagonista de su aventura amorosa en el desierto. Cuando ingenuamente intenta acercarse a la reina de Saba para darse a conocer, ésta finge no haberle visto jamás y da orden a los soldados de su escolta para que aparten de su camino a aquel intruso inoportuno.

ACTO SEGUNDO

CUADRO PRIMERO

Los jardines del palacio tenuemente iluminados por la luz de la luna. Quiebra el silencio de la noche la voz cristalina de la esclava Astaroth, que por mandato de su ama, la reina de Saba, entona una canción oriental, tierna y voluptuosa a la vez. La voluble soberana piensa con nostalgia en el apuesto mancebo que el azar le hizo conocer y amar fugazmente a orillas del río Líbano y se propone atraerlo hasta allí por medio de la melódica llamada de su sierva, pues a pesar de la afrenta y público rechazo que se vio precisada a hacerle para no descubrir su secreta aventura experimenta en lo íntimo de su ser una intensa pasión por él. El reclamo musical surte su efecto y apenas finaliza

el canto de la esclava acude Assad, contempla a la reina
y, fascinado por su imponente belleza, da en olvido el agravio
que de ella recibió y se postra rendidamente a sus pies de-
clarándole ser su voluntario siervo en cuerpo y alma. La seductora retiene en sus brazos al joven hasta que las primeras claridades del alba apuntan en el firmamento y ella misma pone fin bruscamente al pasional coloquio, en un violento arranque de celos, cuando sabe por boca del aturdido
Assad que el próximo día se verá obligado a contraer matrimonio en obediencia a la orden del rey Salomón. Se retira la encolerizada soberana en el momento que efectúan
su irrupción en los jardines los guardias palaciegos encargados del servicio de vigilancia bajo el mando de Baal-Haanan, y al sorprender al joven solitario que presa de amoroso delirio profiere incoherentes conceptos, ordena a sus
hombres que lo arresten por creer que ha perdido la razón.

CUADRO SEGUNDO

Peristilo de columnas del gran templo de Sión. En tanto
los servidores del sagrado lugar disponen todo lo necesario
para el inmediato desposorio que ha de ser regido según
el ritual levítico, Sulamita efectúa las ofrendas nupciales de
rigor. Los coros de las personas dedicadas al sacerdocio entonan los cánticos religiosos preliminares. Hace su entrada
el rey Salomón acompañando al contrayente y la ceremonia
matrimonial es iniciada. En el preciso instante que el Sumo
Sacerdote entrega a Assad el anillo de compromiso, la reina
de Saba, vistiendo sus más sugestivas galas, hace su aparición en el umbral del templo y aproximándose al novio
le ofrece, a modo de regalo de boda, una copa de oro llena
de perlas. Subyugado el joven por la radiante hermosura de
la soberana, arroja con menosprecio el anillo y se arrodilla
devotamente ante la atractiva mujer que proclama ser su
única diosa. Por segunda vez la reina de Saba declara desconocer a su secreto amante, calificándole de loco entrometido. Creyendo que un espíritu demoníaco se ha apoderado
de Assad, procede el Sumo Sacerdote a exorcizar al doble
profanador del santuario y del sagrado vínculo, pero sus
conjuros resultan infructuosos ante la apasionada obstinación del réprobo que tercamente persiste en afirmar que no
reconoce a otra divinidad más que a la diosa de la belleza

femenina personificada en la reina de Saba y abjura de toda otra religión. El sacrilegio cometido por aquel impenitente pecador es castigado por la ley talmúdica con la pena de muerte y los ministros levitas reclaman a su rey la aplicación inmediata de la condena señalada. Pero el prudente Salomón se resiste a emitir la severa sentencia, pues su proverbial sabiduría le permite vislumbrar la inocencia de su cortesano favorito oculta bajo la falacia de su aparente culpabilidad. En su consecuencia, el monarca ordena que se deje en libertad a Assad y se retira del templo en su compañía. Al salir, manifiesta a las personas congregadas en el santo recinto que desea juzgar el caso con calma y equidad, y para ello se reserva todas sus prerrogativas de juez y soberano del pueblo israelita.

ACTO TERCERO

Aposento de grandes dimensiones y majestuosa ornamentación donde se celebran los festivales del palacio real. Una magnífica fiesta es ofrecida por el rey Salomón en honor de la reina de Saba, con ejecución de danzas exóticas en un suntuoso ambiente de esplendor oriental. Finalizada la exhibición de los bailarines, la soberana agasajada solicita de su real anfitrión que inmediatamente le sea entregado Assad, libre y sin condena alguna, formulando su petición con lisonjeros ruegos primero y después con serias amenazas. Pero tanto a unos como a otras responde negativamente el monarca, siendo vanas cuantas artes y mañas de femenil seducción despliega la hermosa tentadora para obtener la gracia interesada. Fatigada al fin de tantas infructuosas súplicas, la reina de Saba se retira airadamente de la sala de fiestas anatematizando al pueblo hebreo y a su soberano con el juramento de que los aniquilará con sus poderosos ejércitos. El rey Salomón recibe con frialdad e indiferencia aquella colérica amenaza y cuando seguidamente comparece ante su presencia la infeliz Sulamita, le dispensa una afectuosa acogida. La infortunada doncella manifiesta que en adelante va a consagrar su juventud y el resto de su existencia en constante oración al Dios de Israel para que tenga piedad de su antiguo prometido, y para él pide asimismo clemencia al soberano. Al ruego de Sulamita contesta el rey Salomón con una presagio: la felicidad perdida, así como la definitiva solución para las desdichas que afligen a ella y a Assad, las encontrarán ambos en el desierto, junto a una palmera solitaria... Y, después de impartir su bendición a la muchacha, la apremia para que vaya en busca del lugar indicado.

ACTO CUARTO

La inmensidad de las arenas del desierto asirio. En el desolado horizonte de la vasta planicie no se divisa más vegetación arbórea que la esbelta silueta de una palmera, crecida como por prodigio en la aridez de aquel baldío terreno. El desventurado Assad, puesto en libertad por la clemencia real, pero desterrado de Jerusalén, ambula sin norte ni rumbo por la solitaria llanura cuando se cruza con la caravana de la reina de Saba, que efectúa la ruta de retorno a los territorios de su soberanía. La caprichosa mujer trata una vez más de seducir y doblegar a sus amorosos deseos al apuesto mancebo que no ha olvidado desde su primitiva aventura acaecida precisamente en el cálido ambiente de unos arenales semejantes a los que atraviesa entonces con su séquito. Pero Assad resiste aquella vez la diabólica prueba a que nuevamente su triste sino lo ha sometido y rechaza con denuedo la pecaminosa tentación. Prosigue la caravana su camino y al quedar abandonado de nuevo el abatido joven en la desolada inmensidad del desierto, se aproxima a la solitaria palmera y postrándose junto a su tronco se encomienda devotamente a la misericordia divina pidiendo al Señor perdón para sus pecados y la gracia de poder ver antes de morir a su antigua prometida. De pronto, una imponente tormenta se cierne sobre el desierto, el viento huracanado azota violentamente la palmera y levanta la tierra arenosa con tal espesor que oscurece la luz solar. Cuando pasada la tempestad renace la calma, Assad yace bajo el árbol, exánime y casi sepultado por la arena que el vendaval ha depositado sobre su cuerpo. Aparece entonces la fiel Sulamita, que desde que el rey Salomón le predijo que en el desierto hallaría el término de todas sus aflicciones no ha cesado en su empeño de buscar el paraje señalado por el presagio. Allí está la palmera y allí encuentra a su amado, quien después de recobrar por unos instantes los sentidos y escuchar el perdón de los labios de la virtuosa doncella a quien tanto mal causó, expira en sus brazos redentores.

FAUSTO

Ópera en cinco actos,
los dos últimos divididos en dos cuadros cada uno

Música: Carlos GOUNOD
Libreto: Julio BARBIER y Miguel CARRE
adaptado de la 1.ª parte de la obra homónima de Juan
W. GOETHE

Estreno: París, 19 marzo 1859

REPARTO

FAUSTO, viejo filósofo	Tenor
MEFISTÓFELES	Bajo
MARGARITA, joven aldeana	Soprano
VALENTÍN, su hermano	Barítono
BRANDER, estudiante	Barítono
MARTA, sirvienta de Margarita	Contralto
SIEBEL, estudiante pretendiente de MARGARITA	Soprano

Lugar de la acción: Una aldea alemana
Época: Siglo XVIII

ACTO PRIMERO

S ALA de estudio y laboratorio de alquimia de Fausto. El anciano filósofo, después de haber dedicado toda su larga existencia a la lectura de obras científicas y a la busca de fórmulas complicadas que le revelen los secretos de la Naturaleza, se siente abatido por sus achaques y avanzada edad, y desesperando de poder llegar al completo conocimiento de todos los problemas humanos, decide morir por su propia mano. Consecuente con esta idea, prepara una fuerte poción venenosa capaz de arrebatarle la vida, y al disponerse a ingerirla, una extraña música de aire oriental, que suena misteriosamente en la estancia, detiene su mano. Depositando la redoma que contiene el mortífero brebaje, trata de indagar la procedencia de la cautivadora armonía, cuando se le aparece el diablo Mefistófeles. Éste le muestra el retrato de una hermosa mujer y promete entregársela y al mismo tiempo rejuvenecerle si firma un pacto en el cual se compromete a entregarle su alma al final de la nueva existencia que le brinda. Fausto, seducido por las tentadoras ofertas del espíritu maligno, firma el sacrílego contrato, siendo transformado instantáneamente, por obra de la magia infernal, en un apuesto mancebo.

ACTO SEGUNDO

Plaza de la aldea. En ella se celebra un festival en honor de los soldados que parten. Valentín contempla con melancolía un retrato de su bella hermana, a la que siente dejar sola, pero su amigo, el estudiante Siebel, le asegura que velará por ella. Aparecen Fausto y Mefistófeles, mezclándose éste con la multitud y cantando una canción en la que afirma que el oro gobierna el mundo. Seguidamente predice el destino de algunos presentes, entre ellos el estudiante Brander, que parte con los soldados, al que advierte que morirá pronto y pronostica a Siebel que las flores que lleva para Margarita se marchitarán en un momento. Al oír pronunciar burlonamente el nombre de su hermana, Valentín desenvaina su espada y trata de atacar a Mefistófeles, pero éste traza un círculo a su alrededor que por arte diabólico le aísla sin que nadie logre franquearlo. Los muchachos conjuran el infernal sortilegio formando una cruz con el acero de sus espadas. Pero la música suena de nuevo y la gente empieza a bailar. Entonces aparece Margarita en la fiesta, y Fausto, reconociendo en ella a la hermosa mujer del retrato, se apresura a ofrecerle galantemente su brazo, que ella rechaza con dignidad.

ACTO TERCERO

Jardín de la casa que habita Margarita. El estudiante Siebel, que está enamorado de ella, le trae un ramillete de flores, pero éstas se ajan misteriosamente. Al abandonar Siebel el jardín, penetran en él Mefistófeles y el enamorado Fausto, que canta su amor por la dueña de aquel encantador y florido paraje. Mefistófeles, que conoce mejor la psicología femenina que el ingenuo filósofo, le dice que no es con sonatas como interesará el corazón de la mujer que pretende, y sustituyendo el marchito ramillete por un cofrecito de joyas, le invita a esconderse detrás de los árboles del jardín. Aparece Margarita, y sentándose junto a una rueca, empieza a hilar, entonando una ingenua canción. Al observar la misteriosa cajita, su curiosidad la tienta y al abirla queda maravillada de las riquezas que contiene. Obedeciendo al impulso de su vanidad, extrae las joyas del cofrecito y las coloca en sus manos, su cuello y sobre su dorada cabellera, cantando una bella canción de dicha y asombro ante tanto brillo y esplendor. Aparece Marta, su vieja sirvienta, quien la contempla estupefacta al verla tan suntuosamente adornada. Entonces Fausto y Mefistóteles abandonan su escondite, tratando éste de distraer a la sirvienta dándole noticias de su hermano, del cual dice que ha sido herido en la guerra, y una vez interesada la vieja por sus embustes, consigue llevársela con él lejos del jardín.

Al quedar solos Margarita y Fausto, éste aprovecha la oportunidad de cortejarla libremente, sin que oídos indiscretos les escuchen, y le ofrece su rendida pasión y acendrado amor. Las primeras sombras de la noche interrumpen el tierno idilio, penetrando Margarita en la casa e intentando Fausto retirarse. Pero en su camino es detenido por Mefistófeles, el cual le hace mofa por haber sido tan modesto en sus aspiraciones amorosas, incitándole a buscar de nuevo a la doncella y proseguir el coloquio, aprovechando que ella acababa de abrir la ventana de su alcoba. El ingenuo filósofo es una vez más víctima de las diabólicas tentaciones y, venciendo sus honrados escrúpulos, llega hasta Margarita, que, asustada por su repentina aparición, cae desvanecida en sus brazos. El demonio los abandona con una sonrisa de triunfo al ver completada su malvada obra.

ACTO CUARTO

Cuadro primero

Calle de la aldea. Los mozos que retornan a sus hogares, procedentes de los campos de batalla, entonan el inspirado "Coro de los soldados". Valentín, que regresa también de la guerra, se informa que durante su ausencia su hermana Margarita ha sido engañada y seducida. Mefistófeles, desde la calle, le canta una burlona serenata. Entonces, el colérico mozo se precipita a la calle y reta a Fausto en duelo. Ambos pelean en la oscuridad. Mefistófeles ayuda a su protegido y éste hiere de muerte con su espada a su contrincante. Las últimas palabras que consigue exhalar Valentín son para proferir una maldición sobre su hermana.

Cuadro segundo

Interior de una pequeña iglesia. Margarita acude a la casa de Dios para pedir perdón por sus pecados y misericordia para sus desdichas. Pero enloquecida por el terrible remordimiento que la tortura y agotadas sus débiles fuerzas por las emociones experimentadas últimamente, pierde el sentido en plena plegaria y cae desvanecida al pie de un altar.

ACTO QUINTO

Cuadro primero

Valle de Walpurgis, en una noche de aquelarre. Las brujas, trasgos y demonios acuden en tropel al mágico conjuro de Satán, que los convoca para celebrar la fiesta sabática. Mefistófeles conduce hasta aquel antro espantoso al despavorido Fausto, mostrándole los horrores y torturas del mundo de los malos espíritus, entre los cuales se debate su amada cubierta de cadenas.

7

CUADRO SEGUNDO

Celda de una cárcel. Margarita, que ha perdido la razón, se encuentra aquí encerrada. Fausto, consiguiendo escapar de las garras de su amo, se le aparece, y dándose cuenta de las desastrosas y fatales consecuencias que su pecado ha acarreado a la infeliz muchacha, la invita a escaparse con él para rescatarla del dolor e ignominia que la envuelven. Pero ella, en su desvarío, no logra comprenderle, distrayéndole y haciéndole perder la ocasión de la fuga... Llega en esto Mefistófeles, que corría en persecución de su víctima, y logrando capturarlo, lo arrastra consigo a los abismos infernales, en tanto Margarita es librada del diabólico poderío por un grupo de ángeles que la conducen hacia las regiones celestes.

GOYESCAS

Drama lírico en tres cuadros

Música: Enrique GRANADOS   Libreto: Fernando PERIQUET
inspirado en motivos pictóricos de Francisco de GOYA

Estreno: Nueva York, 28 enero 1916

REPARTO

ROSARIO	Soprano
PEPA	Mezzo-soprano
EL CAPITÁN FERNANDO	Tenor
EL TORERO PAQUIRO	Barítono

Lugar de la acción: Madrid
Época: Año 1800

ACTO PRIMERO

Una explanada en las afueras de Madrid. Un grupo de majos y majas celebran con cantos y bailes la tradicional verbena de San Antonio de la Florida. Por diversión mantean aquéllos un muñeco de trapo y componen entonces el cuadro plástico de "El Pelele". Hace una airosa entrada el apuesto Paquiro, diestro favorito del coso taurino nacional e ídolo de las mujeres. Requiebra con salero a las muchachas que encuentra a su paso y se manifiesta dispuesto para cuantas aventuras galantes puedan terciarse, hasta que encuentra a Pepa, su novia, que ha llegado en una calesa. Al poco aparece en el recinto verbenero una lujosa litera llevada por lacayos, de cuyo interior sale una hermosa dama. El torero la contempla con admiración y de pronto reconoce en ella a la aristocrática mujer que a pesar de su rancio abolengo se dignó bailar con él cierta noche en

una fiesta popular de los barrios bajos madrileños... Rosario
es el nombre de la noble señora y el motivo de su presencia en la típica verbena es reunirse allí con un oficial de
la Guardia Real, el capitán Fernando. Pero el torero, que
presto se ha separado de su novia, se interpone en el camino de la dama para darse a conocer y evocarle el recuerdo de la aventura que juntos vivieron. Tal rememora-
ción no parece desagradar a Rosario y envalentonado entonces el audaz galanteador se permite invitarla para ir
juntos al pintoresco "Baile del Candil". El capitán Fernando
acude a la cita que tenía con su amada y advierte con
desagrado la presencia de Paquiro junto a ella. Al escuchar la invitación que aquél ha formulado, se interpone
bruscamente y afirma que si la dama desea ir al baile en
cuestión lo efectuará en su compañía y bajo su protección, y le obliga a ella a prometer que así lo hará. El incidente crea entre los dos hombres una profunda aversión,
a la vez que el rencor y el despecho se apoderan de Pepa,
que ha observado toda la escena, y después de la humillación
recibida de su novio, jura vengarse de Rosario.

ACTO SEGUNDO

Patio de una casa de vecindad donde se celebra un
baile arrabalero. Se trata de una fiesta populachera en la
que la gente de rompe y rasga se divierte danzando en una
semipenumbra que apenas disipa la tenue luz de los can-
diles que cuelgan por doquier. Un grupo de jaques y mozas
de partido jalean a Paquiro y a su novia. Hacen su aparición ante aquella abigarrada concurrencia la hermosa Rosario y el capitán Fernando. La presencia de la hidalga pareja contrasta vivamente con la plebeyez de aquel ambiente
y no tarda el joven oficial, con su porte altanero y el menosprecio que manifiesta a lo que él denomina chusma, en
provocar el furor de las personas que les rodean... Pepa
incita a unos camorristas a proferir palabras de mofa y ri-
pios de escarnio que Fernando no puede tolerar. Cuando
replica airado a las burlas interviene el torero en la discusión y se produce entre ambos una violenta disputa. Pepa
increpa a la que considera su rival y Rosario se desmaya,
siendo el resultado final de aquel altercado un desafío que

se concierta entre los dos hombres, quienes convienen encontrarse más tarde, frente al palacio de la dama, para batirse aquella misma noche.

ACTO TERCERO

El jardín de la mansión habitada por Rosario, envuelto en la oscuridad de las sombras nocturnas. La dama, que acaba de llegar de la fiesta arrabalera, pasea febrilmente tratando de olvidar el lamentable suceso allí acaecido. Pero ni la serena apacibilidad de la noche, ni su incesante caminar de una parte a otra, consiguen desvanecer la agorera inquietud que embarga sus pensamientos. En lo alto de la enramada gorjea un ruiseñor y el dulce canto distrae por un instante a la desasosegada Rosario, quien a su vez replica melódicamente a la canora ave contándole su ferviente amor por Fernando. Éste llega y en afectuoso coloquio con su amada celebran su reconciliación y formulan votos de ventura para el futuro feliz que ambos anhelan. Pero las campanadas que suenan en el reloj de una iglesia cercana y la aparición detrás de la reja del jardín de la silueta de un hombre embozado en una capa ponen bruscamente fin al tierno idilio. La hora del desafío ha llegado, las campanas y la presencia del torero lo recuerdan y el joven oficial no puede eludir el compromiso contraído. Desprendiéndose resueltamente de los brazos amorosos que en vano tratan de retenerle, Fernando sale con precipitación del jardín para acudir al lugar convenido con su adversario. Queda sola Rosario unos momentos, invadido de nuevo su ánimo por los funestos presentimientos que toda la velada han estado atormentándola, cuando suena un terrible grito de dolor al que replica ella con otro de angustia. Enloquecida, sale la mujer por la cancela y al poco reaparece en el umbral de la misma sosteniendo a su amado, herido de gravedad, consiguiendo arrastrarlo hasta un banco de piedra del jardín, donde lo recuesta. Apasionadamente abrazada al moribundo, recoge Rosario su último aliento en tanto al otro lado de la reja se divisa la airosa figura de Paquiro embozado en su capa manchada por la sangre del contrincante vencido. Del brazo del victorioso torero va su novia, la vengativa y jactanciosa Pepa, que lleva impreso en su rostro el orgullo de haber triunfado de su rival.

JULIO CESAR
(JULIUS CAESAR)

Ópera en tres actos,
el primero y el último divididos en cuatro cuadros
y el segundo en dos

Música: Jorge Federico Haendel   Libreto: Nicolás Haym
arreglado por Óscar Hagen

Estreno: Londres, 1724

REPARTO

JULIO CÉSAR	Barítono
CLEOPATRA	Soprano
PTOLOMEO, su hermano	Bajo
CORNELIA	Contralto
SEXTO POMPEYO, su hijo	Tenor
AQUILAS, general egipcio	Bajo
NIRENO	Bajo

Lugar de la acción: Egipto
Época: Medio siglo antes de Jesucristo

ACTO PRIMERO

CUADRO PRIMERO

U N paraje selvático a orillas del río Nilo. Los egipcios y etíopes nómadas que habitan el desierto se han congregado en aquel lugar para rendir homenaje al invicto Julio César, que ha llegado hasta allí en triunfo al frente de sus legiones. Entre la multitud indígena que aclama al famoso hombre de guerra se encuentra la matrona romana Cornelia acompañada de su hijo Sexto Pompeyo. Ambos pertenecen al opuesto bando beligerante que lucha en contra de la política y las huestes del ilustre combatiente, pero acuden entonces a él en son de paz y le solicitan una audiencia, que les concede. En el curso de la misma ruegan al heroico guerrero que ponga fin a la lucha fratricida existente entre los romanos y que acuerde establecer una tregua de pacificación con su rival Pompeyo, marido y padre respectivamente de los solicitantes. Julio César escucha con benevolencia la propuesta de paz que le formulan, pero antes de que pueda pronunciarse en pro o en contra de las mismas, aparece el general egipcio Aquilas y arroja a sus pies la cabeza cercenada de Pompeyo, macabro tributo que dice ofrecer en prenda de la fidelidad y adhesión del ejército y el pueblo de Egipto a las victoriosas milicias de la poderosa Roma. Julio César se muestra indignado por la sangrienta mutilación y bárbaro ultraje que sin su aquiescencia ha sido perpetrado en el cadáver del que hasta entonces fue su noble y leal enemigo, y haciendo responsable de aquella tropelía al rey Ptolomeo, promete castigarle por haberla consentido. En tanto, el joven Sexto Pompeyo se esfuerza en prodigar consuelo a la afligida Cornelia y jura solemnemente llevar a efecto algún día una ejemplar venganza por el vil asesinato de su padre.

Cuadro segundo

Una cámara del palacio de los faraones. La reina Cleopatra comparte el trono de Egipto con su hermano Ptolomeo, pero celosa de la autoridad que éste legalmente ejerce y ambicionado ser única en detentar el poderío real en el país, busca el medio de eliminar al que considera un embarazoso rival. A tal efecto sostiene un secreto conciliábulo con su confidente Nireno y le manifiesta su deseo de ser conducida a presencia de Julio César, al cual se propone seducir con su belleza y encanto personal y, una vez adherido a su causa, no duda que podrá convertirle en cómplice y contar con su apoyo para destronar a su hermano. Seguidamente el rey Ptolomeo celebra una entrevista con Aquilas, general de su ejército y consejero privado suyo, y recibe la alarmante información de que Julio César, considerándole el instigador del asesinato de Pompeyo, ha jurado vengar en su persona aquella infamante muerte. Para conjurar el peligro que se cierne sobre el amenazado monarca, su consejero le sugiere el plan de atraer al guerrero romano al palacio y deshacerse de él una vez haya caído en su poder.

CUADRO TERCERO

Lugar campestre donde se halla emplazado el túmulo funerario de Pompeyo. Allí acude Julio César para rendir póstumo tributo al que en vida fue su gran adversario. De incógnito se presenta la soberana de Egipto y simulando ser una dama principal de la corte pero absteniéndose de revelar su auténtica personalidad, expone al general romano que ha sido ilegalmente desposeída de sus bienes familiares por un hermano suyo e implora su valiosa protección para castigar al usurpador. Julio César queda gratamente impresionado por la hermosura de la peticionaria, y considerando de justicia su demanda, le ofrece la seguridad del apoyo que solicita. Aparecen Cornelia y su hijo y se hincan de rodillas ante el sepulcro de Pompeyo, evocando ambos el recuerdo del difunto y renovando el joven Sexto su promesa de castigar el indigno homicidio. Aquel voto de venganza es escuchado por Cleopatra, quien aproximándose al muchacho se brinda para conducirle más tarde hasta el asesino de su padre. El ofrecimiento es aceptado por el interesado y cuando éste se aleja acompañado de Cornelia y queda la reina sola con Nireno, no puede menos de expresar su satisfacción por haber efectuado la conquista de dos terribles adversarios contra su hermano... Ambos ayudarán eficazmente a la ambiciosa Cleopatra a conseguir el trono para ella sola, pero al mismo tiempo una duda ensombrece su ánimo: el miedo de perder en la intriga su libre albedrío, ya que el apuesto adalid de Roma ha prendido en su corazón una ardiente llama de amor.

CUADRO CUARTO

Una suntuosa estancia del palacio real habilitada como comedor. Se celebra un gran banquete que Ptolomeo ha organizado con el pretexto de obsequiar a Julio César, mas siendo su verdadero propósito poder apresarlo una vez se encuentre aislado dentro de la jurisdicción palaciega. Pero

el guerrero romano desconfía de la lisonjera acogida que
se le dispensa y adivinando que bajo los agasajos prodi-
gados se esconde una cobarde añagaza para atentar contra
su seguridad personal, se da maña para salir inadvertidamente de la estancia y alejarse del alcance de sus enemigos,
antes de que haya podido perpetrarse la conjura fraguada.
Introducidos por Cleopatra llegan Cornelia y su hijo, previa-
mente advertidos de que es Ptolomeo el responsable de la
muerte de Pompeyo. Sospechando Aquilas el auténtico propósito que ha llevado hasta allí a los recién llegados, se lo
comunica al monarca y éste ordena que madre e hijo sean
apresados por la guardia real, evitando así que el joven tuviera la ocasión de llevar a término la vindicta ofrecida a los
manes de su padre. El rey dispone que la mujer sea conducida a su harén y el muchacho encerrado en una mazmorra, mas antes de que se cumpla la regia orden, Aquilas,
que siente una arrebatadora pasión por la bella patricia
romana, ofrece salvar su vida y la de su hijo si consiente
ser su amante. La noble Cornelia rechaza con indignación
la infamante propuesta, prefiriendo ella y Sexto aceptar resignadamente el cautiverio.

ACTO SEGUNDO

CUADRO PRIMERO

Una terraza del palacio de los faraones dominando un
típico panorama egipcio de pirámides, palmeras y el Nilo
en lontananza, todo ello bañado por el resplandor de la
luna y las estrellas que brillan en el firmamento. El confidente de la reina, Nireno, ha servido de guía a Julio César en el intrincado laberinto palaciego de encrucijadas de
pasadizos y cámaras secretas, hasta conducirle a la terraza. Allí acude Cleopatra para reunirse con el hombre que
ejerce sobre ella una tan poderosa atracción pasional. En el
curso de la conversación que sostienen, el general romano
queda sorprendido cuando por la propia soberana le es
revelada su augusta personalidad, a la vez que se siente ha-
lagado cuando ella misma le confiesa su amor. Pero el idílico diálogo es interrumpido por el alboroto de gente armada que se aproxima. La reina se percata al punto del peligro

que les acecha: la guardia personal de su hermano, que
tenía cercado el recinto del palacio, obedeciendo las órdenes del monarca emprendió una batida para descubrir al
fugitivo, y no habiendo podido dar aún con él, está proce-
diendo a escudriñar minuciosamente todo el edificio. No
existe pues escapatoria posible, y, comprendiéndolo así Julio César, decide, con su característica osadía, enfrentarse
valiéntemente con sus perseguidores. Se entabla una pelea,
en tanto la angustiada Cleopatra profiere desesperadas in-
vocaciones a los dioses de Egipto para que con su sobrena-
tural poder protejan al hombre que ama, en el arriesgado
trance en que se encuentra.

CUADRO SEGUNDO

Un aposento, murado y guarnecido con celosías, del harén de Ptolomeo. Las concubinas del joven faraón recluidas
allí se distraen acicalando a su nueva compañera de cautiverio, la recién ingresada Cornelia. Llega Nireno y con
sigilo comunica a la dama romana que su hijo ha logrado
evadirse de la prisión y que intentará sobornar a los vigi-
lantes para libertarla también a ella. El rey hace su aparición en el harén y atraído por la belleza de Cornelia
le ofrece casarse con ella si accede a sus apetencias amorosas. La rotunda negativa de la honesta patricia romana
sólo consigue enardecer más los torpes deseos de Ptolomeo,
y cuando intenta abusar de ella por la fuerza, penetra Sexto
Pompeyo y lo impide. Pero los guardianes palaciegos que
capitaneados por Aquilas han venido persiguiendo al joven,
lo detienen inmediatamente y se lo llevan preso, mientras
el general informa al monarca que Julio César murió ahoga-
do cuando se daba a la fuga en compañía de Cleopatra
y que ésta buscó refugio en el campamento de las legiones
romanas. Ptolomeo expresa su contento por tan satisfac-
torias noticias y aprovechando Aquilas la favorable coyun-
tura, solicita en méritos de su probada lealtad se le entregue a la cautiva Cornelia como recompensa de sus servicios. Impulsado por los celos, deniega el rey el favor que
le pide su consejero y airadamente le insulta delante de todos apostrofándole con los injuriosos calificativos de soldado cobarde y hombre libidinoso. Apenas Ptolomeo se re-

tira, el ofendido general ordena que se deje en libertad a Sexto Pompeyo y exterioriza su rencor por la ignominiosa afrenta que tan inmerecidamente ha recibido. Entonces, la noble dama y su hijo se muestran gozosos por hallarse de nuevo reunidos, pero no pueden menos que lamentar la fatal noticia sobre la muerte del guerrero romano y deplorar el que creen que ha sido su triste fin.

ACTO TERCERO

Cuadro primero

Un lugar de la costa marítima, en las proximidades de la ciudad de Alejandría. Desembarca el rey Ptolomeo con un destacamento de soldados. Persuadido el monarca de que Julio César no existe ya y en la creencia de que las legiones de Roma que aún permanecen apostadas en territorio egipcio están imposibilitadas para entablar combate por carecer de jefe, celebra de antemano el triunfo de sus ejércitos sobre aquéllas, que considera indefectible. Un soldado expedicionario que acaba de llegar del desierto comunica al ensoberbecido faraón que su augusta hermana ha sido hecha prisionera y que va a ser conducida allí. La exultación de Ptolomeo es inmensa al recibir aquella noticia que confirma aún más sus augurios de victoria, y al poco comparece Cleopatra escoltada por sus apresadores. Ante la presencia del monarca, omnipotente en aquella sazón, la vencida reina no puede sino escuchar sumisa y calladamente las severas amonestaciones que su improvisado juez formula sobre su irregular comportamiento, los implacables denuestos que dirige contra su persona y los crueles improperios con que zahiere su caída realeza... Pero en el ánimo de la vejada cautiva brilla todavía una tenue luz de esperanza: que algún día la suerte cambie para ella y sea otro su destino, si consigue salir con vida de aquel infortunado lance.

Cuadro segundo

Una desolada planicie devastada por la guerra, con ruinas de edificaciones derruidas, árboles abatidos, carros de combate inutilizados y por doquier cadáveres de soldados y caballos. Llega al sombrío lugar un caminante: es Julio César, que no ha perecido como los egipcios creen, sino que habiendo escapado indemne de la persecución de sus enemigos, ambula de incógnito por los campos de batalla, tratando de reunirse a su ejército. Se detiene abrumado ante tanta desolación y al comprobar que son muchos los hombres de sus legiones que yacen allí sin vida, medita acerca de la inutilidad de aquella matanza y duda de la victoria de sus armas. Se percibe el fragor de un duro combate que se está librando en las inmediaciones, y un grupo de guerreros pertenecientes a ambos bandos beligerantes llegan hasta allí empeñados en una encarnizada pelea. Entre ellos se encuentra Aquilas, que cae herido en la refriega y sintiéndose morir se quita de su diestra el anillo de mando y lo entrega al joven Sexto Pompeyo, que le asiste. Al dar el general la sortija, emblema de su suprema autoridad militar, advierte al muchacho que si lo muestra a los soldados egipcios se pondrán inmediatamente de su parte y lucharán con él contra Ptolomeo, de quien anhela desquitarse por la afrenta que le infirió. Julio César, que ha escuchado las palabras del agonizante, se da a conocer al hijo de Pompeyo y le ofrece una alianza para guerrear juntos contra el enemigo común y poder libertar a su madre y a Cleopatra. El joven acepta la proposición y transfiere el anillo de mando a Julio César, confiriéndole con ello la jefatura de los dos ejércitos combatientes, con lo cual podrá poner término a la contienda bélica y alcanzar el triunfo final.

CUADRO TERCERO

Zona de retaguardia en el terreno donde está acampada la tropa de Ptolomeo. La reina Cleopatra se halla allí prisionera y custodiada por varios soldados, pero entre éstos existen algunos partidarios de su causa que desearían verla de nuevo en el trono y así se lo hacen saber secretamente brindándole una oportunidad de fuga. La soberana cautiva invoca a las deidades egipcias y a los espíritus de sus egregios progenitores para que la asistan en las tristes circunstancias que atraviesa y la orienten en la mar de dudas en que zozobra su voluntad. ¿Vale la pena seguir luchando

en pro de una empresa cuyo futuro se vislumbra incierto
y cuyo final ofrece escasas posibilidades de éxito? Todo le
parece irremisiblemente perdido, y cuando pone término a
sus plegarias para agradecer a sus fieles seguidores la oportunidad de evasión que le proponen, recibe la prueba tan-
gible de que sus dioses y los manes de sus antepasados no
la han abandonado... Llega Julio César al frente de un pelotón de sus legionarios, manifiesta que acaba de ganar la
batalla definitiva y después de desarmar a la soldadesca
egipcia que mantenía prisionera a Cleopatra, le ofrece la
libertad.

Cuadro cuarto

Un fértil valle bañado por las aguas del Nilo, situado
en los alrededores de una gran urbe egipcia, cuyas monu-
mentales construcciones se divisan en la lejanía. En medio
de la frondosa vegetación circundante hay instaladas unas
tiendas de campaña y diseminados pertrechos bélicos. Utilizado aquel paraje como terreno para operaciones militares,
han sido allí destacadas las legiones romanas en descanso,
cuyos soldados fraternizan con el pueblo indígena que ha
acudido al lugar en gran masa para aclamar al victorioso
Julio César, en su triunfal regreso de los campos de batalla. La guerra ha terminado con satisfacción mutua tanto en uno como en el otro de los dos bandos beligerantes
y el general romano da por finida su permanencia en el
país que ha conseguido no sólo conquistar, sino también
pacificar totalmente, aboliendo las luchas intestinas que lo
asolaban. Llega el joven Sexto Pompeyo y postrando su rodilla ante el invicto caudillo le manifiesta que acaba de dar
muerte a Ptolomeo, cumpliendo así el voto que había ofrecido en vindicación por el asesinato de su padre. Transmite
Julio César la noticia a la multitud allí congregada y al comunicarles que el rey ya no existe, proclama seguidamente
a Cleopatra como única soberana de Egipto. El pueblo y
los legionarios vitorean al unísono a la reina recién insti-
tuida, quien promete al país una nueva era de paz y pros-
peridad.

LOS PAYASOS
(I PAGLIACCI)

Ópera en un prólogo y dos actos

Música y libreto: Rugero LEONCAVALLO

Estreno: Milán, 21 mayo 1892

REPARTO

CANIO (Pierrot), director de una *troupe* de cómicos ambulantes	Tenor
NEDDA (Colombina), su mujer	Soprano
TONIO (Pantalón)	Barítono
BEPPO (Arlequín)	Tenor
SILVIO, joven campesino	Tenor

Lugar de la acción: Una aldea de la región
italiana de Calabria
Época: Mediados del siglo XIX

PRÓLOGO

AL levantarse el telón, mientras la orquesta ejecuta la magnífica obertura de la obra, aparece una cortina como telón de fondo, ante la cual el payaso Tonio explica que el sencillo y doloroso argumento del drama que se va a representar no es producto de la imaginación de ningún autor, sino un hecho real acaecido a unos pobres titiriteros ambulantes, como él mismo, que recorrían el mundo disipando las penas del corazón de los demás, mientras el suyo zozobraba por no poder soportar el peso de las penas propias que nadie se cuidaba de desvanecer. Así es la tragedia eterna de los pobres payasos condenados a hacer reír mientras su alma llora lágrimas de dolor. Al acabar su peroración, se descorre la cortina y la representación comienza.

ACTO PRIMERO

Plaza de una aldea. Arrastrada por un mal rocín, aparece una carreta de cómicos de la legua. Los lugareños la rodean con curiosidad, y Canio, el jefe de la compañía, les invita a aguardar hasta la noche para asistir a la función que representarán. Acto seguido, ayudado por Beppo, Tonio y su mujer, que son los artistas que componen la compañía, procede a la instalación del pequeño escenario ambulante. Acabada esta tarea, el director se va con Beppo a la taberna de la aldea. Nedda queda sola unos momentos, pensativa y triste. El día declina y a lo lejos suenan las campanas tocando el Ángelus. El jorobado Tonio se aproxima a la melancólica Nedda y le declara que a pesar de su deformidad física, está locamente enamorado de ella y se siente capaz de hacerla feliz si le corresponde. Ella se burla de la pasión del grotesco personaje, y cuando éste intenta besarla, le azota el rostro con un látigo. Tonio se aleja rabioso de despecho y vergüenza, jurando vengarse de la afrenta.

El joven Silvio, rico campesino que ama y es amado por Nedda, se presenta a ésta y trata de convencerla de que se fugue con él aquella misma noche, renunciando a la farándula. Pero el jorobado, que escondido detrás del carro los ha espiado, corre a prevenir a Canio. Éste llega en el momento que Silvio besa a su mujer. Loco de celos, saca la navaja para agredir a su rival, pero éste es prevenido del peligro por un grito de Nedda y consigue escapar. El rencoroso Tonio goza ante el conflicto que ha provocado. Canio, no sabiendo cómo vengar la infidelidad de que es víctima, intenta herir a su mujer, pero Beppo se lo impide arrebatándole la navaja. Después de tratar de confortar algo al desesperado marido, persuade a Nedda de que lo mejor es que se vista y lo prepare todo para la representación que ha de tener lugar aquella noche.

ACTO SEGUNDO

El mismo decorado del acto anterior. Los aldeanos llegan al improvisado teatro y toman asiento. Silvio también forma parte de la concurrencia, y mientras Nedda recolecta el dinero de las entradas le advierte que tenga cuidado con su marido. Seguidamente la función comienza. Nedda, que interpreta el papel de Colombina, aprovecha la ausencia de su marido Pierrot (Canio) para recibir en su propia casa a su amante Arlequín (Beppo), la visita del cual espera. En tanto, llega el inoportuno Pantalón (Tonio), quien corteja a la bella Colombina de una manera risible. El ridículo idilio dura hasta que Colombina percibe la voz de su amado, que la saluda desde fuera, y entonces, arrojando de su lado al grotesco Pantalón, recibe a Arlequín, que penetra por la ventana del comedorcito.

La enamorada pareja, después de demostrarse su cariño con besos y abrazos, comienza a cenar tranquilamente cuando de nuevo se precipita Pantalón en la estancia previniéndoles que Pierrot ha regresado inesperadamente. Éste llega a tiempo para percibir como el hombre que profana su hogar escapa saltando por la ventana. No habiendo podido darle alcance, increpa con dureza a Colombina por su falsía y la insta para que le diga el nombre del hombre que le roba su amor. Ante el silencio de ella, arrebata un cuchillo de encima la mesa para amenazarla si no descubre a su amante. Pero la adúltera se niega a hablar. Entonces, en un arrebato de celos, Canio hunde ferozmente el cuchillo en el pecho de su mujer.

El auditorio está encantado de lo bien que los cómicos representan la farsa, pero pronto el terrible grito de dolor que profiere la moribunda Colombina les convence de que no es fingida la angustiosa escena. Silvio, blandiendo un puñal, se lanza sobre el tablado para matar al asesino de su amada. Mas Nedda, que exhala sus últimos suspiros, le llama dulcemente y al acudir junto a ella da tiempo a Canio, que ha reconocido en él al ladrón de su honra, para herirle con su cuchillo. Inmediatamente varios aldeanos se precipitan sobre él, desarmándole. A los reproches que le hacen por su criminal acción, contesta que si ha obrado así ha sido para vengar su honor mancillado, pues en su pecho no sólo palpita un corazón de payaso, sino también el de un hombre honrado. Después, dirigiéndose al despavorido auditorio, pronuncia las palabras rituales con que habitualmente acaba el espectáculo: "La comedia e finita".

MANON

Ópera en cinco actos
el tercero dividido en dos cuadros

Música: Julio MASSENET
Libreto: Enrique MEILHAC y Felipe GILLE
adaptado de la novela del abate Antonio Francisco PRÉVOST

Estreno: París, 19 enero 1884

REPARTO

DES GRIEUX	Tenor
CONDE DES GRIEUX, su padre	Bajo
LESCAUT, oficial	Barítono
MANON, su sobrina	Soprano
MONFORTAINE, ministro de finanzas	Bajo
DE BRETIGNY, joven aristócrata	Barítono
POUSETTE, actriz	Soprano
ROSSETTE, actriz	Soprano
JAVETTE, actriz	Contralto

Lugar de la acción: Amiens, París y El Havre
Época: Año 1721

ACTO PRIMERO

Patio interior de una posada de Amiens. El ministro francés Monfortaine obsequia a varios amigos con un alegre banquete que se celebra en el interior del mesón. Mientras los sirvientes introducen los suculentos manjares de la comilona, ante el regocijo de los comensales, el joven Des Grieux pasea impaciente por el patio en espera de un coche que ha de conducirle a un lugar muy distinto de

8

aquél: al seminario, donde ha decidido ingresar para ordenarse de sacerdote. Llega la diligencia, de la cual descienden varios pasajeros y entre ellos la deliciosa Manon, pobre doncella sin más parientes que su tío el oficial Lescaut, el cual, para librarse de la carga que representa su manutención, la envía a un convento. El viejo Monfortaine, al verla, ofrece inmediatamente su propio carruaje para llevarla hasta su destino, enamorado de su ingenua apariencia. Quedan solos Manon y Des Grieux. Una tierna escena tiene lugar: ambos se sienten atraídos por una fuerza misteriosa que les impele a lanzarse el uno en brazos del otro; la timidez propia de su extremada juventud los mantiene reservados, pero la seducción es más fuerte que sus mismas voluntades. Roto el hielo con las primeras palabras, al preguntar el caballero su nombre a la muchacha, acaban por confesarse su mutua simpatía. La naciente pasión arrollándolo todo, conveniencias, propósitos y prejuicios, deciden unir sus existencias y vivir la bella vida juntos, escapando hacia París en el coche del Ministro.

ACTO SEGUNDO

Comedor en la casa de Des Grieux, en París. Manon, que lleva ya unas semanas de vida común con su amante, trata de decidir a éste para que se entreviste con su padre, el conde Des Grieux, a fin de obtener su consentimiento para poderse casar con ella y percibir al mismo tiempo parte de la fortuna que le corresponde de su patrimonio. El joven le replica que es inútil todo, pues jamás su orgulloso padre consentirá dicho enlace, ni dará un céntimo para su realización, mas para complacerla dice que probará. Aparece seguidamente el oficial Lescaut acompañado del aristócrata De Bretigny, el cual presenta a su sobrina. Este rico y disipado caballero aprovecha la oportunidad de quedar solo con Manon para declararle su pasión afirmándole que su belleza merece mejor dueño que el que en la actualidad la posee, pobre muchacho acribillado de deudas y apuros económicos. Como ella teme por el regreso de su amante, él la convence de que Des Grieux no volverá en toda la noche, pues su padre vive lejos y con seguridad lo retendrá a pernoctar en su palacio.

Entonces, la frívola e inconstante Manon, seducida por las ricas promesas del aristócrata, acepta sus galanteos y accede a cenar en su compañía. Al sentarse a la mesa se oyen unos gritos pidiendo auxilio desde el exterior. Ella pregunta inquieta qué voces son aquéllas, pero su apasionado comensal le contesta que no debe ser nada importante y para tranquilizarla le brinda una copa de dorado champaña. Aquellos gritos de angustia eran proferidos por el desdichado Des Grieux, que al intentar penetrar en su casa, trayendo la respuesta de su padre, había sido apresado por unos esbirros que guardaban la puerta.

ACTO TERCERO

CUADRO PRIMERO

Arrabal de París donde se celebra una fiesta. El oficial Lescaut está rodeado de Pousette, Rossette y Javette, tres lindas actrices que han de tomar parte en las representaciones que allí han de tener lugar, a las cuales corteja y cuenta alegres anécdotas parisienses. Aparece Manon, vestida suntuosamente y adornada con valiosas joyas que costea su nuevo protector De Bretigny, el cual la acompaña. Manon está alegre y quiere gozar de los mundanos placeres, dando la orden para que comience la fiesta. Un grupo de bailarines ejecuta un delicioso minueto. A la feria ha acudido también el conde Des Grieux, quien comunica a De Bretigny que su hijo va a ingresar en una Orden religiosa a consecuencia del cruel desengaño que recibió al ser abandonado por su amante. Manon, al oír esto, trata de indagar más noticias del desdichado joven y al fin, decidida a correr en su busca, se levanta bruscamente de su asiento y abandona la fiesta, que se encuentra en su apogeo. Todos los presentes quedan asombrados de su salida, pero a pesar de ella, el espectáculo continúa y el cuerpo de baile inicia una nueva danza.

CUADRO SEGUNDO

Interior de la iglesia del seminario parisiense de San Sulpicio. Los fieles devotos salen del templo después de haber escuchado un brillante sermón pronunciado por un joven novicio. El conde Des Grieux se reúne con su hijo para hacerle sus últimas reflexiones acerca del nuevo camino que va a emprender, conminándole a abandonarlo si no se siente con verdadera vocación para servir a Dios. Pero él le tranquiliza afirmándole que no hay mejor remedio para su dolorido corazón que el bálsamo del amor divino y la paz del claustro.

Al salir el conde, el joven se arrodilla para orar, pero el recuerdo de su antigua amante turba sus meditaciones. Una voz femenina que le llama llena de sobresalto su espíritu y, volviéndose, descubre a Manon ante sí. Horrorizado por la presencia de la pérfida muchacha en aquel santo lugar, trata de alejarla jurándole que la pasión que un día le había inspirado ha muerto totalmente en él. Pero ella no le cree y quiere que se lo repita una vez y otra y otra, en tanto ejerce su poderosa seducción sobre el espíritu del futuro sacerdote. Al fin, vencido éste por la extraña atracción de la bella aventura de una existencia común, Manon profiere un grito de dicha y triunfo al salir del templo abrazada a su sumiso adorador.

ACTO CUARTO

Salón de una casa de juego de París. Des Grieux, para satisfacer las demandas de dinero de su amante y encontrándose sin el apoyo financiero de su padre, se ha puesto de acuerdo con el oficial Lescaut, que es un jugador de ventaja, para hacer trampas con los naipes y así obtener grandes ganancias. Al aparecer en el lujoso garito, acompañado de Manon, ésta canta el goce que le produce el retintín de las monedas de oro al chocar sobre las mesas de juego. El ministro de Finanzas Monfortaine, que es uno de los habituales de la casa, comienza una partida de cartas con Des Grieux. Las apuestas van subiendo y éste llega a ganar fuertes sumas.

Escamado el viejo Monfortaine de una suerte tan persistente, observa con atención los manejos de su contrincante y adivinando al fin su juego desleal se levanta airado de la silla acusándolo de tramposo. En la sala se produce un gran revuelo y confusión, seguidos del escándalo consiguiente, pues mientras unos protestan de la inocencia del joven caballero, otros reclaman las autoridades para que lo castiguen. Al fin, penetra la policía en el local y pone término al barullo llevándose presos a Des Grieux y a Manon, acusada de complicidad.

ACTO QUINTO

Recodo de un camino cercano a El Havre. Manon, a causa de su vida liviana, ha sido condenada por los tribunales franceses a ser deportada a la penitenciaría del Estado de Luisiana, en América. Des Grieux, que salió absuelto del proceso, se ha reunido con el oficial Lescaut para rescatar a su amante del grupo de prisioneros que tienen que pasar por aquel lugar, en ruta para El Havre, en cuyo puerto les espera la galera que ha de conducirlos al destierro.

Pronto aparece el pelotón de soldados custodiando a la caravana de miserables mujeres condenadas a ser expulsadas de Francia por su conducta indeseable y recluidas en los reformatorios americanos hasta el fin de sus días. Entre ellas, pálida, envejecida, enferma, se encuentra la desolada Manon. Al percibir al joven caballero, lo acoge gozosamente, satisfecha de su constancia que ella tan mal correspondió, y feliz de verle una vez más, tal vez la última... En un relato conmovedor, le pide perdón por sus infidelidades y todas las penas que le haya podido ocasionar en el breve espacio de tiempo que vivieron juntos. Sus fuerzas, que flaquean, van decreciendo visiblemente, y cuando jura que aunque se dio a tres hombres por ambición o capricho, no amó de corazón más que a Des Grieux, cae desfallecida en los trémulos brazos de éste, y entre ellos agoniza dulcemente.

WERTHER

Ópera en tres actos,
el último dividido en dos cuadros

Música: Julio MASSENET
Libreto: E. BLAV, P. MILLET y G. HARTMANN
adaptado de la novela de Juan W. GOETHE

Estreno: Viena, 16 febrero 1892

REPARTO

WERTHER .... Tenor
EL INTENDENTE .... Bajo
CARLOTA, su hija mayor .... Soprano
SOFÍA, su hermana .... Mezzo-soprano
ALBERTO, prometido de CARLOTA .... Barítono

Lugar de la acción: Wetzlar. Alemania
Época: Siglo XVIII

ACTO PRIMERO

JARDÍN contiguo a la casa del Intendente. Éste canta un villancico a Sofía y una niña más pequeña, en tanto aguarda a su hija mayor, Carlota, que se está arreglando para asistir a un baile que se celebra aquella noche en la población. Aparece Werther, joven forastero que pasa una temporada de vacaciones en el lugar, y mientras contempla a Carlota, que antes de irse a la fiesta sirve la cena a sus hermanas, decide asistir al baile para estar cerca de ella. Galantemente se le brinda para acompañarla, oferta que ella acepta. Apenas salen, llega Alberto, el prometido de Carlota, el cual, de retorno aquella misma noche de un largo viaje, se ha apresurado a ir a la casa de su futura esposa para darle la bienvenida. Al enterarse de que está fuera, se retira cariacontecido. Vuelven Werther y su bella compañera del baile, que han abandonado porque un culpable amor que germinaba en ellos les ha pertubado toda la velada. Carlota explica a su nuevo amigo que no puede sentir por él más que un afecto de compañerismo por estar vedado ningún otro sentimiento a su corazón, que ya no le pertenece. Seguidamente da cuenta de que su madre, agonizante, la prometió a Alberto, con el que anhelaba verla casada, y por nada del mundo frustraría ella ese deseo de la querida muerta. Werther se aleja, después de escuchar esta revelación, sumido en el más profundo desconsuelo.

ACTO SEGUNDO

Plaza en la que se ven la fachada principal de un hotel y la de la parroquia del pueblo. Alberto y Carlota, que se han casado hace poco, atraviesan la plaza para entrar en la iglesia. Werther los sigue a distancia, observándolos ansiosamente. Al regresar Alberto, después de haber dejado a su esposa, tropieza con éste, al que saluda afectuosamente. Al poco, aparece Sofía, llevando un gran ramo de flores, y trata de trabar conversación con el joven, pero éste se encuentra demasiado ensimismado en sus cavilaciones para prestarle atención. Alberto insinúa entonces que Werther podría casarse con su pequeña cuñada, pero éste rehúsa la proposición, a pesar de comprender que con ello hace sufrir a la pobre muchacha, que está enamorada de él. Pero su secreta y avasalladora pasión por Carlota impide que su corazón pueda albergar ningún otro sentimiento amoroso. Y mientras la decepcionada Sofía llora por la fraldad con que Werther la trata, destruyendo sus tiernas esperanzas, éste se resuelve a conquistar, por encima de todas las trabas y obstáculos que encuentre a su paso, el amor de la única mujer que le interesa.

ACTO TERCERO

Cuadro primero

Salón en casa de Alberto. Carlota está sola en la estancia leyendo una bella y ardiente carta de Werther. A medida que avanza en la lectura, siente su firmeza de esposa fiel vacilar, pues aunque dio a su marido su mejor voluntad, su dócil obediencia y aparente cariño, su corazón permanecía ajeno al matrimonio a pesar de ella, libre y dispuesto a someterse a otro dueño, al autor apasionado de esta carta que ahora la reclama... Aparece Werther y una sincera confesión entre los dos enamorados tiene lugar, en la cual se comunican su mutua simpatía. El joven trata de abrazar a Carlota, pero ésta, huyendo del alcance de su seducción, escapa hacia el interior de la casa, pues aunque haya reconocido la pasión loca que le inspira, tiene el firme propósito de no dejarse arrastrar jamás por ella, faltando a sus deberes conyugales. Werther, sintiéndose impotente para franquear la enorme barrera que la honorabilidad antepone a la realización de sus deseos, vase desconsolado. Entra Alberto, de retorno a su hogar, y llama a su mujer, a la que encuentra trastornada. Al poco, llega un mensajero trayendo una nota de Werther. En ella suplica al dueño de la casa que le preste una de las pistolas que tiene en el salón, alegando que se ve obligado a emprender un largo viaje y tendrá necesidad de ella. Alberto da orden a Carlota para que entregue el arma al mandadero, orden que ella, presintiendo un trágico acontecimiento, ejecuta en contra de su voluntad.

CUADRO SEGUNDO

Habitación modesta en el hotel de la población. En ella se ve a Werther, que acaba de dispararse un tiro en el pecho, tendido en una otomana, mortalmente herido. Carlota, que desde el préstamo de la pistola estaba intranquila por la suerte del joven, ha escapado un momento de su casa para correr en su busca. Acabada de llegar al hotel, se introduce en el aposento en donde con horror se apercibe de que ha llegado demasiado tarde para evitar el fatal desenlace. Arrodillándose junto a Werther, que exhala sus postreros suspiros, le jura que eternamente llevará su imagen grabada en el corazón, por ser el único hombre que ha querido y quiere de verdad. Al calor de esta amorosa promesa, el infortunado joven se extingue feliz, rodeado por los brazos cariñosos de la que jamás ha de olvidarle mientras exista.

CAVALLERÍA RUSTICANA

Ópera en un acto

Música: Pedro Mascagni
Libreto: G. Targioni-Tozzeti y G. Menasci
adaptado de una obra teatral homónima de Juan Verga

Estreno: Roma, 18 mayo 1890

Reparto

Santuzza	Soprano
Turiddu	Tenor
Lucía, su madre	Soprano
Alfio	Barítono
Lola, su mujer	Mezzo-soprano

Lugar de la acción: Un pueblecito de Sicilia, Italia
Época: Fines del siglo xix

ACTO ÚNICO

Plaza de una aldea siciliana en la cual está emplazada una pequeña iglesia. Es la mañana del día de Pascua de Resurrección y los devotos campesinos van al templo a cumplir con sus deberes de cristianos. El campesino Turiddu saluda con una alegre canción a Lola, que, recién levantada, abre las ventanas de su casa. Este gallardo muchacho había sostenido en otro tiempo relaciones amorosas con ella, pero al ausentarse del pueblo para ingresar en el servicio militar, ésta se casó con el carretero Alfio. Al regresar Turiddu a su casa, tuvo que resignarse con la pérdida de su amada, y por pasatiempo y a fin de olvidarla, inició un idilio con la ingenua Santuzza, a la cual sedujo.

Pero al poco tiempo la abandonó, atraído de nuevo por su antigua pasión por Lola, quien, a pesar de estar casada, admitía sus galanteos. Lentamente van entrando los fieles a la iglesia. Entre ellos desfila también Santuzza, la cual, al encontrarse en la plaza con la vieja Lucía, la detiene y le explica la villanía que su hijo ha cometido con ella. La pobre mujer, conmovida por la triste historia, dice que no puede hacer por su bien más que rogar a Dios para que enternezca el corazón del seductor y repare la falta cometida. Al introducirse ella en la capilla, llega Turiddu, al que Santuzza implora que no la abandone. Pero el enamoradizo e inconstante muchacho la aparta de su paso con desprecio, y reuniéndose con Lola, entra en el templo. Entonces la despechada doncella aguarda la llegada de Alfio, y en venganza de la afrenta que acaban de inferirle, le explica la aparente infidelidad de su mujer. El burlado carretero decide vengar el agravio matando a Turiddu.

La escena permanece solitaria mientras la orquesta ejecuta un magnífico intermedio. Acabado éste, todos los campesinos van saliendo lentamente de la iglesia, terminada ya la ceremonia religiosa. Turiddu, acompañado de Lola, sale también, y al ver a Alfio, canta una brillante canción ensalzando los virtudes del rico vino de la tierra e invitándole a beber. Pero éste, no tan sólo no acepta el jovial convite, sino que aproximándose gravemente a él, le desafía en un duelo a puñal, mordiéndole seguidamente en la oreja, según la antigua tradición italiana de ritual en los lances.

Turiddu, sorprendido pero no temeroso, acepta el reto. Va hasta donde se halla su madre y, dándole un beso de despedida, la encarece que, en caso de no regresar, cuide de Santuzza, por la cual siente ahora profundamente todo el mal que ha ocasionado. Una profunda emoción embarga el espíritu de todos los presentes. Los dos rivales se van a un campo de las cercanías en donde ha de tener lugar la contienda. Transcurren unos minutos de inquietud, de angustia... Al fin, unos campesinos vienen y dan cuenta de que Turiddu ha resultado muerto en la pelea. Al oír esto, Santuzza se desploma en el suelo desvanecida, en tanto que los conmovidos aldeanos se disponen a orar por el alma del que, con un puñal clavado en el pecho, yace sin vida en la cercana campiña.

LA AFRICANA
(L'AFRICAINE)

Ópera en cinco actos

Música: Jacobo MEYERBEER   Libreto: Eugenio SCRIBE

Estreno: París, 28 abril 1865

REPARTO

SELIKA, esclava	Soprano
VASCO DE GAMA	Tenor
DON DIEGO, Almirante	Bajo
INÉS, su hija	Soprano
NELUSCO, esclavo	Barítono
DON PEDRO, consejero del Rey	Bajo
EL GRAN SACERDOTE DE BRAHMA	Bajo

Lugar de la acción: Portugal y costas de África
Época: Siglo XVI

ACTO PRIMERO

CÁMARA del Consejo en el Palacio Real de Lisboa. Inés se lamenta, en una sentimental romanza, de la larga ausencia de su prometido, el audaz navegante Vasco de Gama. Pero su padre la informa de que éste no regresará jamás, pues ha muerto en una de sus expediciones. Con esta mentira se propone hacer olvidar a su hija al hombre que ama y, una vez conseguido esto, obligarla a admitir los galanteos del consejero don Pedro, hombre de gran influencia que ocupa una relevante posición en la corte, y con el cual ambiciona verla casada algún día. Y cuando la desolada doncella replica que desea permanecer fiel al recuerdo de su primer amor, llorando amargamente la muerte de éste, la súbita aparición de Vasco de Gama, que acaba de regresar de un viaje triunfal, la consuela de sus pesares y desvanece la burda patraña urdida por el viejo almirante.

El intrépido navegante explica que retorna de un país maravilloso que acaba de descubrir y del cual, entre otras riquezas, aporta dos indígenas que logró capturar. Seguidamente presenta a Selika y Nelusko, que son la pareja de esclavos a que se refiere. Don Diego, contrariado por el retorno del marino, cuya presencia destruye todos sus proyectos, pone en tela de juicio las historias que éste relata, a fin de molestarle. Vasco, ofendido por este innoble proceder, protesta enérgicamente del trato desleal que se le inflige. La discusión sube de tono y las palabras son tan violentas, que deben intervenir los guardias de palacio en la disputa, acabando por prender al joven navegante y conducirlo a la cárcel, junto con sus dos esclavos.

ACTO SEGUNDO

Interior de un presidio portugués. Vasco reposa de sus penalidades, durmiendo profundamente junto a Selika, que está secretamente enamorada de él y canta una inspirada aria mientras vela su sueño. El mulato Nelusko, que se ha dado cuenta de la pasión que el navegante inspira a su compañera, a la que ama locamente, trata de asesinarlo mientras descansa para librarse de un posible rival, pero la fiel esclava despierta a su amo a tiempo para evitar el crimen. Seguidamente, en un amoroso dueto, ella le da cuenta de la ruta a seguir, a través de los mares y continentes, para llegar al venturoso país en donde ha nacido y donde tiene su casa y riquezas.

En tanto, la desdichada Inés, a fin de salvar a su amado Vasco de las iras de su padre, ha accedido a las pretensiones de éste casándose con el consejero don Pedro. Este ambicioso caballero, no contento con robar la novia al audaz navegante, se propone robarle también sus glorias de descubridor de nuevas tierras. Habiéndose apoderado de todos su mapas y cartas de navegación y habiendo sobornado a Nelusko para que pilote su nave, se dispone a embarcar en compañía de su esposa para el lejano y maravilloso país que pretende conquistar. Inés, obligada a seguir a su marido, se lleva con ella a la esclava

Selika. Al ser Vasco puesto en libertad y enterarse de ello, se apresura a encontrar un buque para correr en persecución de los fugitivos.

ACTO TERCERO

Puente de una carabela. El mulato Nelusko, que actúa como timonel, conduce la nave hacia un peligroso arrecife. Un velero que navega cerca de la carabela aborda a ésta hasta permitir a Vasco saltar sobre su cubierta. Una vez a bordo, reclama la presencia de don Pedro y le advierte de la pérfida maniobra que está operando Nelusko. Pero el orgulloso cortesano, en vez de atender los consejos del experto marino, da orden a sus hombres de prenderlo y encerrarlo en la sentina, fuertemente maniatado. La traición del esclavo no tarda en surtir sus efectos. Un tropel de indios salvajes atacan al navío, que embarranca en un banco de arena. Habiendo logrado penetrar en la carabela, hacen prisioneros a todas las personas que encuentran a bordo, a excepción de Vasco, que es librado de su cautiverio por Selika, la cual resulta ser reina de la tribu indígena.

ACTO CUARTO

Templo del dios Brahma, en una región salvaje de las costas africanas. El Gran Sacerdote que oficia en el templo hace jurar a la soberana Selika que consentirá en el total aniquilamiento de los seres blancos que componían la tripulación de la carabela apresada. Ella se aviene a esta terrible sentencia con la condición de que dejen indemne y libre a Vasco, con el cual quiere casarse. Aparece el navegante portugués, que está maravillado de la exuberancia y riqueza del país, y entona un bello canto expresando su admiración: "O paradiso". En tanto, se da comienzo a los preparativos para oficiar los extraños rituales que componen una boda indígena. Cuando todo está preparado y la reina de la tribu va a consagrar a Vasco como su esposo, éste oye la voz lejana de Inés que le llama angustiosamente. Y no pudiendo resistir a esa desesperada apelación, el marino se precipita fuera del corro de salvajes que le rodea y escapa hacia el lugar donde se encuentra su amada.

ACTO QUINTO

Paraje cercano al mar, en una playa africana. Selika, después del cruel desengaño recibido el día de su proyectada boda, se ha convencido de que Vasco no podrá quererla nunca y, en cambio, ama todavía a su antigua prometida Inés. Sacrificándose por la felicidad del hombre que le inspiró una tan grande pasión, ayuda a los enamorados a escapar del país, acompañándolos hasta la orilla del mar. Mientras Nelusko, obedeciendo a su mandato, los conduce en un bote hasta la nave que ha de llevarlos hacia Portugal, Selika, sin valor para sobrevivir a sus contrariedades sentimentales, decide suicidarse. A tal efecto, quema las hojas de un árbol venenoso y aspira con fruición sus emanaciones mortíferas. Al regresar Nelusko de la barca, cumplida su tarea, encuéntrase a su amada agonizando. Fracasando todos sus intentos de retornarla a la vida, por haberse infiltrado demasiado el veneno en su frágil organismo, se inhala él también la terrible humareda y perece a su lado.

LOS HUGONOTES
(LES HUGUENOTS)

Ópera en cinco actos

Música: Jacobo MEYERBEER
Libreto: Eugenio SCRIBE y Emilio DESCHAMPS

Estreno: París, 29 febrero 1836

REPARTO

RAÚL DE NANGIS	Tenor
MARCEL, su escudero	Bajo
CONDE DE NEVERS	Barítono
CONDE DE SAINT-BRIS	Barítono
VALENTINA, su hija	Soprano
MARGARITA DE VALOIS	Soprano

Lugar de la acción: Turena y París
Época: Año 1572

ACTO PRIMERO

SALÓN del castillo de Nevers, en Turena. El conde ofrece un banquete a un grupo de caballeros amigos suyos, entre los cuales se halla el noble protestante Raúl de Nangis, que a pesar de no profesar la misma religión que los otros comensales, departe amistosamente con ellos. A instancias de los que le rodean, Raúl relata una aventura que le ha acaecido recientemente y en la cual libró de una cuadrilla de bandoleros a una dama que no se le dio a conocer, pero le impresionó profundamente por su belleza y distinción. Al acabar su relato aparece su escudero Marcel, el cual se asombra de encontrar a su joven amo rodeado de católicos y le previene de la doblez y maldad de éstos en una vibrante canción que afirma su fe de hugonote. Acto seguido se introduce en la estancia una mujer con el rostro cubierto por un espeso velo y solicita audiencia privada con el dueño del castillo. Todos los comensales se retiran discretamente suponiendo que se trata de una amante del conde, y Raúl, antes de salir, reconoce en la velada dama a la hermosa joven que salvó hace poco. Ésta, que no es otra que la hija del conde de Saint-Bris, viene en busca de su antiguo prometido de Nevers, para que la releve del compromiso que los unía, pues se ha enamorado del hombre que la salvó de las garras de unos bandidos. El conde escucha con pena los nuevos propósitos de la dama y al final, cediendo a sus súplicas, asiente a su petición. En tanto, un paje ha traído una nota a Raúl en la cual una persona desconocida le ruega que siga al portador sin preguntar adónde se dirigen, ruego que el intrépido hugonote atiende acudiendo a la misteriosa cita.

ACTO SEGUNDO

Jardines del palacio que habita en Turena la futura reina de Francia, Margarita de Valois, prometida del rey Enrique IV. La reina canta una inspirada canción ensalzando las bellezas del paisaje turenés. Aparece Valentina y le da cuenta del éxito de su empresa habiendo logrado desligarse totalmente de su antiguo novio de Nevers. Al retirarse ésta, un paje introduce a Raúl, que llega con los ojos vendados. Al quitarse el pañuelo que los cubre, queda asombrado al contemplar a la propia Reina, ante la cual se prosterna y le ofrece respetuoso los servicios de su espada y su fidelidad de caballero. Margarita le explica que, deseando reconciliar los católicos con los protestantes, ha decidido casarlo con la hija de un influyente caballero del bando contrario, uniendo así familiarmente los partidos enemigos. Aparecen los cortesanos que presentan a Valentina al joven hugonote. La estupefacción de éste es inmensa al reconocer en ella a la doncella que salvó y cree es la amante del conde de Nevers, no vacilando por tal motivo en rehusarla como esposa. El conde de Saint-Bris, ante la afrenta inferida a su hija, reta a Raúl para un desafío. Pero la Reina, a fin de evitar el duelo, ordena su inmediata detención. Los cortesanos están furiosos por el suceso acaecido y únicamente el escudero Marcel se regocija de que su amo no se haya casado con una mujer católica.

ACTO TERCERO

Plaza de París en la cual está situada la terraza de una taberna, la fachada principal de una iglesia y, en segundo término, un puente sobre el Sena. Varios grupos de hugonotes y católicos fraternizan bebiendo y cantando, momentáneamente unidos para la celebración del próximo enlace de Margarita de Valois con el rey Enrique de Navarra. Valentina, que se ha casado con el conde de Nevers, se encuentra orando en el templo cuando descubre por casualidad una conjuración que se está tramando para atentar contra la vida de Raúl de Nangis. Procura encontrar a Marcel y le advierte el peligro que corre su amo. El escudero se apresura a enterar del complot al joven hugonote, y al pretender ambos escapar de un grupo que les acosa, provocan un tumulto en la plaza. La providencial llegada de Margarita evita un grave conflito. La reina, después de salvar a Raúl, le convence de que Valentina era completamente inocente y le amó siempre. El joven se aflige ante esta revelación, torturado por el remordimiento, pues ya es demasiado tarde para reparar el mal cometido. En tanto, en una barca enguirnaldada, pasan navegando por el río el conde de Nevers y su esposa.

ACTO CUARTO

Salón del palacio que posee de Nevers en París. Es el atardecer de la tristemente célebre noche de San Bartolomé, en la cual tuvo lugar la horrible matanza de todos los protestantes que se encontraban en aquella fecha en la capital de Francia y algunas otras ciudades del reino. Valentina se halla sola en la sala, lamentándose en un triste canto de que solamente Raúl puede interesar a su corazón, cuando éste, que ha burlado la vigilancia de los guardianes del palacio, se le aparece de repente. Mas pronto se perciben las voces del dueño de la casa y sus amigos, que se aproximan, y la dama, temiendo por la seguridad de Raúl, lo esconde detrás

9

de unos cortinajes. Penetran en el salón el conde de Nevers acompañado de su suegro Saint-Bris y algunos otros caballeros y trazan el plan a seguir aquella noche para la matanza de hugonotes que proyectan. De Nevers, al convencerse de la crueldad de la hazaña, declina el honor de tomar parte en ella y abandona a sus amigos. Mas éstos persisten en su propósito jurando llevarlo a cabo hasta su total realización. Tras la ceremonia del juramento, sigue un coro implorando la bendición celestial, y acabado éste, salen lentamente todos los nobles precedidos por su caudillo Saint-Bris. Seguidamente, Raúl sale de su escondite, horrorizado de lo que acaba de oír. Deseando prevenir a sus amigos hugonotes del peligro que se cierne sobre ellos, intenta irse, pero Valentina le detiene al confesarle su callada pasión. Mientras sostienen un amoroso dueto, suena el fúnebre tañido de la campana que da la señal de comenzar el degüello. Raúl se libra de los apasionados brazos de Valentina y se precipita hacia la ventana. Al disponerse a saltar al exterior, una bala disparada por un desconocido le alcanza y atraviesa el pecho, cayendo herido en la calle.

ACTO QUINTO

Muelle del Sena, en París. Amparado por las sombras protectoras de la noche, llega el ensangrentado Raúl, arrastrándose con dificultad, hasta el malecón en donde pretende disimularse hasta encontrar algún socorro, Valentina, desafiando todos los peligros, se ha unido a él y trata de ayudarle. Mas un grupo de soldados católicos los divisan desde lejos, y obedeciendo la consigna de la noche, disparan sobre ellos, pereciendo ambos amorosamente abrazados.

Nota. — Dada la larga duración de la obra, en muchas representaciones se suprime el quinto acto.

ROBERTO EL DIABLO
(ROBERT LE DIABLE)

Ópera en cinco actos,
el tercero dividido en dos cuadros

Música: Jacobo MEYERBEER
Libreto: Eugenio SCRIBE y Germán DELAVIGNE

Estreno: París, 22 noviembre 1831

REPARTO

ROBERTO, duque de Normandía .... Tenor
BERTRÁN, su amigo .... Bajo
RAMBALDO, trovador .... Tenor
ISABEL, princesa de Sicilia .... Soprano
ALICIA, hermana de leche de Roberto. Soprano
EL REY DE SICILIA .... Bajo

Lugar de la acción: Palermo
Época: Siglo XIX

ACTO PRIMERO

CAMPAMENTO próximo a Palermo. Roberto, su enigmático amigo Bertrán y algunos otros caballeros están celebrando una alegre reunión. Según la leyenda, Roberto es hijo de un diablo encarnado que vagaba por el mundo y de la duquesa de Normandía, habiendo sido por tal motivo expulsado de su patria por temer sus vasallos los demoníacos instintos que puede haber heredado de su padre; en la actualidad está recorriendo Sicilia, en donde se ha enamorado de la princesa Isabel. Procedente de tierras normandas, llega al campamento el trovero Rambaldo, el cual, entre otras canciones de su repertorio, canta una basada en los amores del diablo con la madre de Roberto. Éste manda prender al trovador y se dispone a castigarle por su insolencia cuando aparece su hermana de leche Alicia, la cual le informa que Rambaldo es también su hermano, pues fue amamantado por la misma nodriza. Acto seguido, el trovador es puesto en libertad. Alicia entrega a Roberto un mensaje de su madre en el que le da varios consejos y le suplica que retorne a su hogar. Él dice que así lo hará, después de haber demostrado su bravura y destreza en los torneos que dentro de poco se celebrarán en Palermo. Poco después, el misterioso Bertrán le induce a probar su suerte en el juego. Empiezan ambos una partida y Roberto pierde todas sus apuestas, su caballo, su lanza y su armadura, imposibilitándole esto de pelear en las justas, lo que le desespera.

ACTO SEGUNDO

Cámara en el Palacio Real de Palermo. La princesa Isabel canta su hastío por el frío esplendor que la rodea y la triste vida palaciega, que detesta. Penetra Alicia en la habitación, portadora de una carta de su hermano de leche en la que da cuenta a su amada de su desgracia en el juego y lo que en él ha perdido. La princesa Isabel hace entrega a la muchacha de una suma de dinero suficiente para que Roberto pueda adquirir una nueva cabalgadura, armas y todo lo que necesite para tomar parte en el torneo. Pero aunque Alicia se da prisa en buscar al joven guerrero para darle este dinero, llega ya tarde al campamento, pues el pérfido Bertrán ha conseguido engañarlo llevándolo a un lejano y misterioso lugar.

ACTO TERCERO

CUADRO PRIMERO

Cueva que sirve de entrada a la supuesta guarida de Satán en la tierra. Bertrán, que no es más que un instrumento del Rey de las Tinieblas, aparece en la caverna convocando a varios espíritus infernales para darles cuenta de la marcha de sus trabajos para obtener el alma de Roberto. Mas Alicia, que pasaba casualmente por el lugar, se entera del diabólico plan y se propone advertir a su hermano de leche cuando Bertrán la divisa, y, prendiéndola, la amenaza de muerte si revela una sola palabra de lo que ha oído. Alejada la muchacha, Bertrán convence a Roberto de apoderarse de la misteriosa rama de un árbol sagrado que se encuentra escondido en las ruinas de un convento cercano, y cuya posesión le proporcionará mágicos poderes y fuerzas sobrenaturales.

CUADRO SEGUNDO

Patio de un claustro medio derruido. Bertrán invoca las almas condenadas de las monjas enterradas en aquel recinto y éstas se manifiestan encarnando en forma de pálidas y bellas doncellas. Una vez rodeado de las blancas apariciones, implora su ayuda para conseguir la condenación definitiva de Roberto. Ellas acceden a su petición guiándole hasta la vecina tumba de Santa Rosalía, donde se halla guardada la mágica rama del árbol sagrado.

ACTO CUARTO

Plaza enfrente de la catedral de Palermo. Roberto conduce hasta allí a su enigmático compañero Bertrán, el cual se estremece al aproximarse al templo del Señor. Con mentirosas lisonjas trata de embaucar una vez más a Roberto aconsejándole que firme un documento en el que empeña su alma después de muerto. Mas llega Alicia providencialmente y evita el indigno trato desenmascarando a Bertrán, que según declaraciones de la madre de Roberto, no es otro que el diabólico ser que en otro tiempo la sedujo y por tanto su propio padre. Roberto permanece triste y confuso ante la terrible revelación que acaba de escuchar, pero su hermana de leche prueba de animarle dándole cuenta de que la princesa Isabel se halla en la iglesia orando, y, convencida por Dios de su inocencia y nobleza, está dispuesta a aceptarlo por esposo. El joven vacila, indeciso ante los dos caminos a seguir, el del mal a que le impulsa su instinto paternal o el de la redención, cuando suenan doce campanadas. Ésta es la hora mágica, fijada como término al plazo que los espíritus infernales dieron a Bertrán. Éste huye derrotado en tanto Roberto entra en la catedral dispuesto a casarse con la princesa Isabel, y Alicia dice que lo hará con el trovador Rambaldo.

DON JUAN
(DON GIOVANNI)

Ópera en dos actos
divididos cada uno en tres cuadros

Música: Juan Wolfgang Amadeo MOZART
Libreto: Lorenzo da PONTE
inspirado en la obra "El convidado de piedra"
de TIRSO DE MOLINA

Estreno: Praga, 29 octubre 1787

REPARTO

DON JUAN, noble sevillano	Barítono
DON PEDRO, comendador de Castilla ...	Bajo
ANA, su hija	Soprano
OCTAVIO, su prometido	Tenor
ELVIRA	Soprano
LEPORELLO, criado de DON JUAN	Bajo
MASETTO, joven campesino	Bajo
ZERLINA, su novia	Soprano

Lugar de la acción: Sevilla
Época: Siglo XVII

ACTO PRIMERO

CUADRO PRIMERO

ZAGUÁN del palacio del Comendador. El famoso burlador de mujeres Don Juan, recién llegado a la capital sevillana, ha emprendido una nueva aventura amorosa al intentar conquistar a la ingenua Ana. Habiendo conseguido introducirse hasta las habitaciones de la joven, le propone fugarse con él, y al negarse ella a complacerle, trata de raptarla ayudado por su sirviente Leporello. A los gritos de socorro que profiere la violentada doncella, acude su padre, don Pedro, el cual entabla una pelea a espada con Don Juan, de la que resulta mortalmente herido. Éste y su criado emprenden la fuga mientras Ana hace jurar a su prometido Octavio que vengará el vil asesinato del comendador.

CUADRO SEGUNDO

Posada de los alrededores de Sevilla. En ella se tropieza casualmente Don Juan con su antigua amante Elvira, dama que sedujo y abandonó después. Esta desdichada le echa en cara su vil comportamiento, pero él elude la cuestión escapando y dejando que Leporello se las entienda con ella. El sirviente explica la historia de las mil y una mujeres que su amo ha conquistado y dejado luego, quedando todas perfectamente resignadas. Pero la airada Elvira no se convence con este razonamiento y decide castigar de una vez, por todas sus víctimas, los escarnios de Don Juan. Éste, en tanto, ha encontrado a una alegre partida de campesinos que festejan los esponsales de Masetto y su futura esposa Zerlina. Interesado el burlador por la belleza de la novia, invita a todos a celebrar una fiesta en su palacio, aprovechando la ocasión para declarar su pasión a Zerlina. Elvira escucha el amoroso dueto y decide no perderlos de vista.

CUADRO TERCERO

Jardín del palacio de Don Juan. La vengativa Elvira está acechando lo que ocurre en el interior del salón en el cual se organiza un baile. Ana y Octavio, que cubiertos con antifaces merodean también por las proximidades de la casa, se encuentran con ella, y dándose a conocer, explican sus propósitos. Don Juan canta una animada canción incitando a sus comensales a beber el rico vino que fluye como néctar de una fuente milagrosa. Ana reconoce en aquella voz la del asesino de su padre. Masetto aleja a su novia del barullo de la fiesta trayéndola al jardín, en donde la regaña por sus galanteos con el burlador. Al regresar él al salón y quedar Zerlina sola con Don Juan, éste trata de besarla y llevarla a sus habitaciones, pero a las voces que profiere pidiendo auxilio, acuden Elvira, Ana y Octavio, quienes la libran de las garras del seductor, logrando no obstante escapar éste gracias a la destreza de su espada.

ACTO SEGUNDO

Cuadro primero

Callejón contiguo a la casa que habita Elvira. Ésta ha tomado a su servicio a la joven Zerlina, la belleza de la cual atrae a Don Juan. Mientras canta bajo la ventana, la dueña de la casa le contesta haciéndose pasar por su doncella. Pero él la reconoce y, fingiendo un falso arrepentimiento por todos los agravios que le ha inferido, logra convencerla de salir a la obscura callejuela. Entonces se hace substituir por Leporello en tanto ruega a Zerlinga que le abra la cancela. En esto es sorprendido por Masetto y sus amigos. Dándose cuenta de la gravedad de la situación, el astuto burlador reacciona rápidamente ante el peligro, y simulando ser Leporello, se ofrece a sus perseguidores para ayudarles a capturar a su noble señor. Y así, mientras apresan al infeliz criado, creyendo que es Don Juan, éste logra escapar burlando una vez más las iras justicieras de sus enemigos.

Cuadro segundo

Recinto de un cementerio en el que se ve la tumba del comendador don Pedro con su estatua en mármol sobre el mausoleo. Al aparecer, en una noche de clara luna, el cínico burlador y su sirviente, de regreso a Sevilla después de una larga ausencia, la blanca escultura cobra vida y les habla. Leporello se horroriza ante el insólito suceso, pero Don Juan, que no teme a muertos ni a vivos, contempla con mirada desafiadora la parlante estatua de su víctima, y tras escuchar con calma sus palabras anunciadoras de un terrible castigo celestial, le invita burlonamente a una cena que va a celebrar aquella misma velada en su palacio.

Cuadro tercero

Comedor del palacio de Don Juan. Éste se halla compartiendo un alegre banquete que ha ofrecido a unos amigos en celebración de su retorno a Sevilla, a los que relata el extraño hecho acaecido hace pocas horas en el cementerio. Todos se ríen de las amenazas del viejo don Pedro, y para probar el burlador que no las teme y no ha olvidado la cínica invitación que ha hecho a la estatua, hace colocar una silla vacante y servir comida en un plato por si decide asistir a la cena. Después de proferir sus sacrílegos sarcasmos, todas las luces se extinguen, y envuelto en un tétrico resplandor aparece a través del tabique la figura del difunto don Pedro. Todos los corazones se sobrecogen de espanto. El comendador avanza lentamente en medio de los aterrados comensales, y colocando sus frías y marmóreas manos sobre los hombros de Don Juan, le dice con voz cavernosa que ha sonado su hora. Sin que el atemorizado burlador oponga resistencia, lo arrastra fuera de la estancia para conducirlo hacia las regiones infernales en donde está condenado a expiar todos sus crímenes y pecados.

LA FLAUTA MAGICA
(DIE ZAUBERFLOETE)

Ópera en cuatro actos,
el segundo dividido en dos cuadros y los dos últimos en tres

Música: Juan Wolfgang Amadeo MOZART
Libreto: Emmanuel SCHICKANEDER
adaptado de una narración de WIELAND

Estreno: Viena, 30 septiembre 1791

REPARTO

TAMINO, príncipe egipcio	Tenor
PAPAGENO, su criado	Bajo
SARASTROS, sacerdote de Isis	Bajo
LA REINA DE LA NOCHE, hechicera	Soprano
PAMINA, su hija	Soprano
MONASTATOS, moro	Tenor
PAPAGENA, amada de PAPAGENO	Soprano

Lugar de la acción: Egipto
Época: Imaginaria

ACTO PRIMERO

U NA selva. El príncipe Tamino, perseguido por una enorme serpiente, se ha extraviado en la espesura poblada de corpulentos árboles. Como desfallece rendido de fatiga, tres hadas enviadas por la Reina de la Noche dan muerte al gran reptil, evitando que le cause ningún daño. Al despertar Tamino de su letargo, se encuentra con su sirviente Papageno que está cubierto de plumas como un pájaro. Éste dice que se ha disfrazado así para poder cazar con más facilidad, pues los animales de la selva no le huyen, y para demostrar su valentía, se jacta de haber matado a la terrible serpiente. Las hadas, indignadas por su mentirosa presunción, castigan su charlatanería colocándole un candado en la boca que le impide pronunciar una sola palabra. Aparece la hechicera conocida por el nombre de Reina de la Noche y, mostrando un retrato de su hija Pamina al príncipe, le ruega vaya a librarla del encierro en que la guarda cautiva el gran sacerdote de Isis, Sarastros. Tamino se prenda de la belleza de la joven y promete ponerla en libertad. Entonces, la agradecida madre hace presente al príncipe de una flauta mágica que le servirá de ayuda en todas las dificultades con que pueda tropezar. Las hadas, en tanto, libran a Papageno de su mordaza y le enseñan el modo de tañer el mágico instrumento.

ACTO SEGUNDO

CUADRO PRIMERO

Salón en el palacio que habita Sarastros. Éste guarda en él prisionera a la hermosa Pamina, custodiada por el moro Monastatos. Pero el ladino Papageno ha conseguido introducirse en la casa extrañamente ataviado y con una ingeniosa artimaña asusta al guardián moro, pudiendo quedar a solas con la doncella cautiva. Después de explicar quién es, anuncia a ésta la próxima llegada del príncipe a quien sirve y el cual viene a rescatarla de su encierro.

CUADRO SEGUNDO

Exterior del templo de Isis. Tamino intenta en vano poder penetrar en él. A la tercera puerta que forcejea, un sacerdote le cierra el paso, dándole cuenta de que los profanos no pueden llegar hasta aquel sagrado recinto sin sufrir antes algunas pruebas que acrediten sus méritos. Pamina, guiada por el criado del príncipe, logra salir cuando el feroz moro Monastatos les detiene. Al barullo que se arma, acude el gran sacerdote Sarastros, al cual la cautiva joven explica que si intentaba escapar es porque su horrible guardián pretendía abusar de ella. El gran sacerdote condena al moro a un severo castigo y dice a Tamino y su sirviente que únicamente podrán librarse de una sentencia semejante demostrando su valor y destreza al soportar airosos las pruebas de ritual a que son sometidos los iniciados al culto de Isis.

ACTO TERCERO

Cuadro primero

Bosque de palmeras. El gran sacerdote Sarastros, rodeado de todo su séquito, delibera sobre el caso de doble enamoramiento que se ha entablado; el príncipe que ama a Pamina, y Papageno a una humilde muchacha del país llamada Papagena. El coro de sacerdotes entona un himni: "Oh Isis y Osiris", dispone que se dé comienzo a las pruebas legisladas en los libros sagrados.

Cuadro segundo

Patio interior del templo. En él se hallan Tamino y su criado cuando aparecen las tres hadas de la selva y les interrogan con insistencia, inquiriendo cómo han llegado hasta allí y qué es lo que hacen. Pero ellos permanecen mudos ante sus preguntas, resistiendo así la prueba del silencio.

Cuadro tercero

Pequeño jardín contiguo al templo. Pamina reposa recostada en un banco. El moro Monastatos acecha su sueño con miradas lujuriosas cuando la aparición súbita de la Reina de la Noche le obliga a esconderse. Ésta despierta a su hija y le entrega un puñal, incitándola a matar a Sarastros. Al irse la hechicera, retorna el moro y, como ha oído sus palabras, pretende servirse del secreto sorprendido para que Pamina acceda a sus pretensiones amorosas. La joven pide auxilio desesperadamente y la oportuna llegada del gran sacerdote la libra de las garras de su grosero seductor. Acuden también, a las voces, Tamino y su sirviente, sometidos aún a la prueba. Este último sucumbe a ella profiriendo unas palabras, pero el príncipe sigue mudo, a pesar de que Pamina le dirige cariñosas preguntas. Al fin, extrañada ésta de un tan prolongado silencio, lo interpreta como frialdad y desafecto, y creyendo que el hombre que venía a rescatarla ya no la ama, llora amargamente su desengaño.

ACTO CUARTO

CUADRO PRIMERO

Paraje junto a las Pirámides. Pamina, presa de su desconsuelo por creerse repudiada del príncipe, decide poner fin a sus días. Papageno, que sigue sus pasos, declara que también está hastiado de la vida por haber perdido a su amada y quiere imitar a la joven en su trágica decisión. Mas al instante de realizar el suicidio se le ocurre tocar la mágica flauta que le dio la Reina de la Noche, e inmediatamente aparece su amada Papagena, que viene a aliviarle de sus penas y misteriosamente se muda el panorama que les circunda.

CUADRO SEGUNDO

Antro sembrado de cavernas llameantes, abismos e insondables pozos de agua adonde por arte de magia son trasladados los tres personajes del cuadro anterior. A sus voces de espanto, aparece Tamino capitaneando un grupo de esforzados caballeros. El intrépido doncel, libre ya del emplazamiento que le obligaba a guardar silencio, explica a su amada la causa de éste y que jamás ha dejado de quererla. Después, ayudados de la milagrosa flauta, logran salir ilesos de los peligros que les envuelven sorteando las hondonadas y venciendo los dos terribles elementos que se oponen a su paso: el agua y el fuego.

CUADRO TERCERO

Interior del templo de Isis. El gran sacerdote Sarastros, después de desterrar de sus dominios a la hechicera Reina de la Noche y al feroz moro Monastratos, une al príncipe con Pamina, y a Papageno con su amada Papagena, con gran contento del coro de asistentes a la ceremonia, que expresan su beneplácito entonando un canto de alabanza a los recién casados.

LAS BODAS DE FÍGARO
(LE NOZZE DI FIGARO)

Ópera en cuatro actos

Música: Juan Wolfgang Amadeo MOZART
Libreto: Lorenzo da PONTE
adaptado de la comedia homónima de Pedro A. Carón
de BEAUMARCHAIS

Estreno: Viena, 1.º mayo 1786

REPARTO

CONDE ALMAVIVA	Barítono
CONDESA ROSINA, su esposa	Soprano
FÍGARO, sirviente del Conde	Bajo
SUSANA, su prometida	Soprano
DOCTOR BARTOLO	Bajo
QUERUBÍN, paje	Soprano
MARCELINA	Contralto
ANTONIO, jardinero	Bajo
PARBERINA, su hija	Soprano
BASILIO, maestro de canto	Tenor
DON GUZMÁN, juez	Tenor

Lugar de la acción: Sevilla
Época: Siglo XVII

ACTO PRIMERO

DEPENDENCIA del palacio que el conde Almaviva posee en la capital sevillana. Fígaro y Susana están planeando su próxima boda y echando cuentas para el futuro. Como ella se lamenta de que el dueño de la casa la molesta con sus requerimientos amorosos, Fígaro la tranquiliza asegurándole que el caso no se repetirá, pues el conde ha prometido no faltar más a su esposa. El dueto es interrumpido por la vieja ama de llaves Marcelina, la cual afirma que Fígaro le dio palabra de matrimonio en otro tiempo y exige ahora que cumpla su compromiso. Como testigo del hecho trae al doctor Bartolo, quien certifica el embuste para vengarse de un antiguo agravio que Fígaro le infirió. Mientras las dos mujeres discuten acaloradamente, aparece el paje Querubín, que ronda el palacio por estar enamorado de la doncella Barberina, e interviniendo en la disputa, trata de defender a Susana. La súbita llegada del conde interrumpe la contienda, obligando al paje a esconderse detrás de un sillón. Pero al entrar más gente en la dependencia obliga a su vez a Almaviva a esconderse, haciéndolo precisamente en el mismo sillón en que se encuentra Querubín. Éste se refugia debajo del mismo, cubierto por un vestido que Susana echa para disimularlo. Al fin, ambos son descubiertos y el conde arroja airadamente al tímido paje de su casa.

ACTO SEGUNDO

Alcoba de la condesa Rosina. Ésta deplora en un sentimental canto las continuas infidelidades de su esposo. Decidiendo atraparlo *in fraganti*, trama una farsa que ha de servirle de escarmiento y lección, ayudada por su sirvienta Susana. Ambas introducen en la estancia al paje Querubín y lo disfrazan de mujer, cosa a la cual el dócil muchacho no pone reparos, pues lo único que le interesa es estar cerca de su amada Barberina, que habita el palacio con su padre, el jardinero Antonio. En plena operación, la inoportuna llamada del conde, que pide permiso para penetrar en la alcoba de su esposa, obliga al paje a saltar por la ventana medio ataviado con las femeniles vestiduras. Seguidamente aparece el jardinero trayendo una carta que ha encontrado extraviada entre las flores. Trátase de una misiva amorosa, y mientras Fígaro no duda que es del conde dirigida a su futura mujer, el desconfiado Almaviva deja adivinar que bien puede ser de un enamorado de la condesa Rosina, que no se atreve a decir su nombre. Fígaro defiende a su ama con brío y se defiende a la vez él mismo de una posible sospecha, cuando entra Marcelina e insiste sobre la promesa de matrimonio que se le hizo y espera hacer cumplir. Entonces el conde toma cartas en el asunto y de momento aplaza la boda de Susana y su prometido hasta que se ponga en claro la cuestión.

ACTO TERCERO

Salón en el palacio de Almaviva. Éste intenta rendir a la bella Susana con la amenaza de que, si no accede a sus pretensiones amorosas, obligará a Fígaro a casarse con la vieja Marcelina. Al fin la astuta sirvienta, fingiendo condescender, le cita para aquella noche en el jardín. Por un embrollo que arma el ladino Fígaro, en el que intervienen el juez don Guzmán y el maestro de música Basilio, llega a comprobarse que Marcelina es su propia madre y por lo tanto no puede aceptarlo como marido, quedando en ridículo la vieja ama de llaves y su falso testigo el doctor Bartolo. En tanto, la condesa Rosina y Susana deciden poner en práctica la farsa que habían ideado para castigar la ligereza de los infieles. Cada una de ellas se viste con la ropa de la otra, quedando así convertidas la señora en criada y ésta a su vez en señora. Verificada la mutación, se encaminan hacia el jardín, en donde han de encontrar a sus respectivos pretendientes.

ACTO CUARTO

Jardín del palacio en el que se ve un pequeño pabellón al fondo. Es de noche, una hermosa noche primaveral en la que la luz de la magnífica luna que brilla se filtra a través de las ramas de los árboles, iluminando las personas, pero sin permitir distinguirlas claramente. Susana, mientras aguarda al conde junto al pabellón, canta una inspirada aria en tanto Rosina se esconde en otra parte del jardín. Aparece el paje Querubín y, creyendo que la condesa es su amada Barberina, la besa apasionadamente. Los sorprende el conde y confundiendo a su esposa con Susana se exaspera, porque antes de pertenecerle le engaña ya. Aparecen Fígaro y la hija del jardinero, quienes, cada uno por su parte, estaban también citados a la misma hora en el jardín, y tiene lugar un terrible embrollo que amenaza con acabar mal, cuando la condesa y su sirvienta deciden poner fin a la farsa acreditando sus respectivas personalidades. El conde Almaviva acepta la lección que tan acertadamente se le ha dado y promete a su esposa renunciar para siempre a sus andanzas y devaneos amorosos. Seguidamente, para demostrar que no ha guardado ningún rencor ni ha experimentado el menor enfado, invita a una fiesta a Fígaro y su prometida y a Querubín y su novia, en la que celebrarán los dobles esponsales de las enamoradas parejas.

10

BORIS GODUNOFF

Ópera en un prólogo y cuatro actos
divididos en dos cuadros cada uno de ellos, excepto el segundo

Música: Modesto Petrovich MUSSORGSKY
Libreto: M. P. MUSSORGSKY y M. KARAMSIN
basado en el drama homónimo de Alejandro S. PUSCHKIN

Estreno: San Petersburgo, 24 enero 1874

REPARTO

BORIS GODUNOFF	Bajo
FEODOR, su hijo	Mezzo-soprano
XENIA, su hija	Soprano
GREGORIO, el falso Dimitri	Tenor
MARINA MNICHEK	Soprano
PIMEN, ermitaño	Bajo
RANGONI, jesuita	Barítono
EL PRÍNCIPE CHUISKY	Tenor
VARLAAM, fraile	Bajo
MISSAIL, fraile	Tenor
ANDREI TCHELKALOFF	Barítono
KRUTCHOFF, boyardo	Tenor
LA POSADERA	Mezzo-soprano
LA NODRIZA	Contralto
EL CAPITÁN DE LA PATRULLA	Barítono
UN DEMENTE	Tenor

Lugar de la acción: Rusia y Polonia
Época: Años 1598 a 1605

PRÓLOGO

CUADRO PRIMERO

Plaza pública frente a la fachada principal del convento de Novodievich, en Moscú. Una multitud de gente del pueblo allí reunida y devotamente postrada, que los guardias cosacos atemorizan con sus látigos, ruega al Todopoderoso para que el regente del imperio, el tártaro Boris Godunoff, ocupe el trono de Rusia a la muerte del zar Feodor I, a la sazón agonizante de una dolencia indeterminada. Este joven monarca era el hijo y heredero del zar Iván IV, que por la crueldad de su temperamento pasó a la historia con el sobrenombre de "el Terrible". Llega un grupo de peregrinos que se dirigen al convento e informan a la muchedumbre que los votos que están formulando tendrán efectividad en breve, puesto que según fidedignas profecías el regente está predestinado a ceñir la corona imperial, si cuenta con el beneplácito y apoyo de los boyardos feudatarios de la misma. El pueblo manifiesta su satisfacción y sigue orando en tanto los peregrinos cruzan el umbral de las puertas del convento, que se abren para darles paso, y penetran en el interior del mismo.

CUADRO SEGUNDO

Presbiterio de una catedral, en el Kremlin. Se están ultimando los preparativos para la celebración de la ceremonia de coronación del regente como nuevo soberano de Rusia. Ese acto sería posible en virtud de las especiales circunstancias que concurrieron en la sucesión dinástica del país. A la muerte del zar Iván el Terrible, le sucedió su hijo primogénito el zarevich Feodor, inepto para reinar por ser de salud endeble y falto de carácter, habiendo detentado el poder desde un principio su primer ministro Boris Godunoff, hasta que tras un breve reinado falleció el desventurado muchacho víctima de un mal desconocido y fue aquél nombrado regente. Existía un heredero directo, el príncipe Dimitri, segundo hijo de Iván IV y hermano del monarca extinto, pero también este joven pereció misteriosamente, víctima al parecer de un infortunado accidente de caza. Tales fueron las causas que permitirán ahora al ambicioso regente ascender legalmente al trono del imperio ruso. Inmediatamente después de que los boyardos han proclamado zar a Boris Godunoff efectúa éste su entrada en el recinto del templo, ante cuyos iconos se detiene en actitud meditativa. El nuevo soberano pone de manifiesto los temores que embargan su ánimo ante el incierto futuro que el destino le reserva, y, después de implorar la protección divina para el reinado que va a iniciar, es solemnemente coronado zar de todas las Rusias.

ACTO PRIMERO

CUADRO PRIMERO

Una celda en el cenobio de Tchudov. El cronista Pimen, anciano eremita que ha dedicado toda su existencia a escribir la historia de Rusia, siente que sus fuerzas físicas le abandonan y, ante el temor de morir, confía sus papeles a su compañero de aposento, el monje novicio Gregorio. Manifiesta el viejo ermitaño que para completar la obra histórica que estaba llevando a término y abarca desde los más remotos tiempos hasta la época contemporánea, le faltaba tan sólo escribir el postrer capítulo concerniente a la ascensión del tártaro Boris Godunoff al trono, y al efecto de que su compañero y sucesor en aquel trabajo pueda proseguir la redacción de los anales de referencia, le revela los hechos secretos que permitieron al usurpador ser proclamado zar. Según las confidencias efectuadas por Pimen, resulta que Boris Godunoff, durante su regencia, eliminó criminalmente a los dos hijos varones del zar Iván, únicos herederos legales del cetro imperial; el zarevich Feodor, que reinó efímeramente, fue envenenado por instigación del regente, y el otro hijo, Dimitri, fue probablemente asesinado por su orden, pues, en el curso de una cacería en la región de Iaroslav, desapareció sin dejar rastro; posteriormente, el sanguinario tártaro instituyó la esclavitud en todo el territorio nacional e independizó al patriarca de Moscú de la iglesia de Constantinopla. Las terribles revelaciones que el viejo eremita ha transmitido al novicio Gregorio despiertan mundanales ambiciones en este joven que, falto de vocación para proseguir los estudios eclesiásticos, busca la manera de abandonar el cenobio. La historia referente a la misteriosa desaparición de Dimitri proporciona a Gregorio la oportunidad que deseaba para salir del monasterio y alcanzar en el mundo poder y riqueza: siendo de la misma edad que el príncipe desaparecido, se propone suplantar su personalidad fingiendo haber escapado con vida del atentado de que fue víctima en la cacería de Iaroslav.

CUADRO SEGUNDO

Comedor de una posada campesina situada en las proximidades de la frontera lituana. El exclaustrado Gregorio y los frailes Varlaam y Missail, pertenecientes a una orden religiosa que tiene por misión pedir limosna de pueblo en pueblo, aparecen sentados en torno a una mesa donde hay servido un refrigerio frugal en alimentos pero abundante en bebidas. Apenas salió el ambicioso ex novicio del convento de Tchudov, llevó inmediatamente a la práctica el fraudalento plan de suplantación de personalidad que había urdido. Simulando ser el segundo hijo del zar Iván, y por tanto el auténtico heredero del trono de Rusia, usurpado por un intruso criminal, consiguió fácilmente numerosos partidarios a su causa como legal pretendiente. Pero recién iniciado el movimiento subversivo fue rápidamente reprimido por los secuaces de Boris Godunoff, y, habiéndose decretado la orden de captura, vivo o muerto, del promotor de la rebelión, éste buscó la forma de evadirse del territorio ruso antes de ser apresado. El falso Dimitri consiguió eludir la encarnizada búsqueda de que era objeto, merced a su asociación con los religiosos mendicantes que lo admitieron como compañero de peregrinaje ignorando su verdadera personalidad, habiendo así conseguido llegar impune hasta aquel lugar fronterizo. En tanto Varlaam y Missail beben copiosamente, Gregorio pregunta a la posadera cuál es el mejor itinerario a seguir para alcanzar la cercana frontera. Penetra una patrulla de soldados en la posada y como el capitán de la misma no sabe leer, pide al ex novicio que dé lectura a una orden de detención que lleva consigo y exhibe; al hacerlo el requerido, falsea el texto del documento de forma que la persona descrita en aquel mandato parece

ser uno de los dos frailes. Cuando el capitán se dispone
a detener al sospechoso, éste se defiende indignado, y aunque
sólo lee con dificultad, consigue probar su inocencia y aclarar que es Gregorio el delincuente buscado. Pero antes de
que los soldados puedan arrestar al falso Dimitri, éste salta
por la ventana, logrando huir y emprender el camino salvador hacia Lituania.

ACTO SEGUNDO

Aposento del zar en el Kremlin. Los dos hijos del monarca, Xenia y Feodor, se encuentran en la suntuosa estancia
acompañados de la nodriza, que canta una antigua tonada
popular para distraer a la muchacha, que está llorando sin
consuelo por la pérdida de su prometido, fallecido recientemente. A instancias de la anciana doméstica inician Xenia
y Feodor un juego infantil para entretener su ocio, cuando
de pronto entra su padre en la habitación e interrumpe el
pasatiempo. Boris Godunoff aparece huraño y ensimismado,
pues desde hace algún tiempo su conciencia es atormentada
por el remordimiento de los crímenes que antaño cometió
para conseguir el cetro imperial. Llega el príncipe Chuisky
y comunica al soberano que en tierras de Polonia ha le-
vantado bandera de rebeldía un antizar, aduciendo ser el
heredero Dimitri, viviente aún por haber salido milagrosamente ileso del simulado accidente de caza que se perpetró
para poner fin a sus días. Cuando el receloso monarca expone su incertidumbre sobre si existe alguna posibilidad de
que el infortunado príncipe hubiera podido evadirse de la
celada que le tendieron, Chuisky, su consejero y cómplice
en aquel delito, le tranquiliza refiriendo minuciosamente de
qué forma se ejecutó el atentado y demuestra que la víctima
pereció irremisiblemente en la criminal asechanza. Los detalles y pormenores del pavoroso suceso reviven en la memoria de Boris Godunoff la angustiosa evocación del homicidio y sus sentidos se turban hasta el extremo de sufrir
una estremecedora alucinación: el espectro del príncipe
asesinado se aparece ante el zar regicida y éste, presa de
terror, sufre un síncope y se desploma al suelo inanimado.

ACTO TERCERO

CUADRO PRIMERO

Estancia suntuaria en el castillo de Sandomir. La joven Marina, hija del vaivoda Mnichek —título eslavo del soberano gobernador de un principado polaco—, se encuentra en la habitación, rodeada de sus doncellas. Aunque prestando aparente atención a las labores que ejecutan sus acompañantes, la hermosa muchacha está absorta pensando en el pretendiente a la corona de Rusia que se halla en Polonia desde hace algún tiempo y pide ayuda armada para la defensa de sus derechos. Marina ha recibido una declaración amorosa del llamado Dimitri, y si bien le consta que fue veraz al formularla pues está sinceramente enamorado de ella, es sabedora también que no es en realidad el egregio personaje cuya personalidad se atribuye, sino un mozo de origen muy humilde pero en extremo ambicioso que se fugó de un monasterio para lanzarse a la arriesgada aventura de alcanzar un trono sin más elementos de conquista que su osadía y denuedo. La empresa es peligrosa e incierto el resultado de la misma, pero la hija del vaivoda es tan ambiciosa como su galanteador, y, soñando en ser zarina de Rusia, acepta de antemano los riesgos que puedan presentarse y decide unir su suerte a la del audaz aventurero. El jesuita Rangoni, que sostiene una entrevista confidencial con Marina, acaba por afirmarla en su propósito al explicarle que el príncipe Dimitri le ha prometido que si consigue reinar algún día se convertirá al catolicismo y someterá el imperio ruso a la potestad eclesiástica de Roma.

CUADRO SEGUNDO

Una glorieta en los jardines del castillo de Sandomir. El solitario Gregorio aguarda allí a su amada, sumido en la penumbra nocturna que apenas disipa la claridad lunar que se filtra a través del ramaje de los árboles. En el castillo se está celebrando una fiesta que el vaivoda Mnichek ofrece a los magnates de su jurisdicción gubernamental y Marina aprovecha la oportunidad para granjearse la simpatía de los asistentes y atraerlos como aliados a la causa del apócrifo pretendiente. Llega el jesuita Rangoni y mantiene un cambio de impresiones con el fingido príncipe, interrogándole acerca del plan que se propone seguir en la campaña que va a emprender. Gregorio manifiesta que está dispuesto a iniciar inmediatamente la expedición militar contra Rusia, con la ayuda de los señores polacos o de manera independiente, pero sin perder más tiempo, pues sabe que la ambiciosa hija del vaivoda sólo le amará si se convierte en zar y por ello anhela triunfar para conseguirla y hacerla después su esclava; el clérigo le replica procurando apaciguarlo y recomendándole serenidad y paciencia si quiere alcanzar el éxito final de su empresa. La aparición de Marina en el jardín consigue calmar mejor el ánimo del turbulento muchacho que no las prudentes recomendaciones prodigadas por el jesuita. La recién llegada subyuga una vez más con su hermosura a Gregorio, aquieta sus ímpetus y le compromete a seguir los consejos de Rangoni. Cuando los enamorados quedan solos, se entregan a un apasionado coloquio en tanto llega lejano, a través del nocturno silencio de los jardines, el eco de la desenfrenada orgía que tiene lugar en el interior del castillo.

ACTO CUARTO

CUADRO PRIMERO

Descampado en el bosque inmediato al poblado ruso de Kromy. Una muchedumbre de campesinos moradores de las cercanías se ha dado cita en aquel apartado lugar para conspirar contra el tirano Boris Godunoff. Los frailes mendicantes Varlaam y Missail y varios agentes clandestinos de la causa del pretendiente avivan el movimiento revolucionario que se extiende por todo el país. La plebe, hambrienta y vestida de harapos, descarga su odio contra el zar profiriendo denuestos y haciendo mofa de uno de sus representantes, el boyardo Krutchoff, que capturado y conducido al bosque sirve de blanco para escarnecer en su persona al poderío y las riquezas de los opresores. Llega Gregorio a la cabeza del ejército que reunió en Polonia y ha penetrado ya en territorio ruso para derribar al usurpador del trono y liberar al país de su tiranía. El pueblo aclama entusiásticamente al falso Dimitri y voluntariamente pasa a engrosar las filas de sus huestes en la creencia de que es justa la causa que defienden y el cabecilla de la misma es el legítimo heredero del zar Iván. En medio del júbilo general por la llegada de la tropa invasora tan sólo se alza, airada y fatídica, la voz de un demente que se pretende visionario y al ser hostigado por la chiquillería pronostica la calamitosa era de miseria y terror que en un futuro inmediato asolará la nación bajo el signo devastador de la revolución que comienza.

Cuadro segundo

Sala de la Duma, en el Kremlin. Los boyardos, miembros de la asamblea legislativa del imperio, se hallan reunidos en consejo para tratar del inminente peligro de guerra civil que amenaza a Rusia. El secretario Andrei Tchelkaloff informa a los presentes que un numeroso ejército, formado por polacos entusiastas de la libertad y rusos descontentos, y que acaudilla el falso Dimitri, avanza hacia Moscú. Los componentes de la Duma acuerdan castigar la rebeldía del ilegal pretendiente condenándole a muerte. Entra en la sala el zar Boris Godunoff y su aspecto tiene una apariencia casi espectral, pues se halla muy enfermo y su razón está perturbada por constantes alucinaciones en las que cree ver al hijo del zar Iván acusándole de haberle arrebatado la vida. El único medio de aliviar la angustia del soberano enflaquecido y hacer desaparecer los remordimientos que torturan su conciencia, sería poder probar que el príncipe Chuisky, ejecutor bajo su instigación del infamante homicidio, se equivocó al perpetrarlo y dio muerte a otro adolescente en vez del designado, pero esta posibilidad es desvirtuada por el ermitaño Pimen cuando presta declaración ante el consejo. El anciano historiador refiere que en su peregrinación a la catedral de Uglitch, donde fue sepultado Dimitri, presenció el hecho milagroso de haber recuperado un pastor ciego el don de la vista, después de orar devotamente ante la tumba del príncipe asesinado. Aquel prodigio que evidencia el fallecimiento de la víctima predestinada y la existencia de su cadáver en la sepultura, sobrecoge el ánimo del culpable y le arrebata la postrer esperanza de redención. Deses-

perado y sintiéndose morir, Boris Godunoff hace entrega
del cetro imperial a su hijo Feodor, nombrándole su heredero e instándole para que sea un zar severo pero justo.
Después, el monarca agonizante exhorta a los boyardos para
que presten su apoyo y consejo al nuevo soberano de Rusia,
y arrepentido de todos sus crímenes, muere encomendán-
dose a la clemencia de Dios.

LOS CUENTOS DE HOFFMAN
(LES CONTES D'HOFFMANN)

Ópera en tres actos,
un prólogo y un epílogo

Música: Jacobo OFFENBACH   Libreto: Julio BARBIER
inspirado en las narraciones de Guillermo Amadeo HOFFMANN

Estreno: París, 10 febrero 1881

REPARTO

HOFFMAN, poeta .... Tenor
NICLAUS, su amigo .... Soprano
OLYMPIA, muñeca mecánica .... Soprano
JULIETA, cortesana .... Soprano
ANTONIA .... Soprano
COPPELIUS .... Diferentes encar-⎫
                  naciones del   ⎬
                      diablo   Barítonos
DAPERTUTTO ....   ⎭
DOCTOR MIRACLE
LUTHER, mesonero .... Bajo
SCHLEMIL, enamorado de JULIETA ...... Bajo
SPALANZINI, inventor .... Tenor
CRESPEL, padre de ANTONIA .... Bajo

Lugar de la acción: Varias ciudades europeas
Época: Siglo XIX

PRÓLOGO

I NTERIOR del mesón del Luther. Al penetrar en la sala el
poeta Hoffman y su amigo Niclaus, son calurosamente
recibidos, con cantos de bienvenida y aclamaciones, por los

jóvenes estudiantes que admiran el talento del notable escritor. Todos beben y brindan alegremente y tan sólo Hoffman permanece algo frío ante la animación reinante. Entonces los muchachos, en broma, le acusan de estar enamorado. Él se defiende negando, y para demostrarles que no es lo que ellos creen, acepta contar la historia de tres extrañas pasiones que le atormentaron en otro tiempo, desengañándole para siempre del amor. Todos escuchan atentamente los singulares e interesantes relatos del poeta, los cuales componen un acto de la obra cada uno de ellos.

ACTO PRIMERO

Salón en la casa del inventor Spalanzini. Este hombre genial ha logrado construir una gran muñeca del tamaño de una persona normal, que, movida por complicados resortes y hábiles mecanismos, gesticula y habla como un ser humano. Éste prodigioso autómata, que tiene la apariencia de una bella y atractiva doncella, lo ha bautizado el inventor con el nombre de Olympia y lo presenta a todo el mundo como su propia hija. Conducidos por el diablo, que se ha encarnado bajo la forma del mercader Coppelius, llegan Hoffman y su amigo Niclaus a la casa de Spalanzini. Tan pronto el poeta ve a Olympia queda preso en las redes de su ficticia hermosura. Dirigiéndose al demoníaco mercader, pregunta cómo podría arreglárselas para conseguirla. Éste trama una estratagema gracias a la cual la muchacha le es cedida y puesta en manos del ilusionado escritor. Olympia, aunque no posee raciocinio, canta y baila como podría hacerlo una joven de su edad. Hoffman enloquece más y más por ella sin que los sensatos consejos que le prodiga su leal amigo Niclaus logren alejarle de la maléfica casa. Mas la Providencia viene en su ayuda: en la desenfrenada danza que Olympia ejecuta, un resorte interior se rompe y la muñeca se desploma instantáneamente al suelo desarticulada. Ante la evidencia, Hoffman tiene que confesar que la pasión le había cegado y convencerse de que lo que él creía inmenso amor no era más que el momentáneo capricho por un autómata de seductora apariencia.

ACTO SEGUNDO

Terraza de un palacio veneciano contiguo a un canal. El suntuoso edificio está habitado por la cortesana Julieta, que rodea su belleza de lujos y esplendores. Ella y su amante del momento, Dapertutto, cantan una inspirada barcarola coreada por los mozos y doncellas que se encuentran cerca de ellos. Deslizándose por el canal llegan Hoffman y su inseparable Niclaus. El poeta queda hechizado ante los encantos de la sensual Julieta y es en vano que su prudente compañero le presione para hacerle proseguir su camino sin detenerse en aquel ámbito de pecado. Dapertutto, que no es otro que el diablo en una de sus distintas apariencias, trata de nuevo de tentar a Hoffman para conseguir la condenación de su alma, valiéndose esta vez de la atractiva cortesana que es su fiel instrumento. Ésta finge ceder a los requerimientos del poeta y le brinda la llave de su alcoba si la libra del apasionado Schlemil, joven enamorado que la importuna con sus pretensiones amorosas. Hoffman desafía a este desdichado muchacho y en el duelo que sostienen le da muerte. Pero una vez el crimen cometido, el poeta contempla con estupefacción cómo la pérfida Julieta se aleja en una góndola en brazos de Dapertutto, en tanto él, pobre iluso con las manos teñidas de sangre, recibe otra cruel lección que le prueba la versatilidad de los amores de la carne.

ACTO TERCERO

Habitación modesta en casa de Crespel. A este honesto hogar ha llegado el dolorido Hoffman, y, como bálsamo para su desengañado corazón, se aferra a una última pasión, amando desesperadamente a la ingenua Antonia. Ésta le explica que es hija de una famosa cantante que triunfó en otro tiempo y murió cuando ella era pequeñita y desde entonces vive a solas con su padre, el viejo Crespel, y sueña siempre con poder emular la gloria de la bella mujer que le dio el ser. Como intenta cantar, su padre la riñe, prohibiéndole hacerlo, pues esto perjudica en gran manera sus delicados pulmones. Mas ella, para complacer a Hoffman, entona varias

canciones con su deliciosa voz. El doctor Miracle, que es el
diablo en otra de sus manifestaciones, se introduce en casa
con pretexto de visitar a la enfermiza doncella. Mágicamente
le muestra en una aparición la sombra de su difunta madre,
que la aconseja cantar. Ella obedece ciegamente el mandato
del espectro, y al forzar su frágil voz realiza un esfuerzo tan
grande, que su delicado pecho no puede soportarlo. Cae
sin aliento en brazos de Hoffman, y mientras le dice que ha
sido el único amor de su breve existencia, se extingue dulcemente.

EPÍLOGO

El mismo decorado del prólogo. El poeta Hoffman, rodeado de sus admiradores, acaba su narración. De los tres
casos que ha relatado extrae la conclusión de que ninguno
de los amores que azotaron su alma como un vendaval
de locura —amor de belleza que le inspiró la hermosa Olympia, amor de la carne que sintió por la sensual Julieta
y amor del alma que experimentó por la pureza de la ingenua Antonia— le ha servido para otra cosa más que para
desengañarle totalmente, cada uno en su especialidad, de las
pasiones mundanales. Todos escuchan con respeto la ex-
periencia triste del gran escritor que, como conclusión de
sus historias, dice que ha acabado amando únicamente a la
Musa de su inspiración, mujer inmaterial que incansablemente permanece a su lado fiel y constante. Y para evo-
carla mejor, se adormece suavemente, pues tan sólo en la
tranquilidad del sueño se le aparece por completo.

LA GIOCONDA

Ópera en cuatro actos

Música: Amílcar PONCHIELLI   Libreto: Arrigo BOITO
adaptado de un drama de VÍCTOR HUGO

Estreno: Milán, 8 abril 1876

REPARTO

LA GIOCONDA, cantante callejera	Soprano
LA CIEGA, su madre	Contralto
ENZO GRIMALDO, noble genovés	Tenor
ALVISE, jefe de la Inquisición	Bajo
LAURA, su esposa	Mezzo-soprano
BARNABA, espía de la Inquisición	Barítono
ZUANE, gondolero	Bajo

Lugar de la acción: Venecia
Época: Siglo XVII

ACTO PRIMERO

P LAZA enfrente del palacio del Dux. En ella está situado el buzón donde se depositan las denuncias anónimas que se hacen al Tribunal de la Inquisición. Un grupo de alegres venecianas y venecianos cantan y bailan contemplados desde un rincón de la plaza por el espía Barnaba, al acecho siempre de que alguien cometa una falta para informar a los inquisidores. Este agente del Santo Tribunal ama a la cantante de coplas conocida en la ciudad con el nombre de la Gioconda. Ésta aparece conduciendo a su vieja madre ciega y Barnaba aprovecha la oportunidad para declararle la pasión que le inspira, mas la muchacha se aleja de él con repugnancia mientras busca al rico genovés Enzo, del que está enamorada. Llega a la plaza el gondolero Zuane, que acaba de ser vencido en unas regatas, y el pérfido espía, para vengarse de los desdenes de la Gioconda, le dice que la vieja ciega le ha echado un sortilegio que con su maléfico hechizo le ha impedido vencer. El gondolero, dominado por la cólera, intenta maltratar a la pobre anciana cuando aparece Enzo y lo impide.

Entran también el juez inquisidor Alvise y su bella esposa Laura, que sostiene secretamente relaciones amorosas con el noble genovés. Laura suplica a su marido que tome bajo su protección a la vieja mujer, la cual, conmovida por este generoso rasgo, hace entrega a la compasiva dama de su rosario, como prueba de gratitud. En tanto, el espía Barnaba ha observado las miradas apasionadas que Laura y Enzo se dirigían, y, para deshacerse de este rival en el amor de la Gioconda, trama una intriga a fin de perderle. Llevándoselo aparte, le dice que Laura le visitará aquella noche en la embarcación que tiene anclada en el muelle veneciano, a cuya noticia el joven aristócrata escapa para preparar un digno recibimiento a su amante. El vil espía informa después de lo mismo a Alvise, dándole cuenta de la hora y lugar exactos en donde podrá comprobar la infidelidad de su esposa. La Gioconda, que oye esta declaración, se ve asaltada por los celos al saber que Enzo ama a otra. Seguidamente aparece el coro de lindas muchachas y mozos venecianos, y bailan en medio de la plaza la famosa danza llamada "furlana".

ACTO SEGUNDO

Puente de un navío amarrado en el puerto de Venecia. El espía Barnaba, disfrazado de pescador, canta en compañía de unos marineros. Después de mandar a uno de ellos a prevenir en su nombre a las galeras de la policía del Dux, se esconde. Llega Enzo a su buque y es saludado con aclamaciones por toda la tripulación. Él se siente feliz entre cielo y mar y cuando aparece su amada Laura la introduce a bordo diciendo que levarán anclas aquella madrugada para zarpar con las primeras luces de la aurora. Pero su dicha es turbada por la llegada de la celosa Gioconda, que disputa el cariño del hombre querido con la rival que se lo arrebata. Extrayendo una daga que llevaba escondida, se dispone a apuñalar a Laura, cuando percibe el rosario de su madre que aquélla lleva al pecho, y al recordar el generoso comportamiento con la pobre ciega, desecha su criminal propósito y se le ofrece como amiga. En aquel momento aborda el buque una de las naves de la policía conduciendo al marido de Laura, y la Gioconda, para salvarla del compromiso en que se encuentra si es sorprendida, la ayuda a escapar. Seguidamente informa a Enzo que los agentes del Dux vienen a prenderle, habiendo sido denunciado por el espía Barnaba. El joven genovés, prefiriendo perder su buque antes que entregarlo al innoble esbirro de los inquisidores, le prende fuego por su propia mano, poniéndose a salvo después.

ACTO TERCERO

Salón en el palacio de Alvise. Este inflexible juez, aunque no ha podido comprobar plenamente la infidelidad de su esposo, decide que, para expiar sus aparentes ligerezas, perezca aquella misma noche. Así, pues, le ordena que beba un brebaje que contiene veneno y se libre ella misma de una vida que no ha sabido soportar con dignidad. La sumisa esposa promete obedecerle, mientras la Gioconda, que reconocida por el bien que hizo a su madre vela por ella, substituye el veneno de la copa por un fuerte narcótico. Laura lo ingiere y cae sumida en profundo letargo. Alvise, creyendo que ha muerto ya, abre las puertas del salón a sus invitados, a los que ofrece una gran fiesta en la que se ejecuta la deliciosa "Danza de las Horas". El implacable Barnaba dice a Enzo, que es uno de los convidados, que su amada ha muerto. En su desconsuelo éste trata de desenmascarar al anfitrión acusándole de celebrar un baile en su casa, donde hay una persona de cuerpo presente. Al escándalo que produce esta grave denuncia acuden los guardias, que arrestan a Alvise, el cual, antes de abandonar el salón, descorre una cortina y muestra el inanimado cuerpo de Laura, a la que dice ha dado muerte él mismo. Todos los comensales quedan petrificados de horror. Enzo trata de vengar a la que supone su difunta amada, asesinando al cruel marido, pero varios invitados lo detienen, y mientras los guardias se llevan a Alvise, él queda preso bajo la custodia de Barnaba. Entonces la Gioconda ofrece a éste acceder a su amor si pone en libertad a Enzo, trato que acepta el apasionado espía con la esperanza de poder poseer al fin a la mujer que ambiciona.

ACTO CUARTO

Ruinas de un castillo emplazado en la costa del mar Adriático. Hasta este apartado refugio ha conducido la abnegada Gioconda el aletargado cuerpo de Laura. Una vez llegada, dice a los hombres que la han ayudado a evadirse que vayan en busca de su anciana madre, pues teme que sus perseguidores no se venguen en la infeliz ciega. Aparece Enzo y Laura empieza a despertar de su pesado sueño. Los dos amantes se abrazan tiernamente y juran no separarse jamás. La desdichada Gioconda contempla este idilio con tristeza, pues piensa que está condenada a una eterna soledad, y después de ayudar generosamente a los dos amantes a ponerse a salvo, decide morir. Cuando se dispone a engullir una pócima venenosa, aparece el espía Barnaba que viene a reclamar la promesa que le hizo. Ella finge estar dispuesta a cumplir la palabra empeñada, puesto que él cumplió con la suya, mas aprovechando una distracción del espía, saca su daga y se apuñala el pecho. El cruel Barnaba, viéndola moribunda, aún tiene tiempo de amargar sus últimos instantes de vida, diciéndole pérfidamente que antes de venir en su busca había dado muerte a su vieja madre.

LA BOHEMIA
(LA BOHÈME)

Ópera en cuatro actos

Música: Jacobo PUCCINI   Libreto: José GIACOSA y Luís ILLICA
inspirado en "La vie de Bohème" de Enrique MURGER

Estreno: Turín, 1.º febrero 1896

REPARTO

RODOLFO, poeta .... Tenor
SCHAUNARD, músico compositor .... Barítono
MARCELO, pintor .... Barítono
COLLINE, filósofo .... Bajo
BERNARD, propietario .... Bajo
ALCINDORO, burgués parisiense .... Bajo
MIMÍ .... Soprano
MUSSETTE .... Soprano

Lugar de la acción: París
Época: Año 1830

ACTO PRIMERO

BUHARDILLA de un edificio parisiense del Barrio Latino. El poeta Rodolfo y el pintor Marcelo están quemando en la chimenea uno de los manuscritos de versos del primero, a fin de preservar la estancia del terrible frío de aquella noche invernal. Aparecen el compositor Schaunard y el filósofo Colline, que son los otros dos bohemios que habitan la buhardilla, trayendo algunos alimentos, vino y comestibles adquiridos con el dinero producido por una composición que el músico ha conseguido vender. Mientras cenan en alegre camaradería, se les presenta el propietario de la casa, Bernard, reclamando las mensualidades atrasadas. Como lo acogen amistosamente y le ofrecen brindar con ellos, pronto olvida la misión que le traía y no se habla más del cobro. Los astutos bohemios comienzan a contar extrañas y libertinas historias para escandalizar al timorato propietario, de cuya importuna presencia se libran empujándolo a empellones hacia la puerta. Una vez libres de su acreedor, los bohemios deciden gastar el dinero que correspondía al alquiler en una francachela en el popular Café de Momo.

Rodolfo se queda solo en la estancia, pues quiere acabar de escribir un artículo para un periódico. A poco entra Mimí, una bella y enfermiza joven que vive en el piso contiguo, y pide luz para su vela, pues se ha apagado y no tiene cerillas. Mientras permanece en el umbral de la puerta sufre un violento acceso de tos y Rodolfo la acoge en sus brazos para reanimarla. Después de haberse presentado mutuamente, y repuesta ya la joven de su momentáneo desfallecimiento, trata de salir, cuando observa que ha extraviado la llave de su cuarto. Una ráfaga de viento apaga su vela y la de Rodolfo, y aun cuando éste ha encontrado ya la llave, finge buscarla en la oscuridad ayudado por la débil muchacha, que iluminada por un rayo de luna se le aparece tan extraordinariamente bella, que no puede menos de declararle la pasión que le inspira. El dueto amoroso que sostienen, en el cual cantan un inspirado *raconto*, es interrumpido por los gritos de los bohemios que desde la calle reclaman a su camarada para que se una a ellos. Rodolfo invita a Mimí a que le acompañe al restaurante, donde podrá comer algo, y ella acepta tiernamente agradecida.

ACTO SEGUNDO

Terraza del Café Momo, donde los artistas se reúnen para celebrar la Nochebuena. Aquí acuden los cuatro bohemios en compañía de Mimí. Al poco rato de haberse sentado alrededor de una mesa, aparece la ligera Mussette, una ex amante que fue de Marcelo, prendida del brazo de un rico e infeliz anciano llamado Alcindoro. Mussette canta el famoso vals de su nombre, y tratando de atraer la atención de su amado pintor y a fin de quedar libre a su lado, envía

a su viejo acompañante a buscar un par de zapatos a su
casa, con el pretexto de que los que lleva le hacen daño.
Sale Alcindoro, y Mussette se une a los bohemios. Éstos se
dan cuenta de pronto de que no tienen bastante dinero para
pagar las bebidas que han consumido, mas la frívola muchacha les dice que no se apuren por ello, y llamando al ca-
marero, ordena cargar el gasto a la cuenta de su anciano
adorador. Todos salen llevando triunfalmente en hombros
a Mussette. Al aparecer el abandonado Alcindoro con el par
de zapatos en la mano, casi se desmaya del susto al ver
lo crecida que es la nota de los gastos realizados en el café.

ACTO TERCERO

Fielato de una de las puertas de París, en la que se ve
a un lado la fachada de una hospedería. Es una cruda mañana de invierno y nieva copiosamente. Pasan algunas obreras y obreros que van a sus trabajos ateridos de frío. Aparece
Mimí y manda por un guardia a Marcelo, que se encuentra
en el interior del mesón, no pintando precisamente cuadros,
sino letreros e insignias comerciales, a lo cual se ha visto
reducido para ganarse la vida. La joven le dice que está
decidida a separarse de Rodolfo por los terribles celos con
que la atormenta. El pintor, a fin de arreglar la cosa, llama
a éste, que también se halla en el interior de la hostelería,
y le hace algunas reflexiones mientras Mimí permanece
escondida tras unos árboles. Mas un ataque de tos delata su
presencia y Rodolfo se une a ella. Los dos amantes recuerdan con nostalgia las felices horas que han pasado juntos,
en tanto Marcelo riñe a su vez estrepitosamente con Mussette, a la que acusa de coquetear con otros hombres. Las
cómicas expresiones de esta querella contrastan vivamente
con las melancólicas palabras de Mimí y Rodolfo, quienes
sin fuerza para romper el tierno lazo que los une, se recon-
cilian de nuevo y deciden afrontar con triste resignación el
porvenir que el destino les depare.

ACTO CUARTO

La misma buhardilla del acto primero. Rodolfo y Marcelo, al fin abandonados por sus amantes, fingen trabajar,

escribiendo el uno y pintando el otro, cuando en realidad no hacen más que pensar en ellas. Aparecen los otros dos bohemios, Schaunard y Colline, trayendo un poco de pan y viandas, con lo que improvisan una cena que, gracias a su imaginación, se convierte en opíparo banquete. De pronto penetra en la buhardilla la afligida Mussette acompañando a Mimí, que está gravemente enferma. Los bohemios la acogen con cariño, tendiéndola sobre el mísero camastro, en tanto todos se movilizan activamente para atenderla lo mejor posible. Marcelo sale disparado en busca de un médico; Colline decide empeñar su viejo abrigo, única prenda que le queda, para obtener algunas monedas con que poder comprar medicamentos, y Rodolfo, que está como enloquecido de dolor, vela atentamente a la débil Mimí sentado junto a su cabecera.

Olvidando el pasado, los dos amantes se prometen tiernamente una reconciliación venturosa, que ha de ser como un interminable plazo de paz que unirá para siempre sus vidas. Cuando la felicidad parece sostenerlos, un nuevo desvanecimiento de Mimí los trae de nuevo a la triste realidad, alarmando a todos por su gravedad. Rodolfo se precipita en busca de sus compañeros que llegan con lo que han podido conseguir, en tanto Mussette administra una medicina que ha preparado, rogando a la Virgen que salve a su desventurada amiga. Schaunard, que se halla al lado de la cama, comunica a Marcelo en voz baja que Mimí acaba de expirar. Rodolfo adivina en las compasivas miradas de sus amigos el trágico desenlace, y, llorando desconsoladamente, abraza el inanimado cuerpo de su amada, en tanto Mussette se arrodilla para rezar por su alma.

MADAME BUTTERFLY

Ópera en tres actos

Música: Jacobo Puccini Libreto: José Giacosa y Luis Illica
adaptado de la obra de John Luther Long y del drama de
David Belasco

Estreno: Milán, 17 febrero 1904

Reparto

Cho-Cho-Sau (Madame Butterfly).......	Soprano
Suzuki, su sirvienta	Mezzo-soprano
Kate Pinkerton	Mezzo-soprano
Pinkerton, teniente de navío	Tenor
Sharpless, cónsul norteamericano ...	Tenor
Goro, casamentero	Tenor
Yamadori	Barítono

Lugar de la acción: Nagasaki (Japón)
Época: Actual

ACTO PRIMERO

J ARDÍN de una casita japonesa, totalmente cubierto de flores primaverales. El teniente de navío Pinkerton, encontrándose de paso en Nagasaki en unas maniobras de la escuadra norteamericana, desea gozar de la compañía de una hermosa hija del país durante su permanencia en él, encargando al casamentero Goro de esta misión. Éste llega hasta la villa que habita la ingenua y dulce Cho-Cho-Sau y le propone unirla en matrimonio con el teniente americano, unión que ha de durar sólo el tiempo que él viva allí, quedando después la joven libre para buscarse otro marido, de acuerdo con la costumbre japonesa así establecida. Cho-Cho-Sau, a quien su pretendiente bautiza con el alegre nombre de Madame Butterfly (Señora Mariposa), acepta este trato, pero es tanto el amor que le inspira el gentil marino, que desea atar más estrechamente los lazos que les unen y propone celebrar una ceremonia por la cual se libra de todas las leyes japonesas, y la une a su vez con el hombre que quiere, imposibilitándola más tarde de juntarse con ningún otro. Sharpless, cónsul de los Estados Unidos en Nagasaki, se da cuenta de la sinceridad de la muchacha al contraer este nuevo compromiso y aconseja a su amigo disuadirla de su ingenuo propósito. Mas Pinkerton se ríe de sus pueriles escrúpulos y la ceremonia se efectúa, renunciando su amante a las creencias y costumbres de su pueblo para adoptar las europeas de su consorte. Al acabar de formular los juramentos de ritual, aparece el tío de Butterfly, el cual la increpa y maldice por haber renegado de su antigua religión. Pinkerton lo arroja del jardín, divertido en el fondo por todos estos sucesos que le parecen muy pintorescos sin ver que en ellos se juega el corazón de una joven romántica, y aleja también a los asistentes a la ceremonia. Después, trata de consolar a su esposa de las desagradables palabras del irascible viejo. Pronto el encanto de la noche ejerce su maravilloso influjo sobre ellos, y, después de un tierno y apasionado dúo, entran en la casa amorosamente abrazados.

ACTO SEGUNDO

Interior de la casita de Butterfly. Han transcurrido tres años. La primavera ha vuelto, con sus flores y bonanzas, mas la triste japonesita está sola con su sirvienta Suzuki, pues el teniente Pinkerton hace ya tiempo que partió para la lejana América. No obstante, ella le espera siempre, día tras día, sin desesperar, pues le prometió regresar y tiene fe en su palabra. En tanto, reconviene a la criada porque duda del retorno del marido. Aparece el cónsul Sharpless, trayendo una carta de Pinkerton en la cual le suplica ponga en conocimiento de Butterfly su próxima llegada acompañado de su esposa norteamericana, informándola bien de esto para prevenir un posible escándalo. Pero el gozo de la joven al contemplar la escritura de su amado y saber su inmediata llegada es tan inmenso, que el cónsul carece de valor para explicarle el resto del comunicado. Butterfly rechaza las proposiciones del casamentero Goro que le brinda la oportunidad de unirse con el rico Yamandori, noble japonés que se ha prendado de su belleza. Cuando tratan de convencerla de que, ante la ley, todo el tiempo que ha estado separada de Pinkerton equivale a un divorcio, ella exclama: "Esto será para una japonesa, mas no para una norteamericana como yo." Y para apoyar sus razonamiento les muestra su tierno hijo, nacido de sus amores con el teniente y que tiene el derecho de ostentar la nacionalidad del padre. El cónsul abandona la casa tristemente, presintiendo una tragedia, al percibir los cañonazos del puerto que anuncian la llegada del buque americano. Butterfly engalana el salón con flores para recibir dignamente al amado. Anochece lentamente, y mientras Suzuki se adormece en un rincón con el pequeño en brazos, la joven japonesa vela ansiosamente, contemplando a través de la ventana cómo las luces se encienden en la ciudad y las estrellas se iluminan sobre el negro manto del firmamento.

ACTO TERCERO

El mismo decorado del acto anterior. Butterfly permanece en la misma actitud que quedó al caer el telón; habiendo esperado inútilmente toda la noche y sorprendida ahora por las primeras claridades del amanecer, Suzuki y el pequeñuelo despiertan y la sirvienta presenta éste a su madre para que lo bese y la persuade después para que se retire a descansar un rato. El día avanza paulatinamente. Al fin, llegan a la casita el teniente Pinkerton y el cónsul Sharpless, acompañando a una bella dama ataviada a la moda europea. Ésta no es otra que Kate, la esposa norteamericana del marido. Ellos informan a Suzuki de la verdad y ésta se horroriza cuando piensa en la desgarradora conmoción que la noticia producirá en su joven ama.

Pinkerton, emocionado por las flores, los muebles y la visión de todo lo que le recuerda un feliz pasado, no puede resistir la punzante evocación y se retira. En tanto, su esposa propone adoptar el hijo de su marido y Butterfly. Ésta aparece al ser formulada la proposición, y adivinando la terrible verdad, procura dominar la agitación y la pena que la consumen, y con una dolorosa serenidad dice a Kate que su marido tendrá el niño si viene a buscarlo personalmente dentro de media hora. La señora promete que así lo repetirá a Pinkerton y vase de la casa en compañía del cónsul. Al quedar sola la afligida Butterfly, se apresura a coger a su hijo, le venda los ojos y, poniendo en sus manitas una diminuta bandera norteamericana, lo sienta en el centro de la habitación. Realizado esto, se retira ella detrás de un biombo, se arrodilla para rezar una breve oración a los dioses japoneses que con tan mala ventura abandonó, y empuñando una vieja espada que había pertenecido a su padre y lleva en su acero grabada esta inscripción: "Morir con honor cuando no se puede vivir con él", se la hunde en el pecho, suicidándose. Cuando aparecen Pinkerton y el cónsul, que vienen a buscar al niño, la desdichada Butterfly ha expirado ya.

TOSCA

Ópera en tres actos

Música: Jacobo PUCCINI   Libreto: José GIACOSA y Luis ILLICA
basado en el drama homónimo de Victoriano SARDOU
Estreno: Roma, 14 enero 1900

REPARTO

FLORIA TOSCA, cantante de ópera .... Soprano
MARIO CAVARADOSSI, pintor .... Tenor
BARÓN SCARPIA, jefe de policía .... Barítono
CESARE ANGELOTTI .... Bajo
UN SACRISTÁN .... Barítono
SPOLETTA, agente de policía .... Tenor
SCIARRONE, carcelero .... Bajo

Lugar de la acción: Roma
Época: Año 1800

ACTO PRIMERO

INTERIOR de la iglesia de San Andrés. Mario está pintando un cuadro que representa la Madonna, habiéndole servido de modelo una bella joven desconocida que todas las mañanas se arrodilla ante un altar próximo, para rezar sus oraciones. Mientras ejecuta su labor, un sacristán contempla extasiado la obra. El pintor, que está enamorado de la famosa cantante Tosca, observa con asombro la inquietante semblanza que tiene su Madonna con ella, habiendo así inconscientemente asociado la pureza de una Virgen con la frívola apariencia de una actriz. De repente, su amigo Angelotti se precipita en el atrio explicándole que preso por motivos políticos, acaba de evadirse de la cárcel. Mario lo esconde detrás de un confesonario aconsejándole que para poder salir del templo sin llamar la atención lo mejor es disfrazarse con las ropas femeninas de su modelo, que resulta ser la propia hermana del fugado. Aparece Tosca y observando que Mario está inquieto y nervioso, se siente celosa. Cuando le propone dar un paseo en su compañía, cosa a la cual él se niega, sus celos aumentan y más aún al reconocer en el dulce rostro de la Madonna el semblante ingenuo de la hermana de Angelotti. Su amante consigue contener sus reproches y disipar sus dudas jurándole sinceramente que tan sólo sus hermosos ojos hechiceros hacen palpitar su enamorado corazón.

Una vez tranquilizada la cantante, sale de la iglesia y Mario ayuda a huir a Angelotti. Poco después entra el jefe de policía, barón Scarpia, acompañado de un agente, siguiendo ambos el rastro del fugitivo. Al negar el pintor haber visto a nadie, el polizonte descubre un abanico de mujer y sospecha que allí se ha tramado algo para encubrir al hombre que buscan. Tosca regresa inopinadamente y Scarpia, que experimenta una insensata pasión por ella, la acoge con una gentil salutación llamándola: "Divina Tosca". Seguidamente le muestra el abanico preguntándole si es de su propiedad y ella se encoleriza a la vista de esto que cree una nueva prueba de la infidelidad de su amante. Entre tanto, una procesión de fieles y sacerdotes desfila por el interior de la iglesia cantando solemnemente el "Te Deum".

ACTO SEGUNDO

Salón del palacio Farnesio. El barón Scarpia envía una nota a Tosca invitándola a visitarle inmediatamente si desea tener noticias de Mario, pues éste ha sido preso por estar complicado en la evasión de Angelotti. El pintor es introducido en la cámara de tormento contigua al salón, donde es cruelmente torturado por negarse a denunciar el escondite de su amigo. Al entrar Tosca y percibir los gritos de dolor de su amante, descubre el paradero del prófugo, a fin de evitarle nuevos sufrimientos. Mario es traído de nuevo al salón, medio desvanecido en brazos de sus verdugos, pero aún le quedan fuerzas para reprender a Tosca por haber delatado al infeliz Angelotti. Scarpia ordena que lo lleven a una mazmorra y lo guarden encerrado hasta nueva orden.

Al quedar a solas con la hermosa cantante, el enamorado barón le propone un pacto: él dejará en libertad a su amante si ella se le entrega aquella misma noche. La afligida Tosca vacila un instante, pero es tanto el cariño que profesa a Mario, que al fin accede a sacrificarse por él. El ilusionado barón manda preparar una copiosa cena en tanto informa a la cantante que para cubrir las apariencias tendrá lugar un ficticio fusilamiento del reo en el cual los soldados dispararán con pólvora sola y quedará así con vida e ileso el supuesto ajusticiado. Acto seguido extiende un pasaporte en el cual autoriza a ella y al pintor para circular libremente por la ciudad, que podrán abandonar cuando les plazca sin encontrar ningún obstáculo. Al sellar el precioso documento, Tosca, que no puede vencer la repugnancia que le inspira el pensamiento de complacerle en sus torpes deseos, empuña un pequeño puñal y le acuchilla el corazón. Realizado el crimen, extiende el cadáver en medio de la sala, coloca un crucifijo sobre su pecho y un par de candelabros a su lado y después de murmurar una corta plegaria por su alma de malvado, sale furtivamente llevándose el valioso pasaporte.

ACTO TERCERO

Terraza del castillo de San Angelo. Las primeras luces del amanecer iluminan tenuemente la ciudad de Roma, que se divisa en la lejanía. Mario es prevenido por un carcelero de que dentro de breves instantes será fusilado. El pintor siente abandonar la vida, tan bella y sonriente, y canta una inspirada canción dándole su postrer adiós. También traza una nota despidiéndose de Tosca, cuando ésta aparece y trata de tranquilizarlo al repetirle lo que le prometió Scarpia, según lo cual su existencia no corre ningún peligro, puesto que no se hará más que un simulacro de ejecución. Al mostrarle el pasaporte liberador, Mario vislumbra una posibilidad de escapar y estrechamente abrazados entonan un amoroso dueto seducidos por la esperanza de un dichoso porvenir. Llega un piquete de soldados y mientras Tosca se esconde, ellos se alinean delante del condenado y disparan sus fusiles sobre él. Regresa Tosca después de haber oído las detonaciones y al acercarse a su amante que se encuentra tendido sobre el enlosado, comprueba con horror que no ha habido substitución de las balas, y el plomo de éstas lo ha matado realmente partiéndole el corazón. La crueldad del pérfido Scarpia había llegado hasta el extremo de engañarla en esto, como si pretendiera burlarse aún de ella más allá de la tumba. Los soldados, que acaban de enterarse del asesinato del jefe de policía, retornan a la terraza para prender a Tosca como presunta culpable del crimen. Mas la desesperada cantante no les da tiempo de capturarla, pues antes de que lleguen a ella se arroja desde lo alto del parapeto al abismo que se abre a sus pies, en donde ha de encontrar el fin de una existencia infortunada que sólo dolor y crueldades le ha deparado.

LA LEYENDA DEL ZAR SALTAN

Ópera en un prólogo y cuatro actos,
los dos últimos divididos en dos cuadros cada uno

Música: Nicolás Andreievich RIMSKY-KORSAKOFF
Libreto: Joaquín BIELSKY
basado en un cuento legendario de A. S. PUSCHKIN

Estreno: Moscú, 12 octubre 1900

REPARTO

EL ZAR SALTÁN	Bajo
LA ZARINA MILITRISA, su esposa	Soprano
EL ZAREVICH GUIDON, su hijo	Tenor
LA PRINCESA-CISNE	Soprano
LA COCINERA, hermana mayor de la za- rina	Soprano
LA HILANDERA, hermana segunda de la zarina	Mezzo-soprano
LA COMADRE BABARIJA	Mezzo-soprano
UN MENSAJERO	Bajo
UN BUFÓN	Bajo
UN BOYARDO	Tenor
EL MOSCARDÓN	Bailarín

Lugar de la acción: Rusia
Época: Legendaria

PRÓLOGO

INTERIOR de una cabaña situada en pleno bosque. La comadre Babarija, una vieja con mañas y aspecto de hechicera,
tiene bajo su potestad a tres jóvenes hermanas a las que
obliga a hilar incesantemente. Pero cuando las dos muchachas mayores dan muestras de fatiga, la anciana les permite

complacidamente que abandonen las ruecas y descansen, mientras que acremente exige a la menor de las hermanas que sin interrupción en el trabajo realice las más pesadas labores domésticas. En tanto la jovencita trajina activamente acarreando leña para encender el hogar, llenando de agua las vasijas y preparando la comida, las otras dos hermanas se solazan en el ocio escuchando a la vieja comadre ensalzar su belleza y asegurarles que ambas son merecedoras de que el propio soberano de Rusia las tome por esposas. Casualmente, el zar Saltán, que se halla de cacería en el bosque, ha llegado en aquel instante hasta la choza y se detiene en el umbral de la puerta para escuchar, sin ser visto, la conversación que sostienen la anciana y las tres muchachas. La mayor dice que si el monarca ruso la convirtiera en su mujer, organizaría fastuosos banquetes cuyos manjares condimentaría ella misma, pues su ideal sería ser cocinera; la segunda dice que tejería de continuo hasta conseguir confeccionar telas preciosas con ricos recamados, pues anhelaría ser hilandera; al ser preguntada la menor, manifiesta que si llegara a ser zarina no tendría más ambición que hacer feliz a su esposo y poder darle un hijo humanamente perfecto que al crecer se convirtiera en un héroe. El zar Saltán penetra entonces en la cabaña e invita a las tres jóvenes a acompañarle a la corte, asegurando que, cautivado por la hermosura y atinado criterio de la menor, va a desposarse con ella a la vez que tiene el propósito de convertir a la mayor en Cocinera y a la segunda en Hilandera. Mientras el monarca se lleva a la doncella de su predilección, las otras dos hermanas, enfurecidas y despechadas por considerarse víctimas de menosprecio, se confabulan con la comadre Babarija para eliminar a la afortunada elegida, a la que odian como una rival.

ACTO PRIMERO

Una terreza en el palacio del zar en que se divisa la orilla del mar al otro lado de la balaustrada. La humilde jovencita del bosque, elevada a la dignidad de zarina con el nombre de Milistrina, aparece melancólica y abrumada por tristes presentimientos, en medio de la esplendorosa corte que la rodea. Sus dos hermanas, a pesar de la malquerencia que le profesan, se ven obligadas a atenderla y con fingidas muestras de afecto la agasajan y obsequian: la mayor, la Cocinera, con exquisitas golosinas, y la segunda, la Hilandera, con preciosos tejidos. El Bufón de palacio se esfuerza, con sus chanzas y piruetas, en disipar la tristeza de la soberana, sin conseguir que la sonrisa asome a sus labios, pues hondo pesar se ha enseñoreado de su ánimo desde hace varios años: el zar Saltán, cumpliendo el ofrecimiento que hizo en la choza, convirtió a la muchacha en su esposa, mas poco después de la boda partió para una campaña bélica en tierras lejanas de la que no regresó; durante la prolongada ausencia del monarca, ella dio a luz un hijo que tal como deseaba era un portento de belleza viril, e inmediatamente después del natalicio envió un Mensajero al campo de batalla para que transmitiera la feliz nueva; hasta aquel entonces, a pesar de los años transcurridos, no han recibido contestación alguna a su mensaje, siendo tal la causa de la profunda pena que de continuo embarga su espíritu. Ni siquiera la presencia del pequeño zarevich Guidón, que vigoroso y avispado escapa de sus niñeras para abrazar tiernamente a su madre, logra disipar los sombríos pensamientos que atormentan su mente.

De improviso, llega el Mensajero cuyo retorno era esperado desde hacía tanto tiempo y la sorpresa de la zarina y de los cortesanos es enorme cuando son informados de que al recibir el zar Saltán la misiva de su esposa fue presa de violenta cólera en vez de alegrarse de la noticia que le era transmitida. El Mensajero es portador de un sobre sellado dirigido a los boyardos que en concejo gobiernan el país en la ausencia del monarca. Un Boyardo da lectura al pliego que contiene una terrible orden: la zarina y el zarevich deber ser depositados en un tonel y éste lanzado al mar. Todos los personajes de la corte quedan horrorizados, menos las dos hermanas de Milistrina, pues sabían que la comadre Babarija, a petición de ellas, había substituido la carta de la zarina por otra que contenía la falsa noticia de que en vez de una criatura normal había dado a luz un ser monstruoso. Cuando los dignatarios vacilan en dar cumplimiento al cruel mandato del zar, la Cocinera y la Hilandera insisten para que se ejecute, sin pérdida de tiempo, lo ordenado en el mensaje recién recibido. La desventurada Milistrina, llevando en sus brazos al pequeño zarevich, se so-

mete con resignación a la fatal prueba e invoca al mar para
que sea para ella y su hijo más clemente que los hombres y
lleve a ambos a un lugar más hospitalario que aquel del
que son inhumanamente arrojados. Cuando el tonel en cuyo
interior se hallan los dos infelices condenados es depositado en el agua por los afligidos boyardos que ejecutan a
despecho aquella misión, una pavorosa tormenta se produce
en el mar y las encrespadas olas se llevan lejos la improvisada embarcación.

ACTO SEGUNDO

Playa de una isla desierta. Las aguas agitadas por la
tempestad arrojaron a este lugar solitario el frágil tonel en
que flotaban a la deriva, en la inmensidad marítima, la zarina Milistrina y su hijo Guidón. Transcurrieron algunos años
desde entonces y el pequeño zarevich es ahora un apuesto
mancebo que se encuentra embelesado admirando el hermoso paisaje de aquella paradisíaca región, en tanto su
madre, temerosa siempre del incierto futuro, ruega al cielo
conceda a ambos los alimentos y el cobijo que precisan
para seguir subsistiendo. Quiebra el silencio imperante en la
tranquila playa un grito estremecedor: volando sobre el
mar, cercano a la orilla, un gran cisne se debate entre las
garras de un monstruoso gavilán. Presto acude Guidón en
ayuda de la indefensa ave y con un rústico arco que él mismo
construyó, dispara una flecha que causa la muerte inmediata
del rapaz animal. De pronto negros nubarrones cubren el firmamento y se produce una momentánea obscuridad, y cuando poco después brilla de nuevo la luz del sol, el cisne desciende pausadamente sobre la arena y manifiesta a los dos
maravillados espectadores de aquel prodigio, ser la princesa
de un remoto país que víctima de una maléfico encantamiento fue metamorfoseada en ave acuática y promete ayudar
en lo sucesivo a su salvador por haberla librado de la furia
del gavilán. El joven, rendido por tan desconcertantes acaecimientos y el esfuerzo realizado, se recuesta sobre unas plantas de la ribera marítima, junto a su madre, que arrulla su
sueño con una canción, y al poco quedan ambos profundamente dormidos. Se produce una súbita noche que envuelve
en tinieblas a los dos durmientes, quienes seguidamente des-

piertan con las luces de una ilusoria alba, y, en fantástico espejismo que cobra aspecto de realidad, se les aparece de nuevo la Princesa-Cisne. Ésta les ofrece en lontananza la quimérica visión de la maravillosa ciudad de Ledenetz, con sus castillos de prodigiosa arquitectura, sus elevados torreones cuyas campanas repican triunfalmente y sus mágicos moradores que acogen con muestras de afecto a los dos desterrados y les aclaman jubilosamente.

ACTO TERCERO

CUADRO PRIMERO

Paraje en la playa de la isla solitaria. El joven Guidón, de pie sobre una roca, contempla absorto el horizonte marítimo. Una nave surca velozmente las aguas del océano, todas la velas desplegadas, rumbo a las costas de Rusia. El abandonado zarevich piensa en su padre y en su patria lejana, y una honda añoranza le llena el corazón de tristeza y los ojos de lágrimas. Se presenta la Princesa-Cisne para socorrer al desconsolado joven, y después de interrogarle sobre sus cuitas y deseos, dice que va a proporcionarle un inmediato remedio para sus males. En efecto, siendo el ansia vehemente de Guidón trasladarse a la corte del zar Saltán, donde transcurrió su infancia, y poder conocer al monarca que inexplicablemente le condenó al destierro, la prodigiosa niña-ave toca con su varita mágica a su protegido y al punto le transforma en un gran Moscardón. Bajo su actual forma de insecto, el zarevich podrá volar con facilidad hasta el velero que cruza el horizonte navegando hacia un puerto ruso y siguiendo la ruta del buque le será factible llegar a la ciudad donde se encuentra su padre.

CUADRO SEGUNDO

Salón del trono en el palacio del zar Saltán. El monarca, rodeado de su corte, recibe a tres marineros de la tripulación del velero que acaba de arribar al puerto, procedente de una exótica isla en la que cierta noche vieron aparecer y desaparecer una ciudad encantada. Con los tres hombres de mar, ha penetrado también en la regia estancia el joven zarevich en forma de Moscardón y, revoloteando sin cesar de una parte a otra, lo curiosea todo. Uno de los navegantes hace el elogio del apuesto doncel que vislumbró junto a las puertas de la fantástica ciudad, al que considera el príncipe de la misma; otro da cuenta de ciertas nueces maravillosas que se convierten en piedras preciosas cuando las abre una ardilla; y el tercero describe los portentosos moradores de aquella población, cuyos caballeros llevan armaduras de plata y las damas van cubiertas de joyas fabulosas. El zar Saltán, extasiado por el relato de tantos prodigios, manifiesta su deseo de visitar aquel mirífico país, pero la pérfida comadre Babarija y sus cuñadas la Cocinera y la Hilandera, que se encuentran al pie del trono, se esfuerzan en disuadirle de su idea, por cuyo motivo recibe cada una de ellas una picadura del Moscardón. Pero al referir los marineros la quimérica visión que tuvieron de una princesa adolescente cuya radiante hermosura les deslumbró más que el propio resplandor del sol, el soberano afirma su decidido propósito de trasladarse a aquel mágico país. Como sea que la maligna Babarija se permite todavía reiterar su opinión en contra del propuesto viaje, el Moscardón se aproxima a ella y le clava su aguijón en un ojo. A los gritos desgarradores que profiere la vieja se produce gran revuelo y todos los cortesanos se afanan en perseguir al travieso insecto, pero éste consigue emprender el vuelo antes de ser alcanzado, pudiendo escapar sano y salvo del salón.

ACTO CUARTO

Cuadro primero

Lugar en la playa de la isla desierta. El moscardón ha regresado al país de su destierro y recobrado su primitiva personalidad física. De nuevo vuelve a ser el gallardo muchacho de antes y en la soledad de la orilla del mar aparece inmóvil y ensimismado, por hallarse absortos sus pensamientos en la maravillosa princesa que los marineros describieron como un dechado de perfección y hermosura. Trastornado por el vehemente anhelo de poder establecer contacto amistoso con la joven de sus sueños, Guidón llama a su prodigiosa protectora la Princesa-Cisne, y cuando la mágica ave llega volando a la playa, acudiendo a su evocación, le suplica que lo conduzca a presencia de la inaccesible doncella a la que ama apasionadamente. De repente se produce una obscuridad completa y cuando al poco retorna la luz diurna, la Princesa-Cisne, por haber cesado en aquel instante el encantamiento que la mantenía transformada en gran pájaro, adquiere nuevamente su humana apariencia de resplandeciente belleza, tal como la admiraron los navegantes rusos en la suprema visión que les fue dable contemplar en su viaje a la isla. Atónito el zarevich por el portento de hermosura que es la Princesa-Cisne en su auténtico aspecto de Princesa-Mujer, le pide que consienta en ser su esposa si quiere convertirle en el más feliz de los mortales.

CUADRO SEGUNDO

Puerto marítimo y fachada del palacio del principado de Ledenetz. El joven Guidón, en funciones de futuro príncipe consorte de la Ciudad de las Maravillas, aguarda en compañía de su madre la llegada de la flota del zar Saltán, que con toda su corte se dirige a aquel país, y sus navíos efectúan la entrada en el puerto. Cuando el soberano ruso baja a tierra, la zarina se esconde siguiendo el consejo de su hijo, que quiere poner a prueba al recién llegado. El muchacho finge desconocer la personalidad del monarca y al preguntarle acerca de su vida pasada, le refiere aquél que otrora tuvo la dicha de poseer una esposa amantísima a la que idolatraba y no ha podido olvidar jamás, pero un destino aciago permitió que fuera él mismo el instigador de la muerte de aquella inocente víctima de la fatalidad. El joven príncipe promete entonces a su regio huésped que más tarde aliviará la pena y el remordimiento que abruman su conciencia, pero antes quiere mostrarle los múltiples prodigios que encierra la mágica ciudad y finalmente le presenta a la Princesa-Mujer de impar belleza. El zar Saltán, deslumbrado por el fulgor que emana de la radiante doncella, se postra ante su presencia y convencido de que desciende de celestiales regiones le implora que realice el milagro de devolverle a su inolvidable esposa. La puerta del palacio se abre en aquel momento y en su umbral aparece la bondadosa Milistrina con los brazos abiertos para recibir a su marido. Pero la inmensa dicha que experimenta el zar Saltán es acrecida todavía al ser informado que el príncipe de la ciudad maravillosa es su propio hijo, al que consideraba irremisiblemente perdido. Se aclara entonces todo lo sucedido antaño y queda patente la culpabilidad de la comadre Babarija y sus indignas protegidas la Cocinera y la Hilandera, llegadas allí formando parte del séquito real. En medio de la felicidad de todos por los favorables acaecimientos de la venturosa jornada, contrasta el pesar de las tres desventuradas intrigantes, y como se muestran sinceramente arrepentidas de su maldad, son perdonadas por el generoso zar Saltán. Con júbilo se disponen todos los presentes a celebrar con fausto y alegría los desposorios del apuesto Guidón con la joven y bellísima soberana del mágico principado de Ledenetz.

EL BARBERO DE SEVILLA
(IL BARBIERE DI SIVIGLIA)

Ópera cómica en dos actos
el primero dividido en dos cuadros

Música: Joaquín Rossini   Libreto: César Sterbini
adaptado de la comedia homónima de Pedro A. Carón
de Beaumarchais

Estreno: Roma, 5 febrero 1816

Reparto

Conde Almaviva	Tenor
Rosina	Soprano
Doctor Bartolo, su tutor	Bajo
Basilio, maestro de canto	Bajo
Marcelina	Soprano
Fígaro	Barítono

Lugar de la acción: Sevilla
Época: Siglo XVII

ACTO PRIMERO

Cuadro primero

CALLEJÓN sevillano en el que se ve la fachada de la casa que habita el doctor Bartolo y la barbería de Fígaro. El conde Almaviva, joven aristócrata andaluz que está enamorado de la bella Rosina, canta una serenata al pie de su balcón. Su amada está bajo el pupilaje del doctor Bartolo, el cual la guarda celosamente encerrada en su mansión, pues pretende casarse con ella y así obtener legal-

mente su caudaloso patrimonio que administra, a la vez
que una linda esposa. En vano el apasionado conde se debate para poder llegar hasta la vera de la mujer de sus
sueños, todas sus tentativas se estrellan ante la estrecha
vigilancia del celoso tutor. El barbero Fígaro canta desde
la puerta de su tienda, que él es el hombre indispensable
para las citas amorosas, como asimismo para cualquier otro
menester, encontrando siempre la solución a todos los problemas e intrigas que la vida puede plantear a los mortales. Almaviva le llama y le pide resuelva su conflicto. Inmediatamente el astuto barbero traza un ingenioso plan
a seguir: cuando él se encuentre en el interior de la casa
rasurando al doctor, el conde, bajo el disfraz de un soldado, deberá fingirse borracho, promover un altercado en la
calle y al abrir la cancela los sirvientes para ver qué pasa,
aprovechar la oportunidad para entrar, pues él ya habrá
prevenido a Rosina. Almaviva le advierte que ésta no le
conoce por su verdadero nombre, sino bajo la sencilla apariencia del estudiante Lindoro, a lo cual el barbero le replica que con este nombre le hablará de él. Concertada la
estratagema, los dos compinches se separan amistosamente.

CUADRO SEGUNDO

Habitación en casa del doctor Bartolo. Rosina, que está
escribiendo una carta de amor a Lindoro, canta una inspirada cavatina en la que interroga su corazón acerca de
los tiernos sentimientos que el falso estudiante le inspira.
Acabada su misiva, se retira al ver entrar a su tutor y el
maestro de música Basilio. Éste y el ama de llaves Marcelina son los fieles cancerberos de los cuales se vale el
celoso doctor para guardar a su pupila. Sospechando que ésta
sostiene secretamente correspondencia con el conde, se exaspera al no poder evitarlo y acabar de una vez con estas
peligrosas frecuentaciones. Entonces el insidioso Basilio le
sugiere que lo más práctico sería alejar a Almaviva de la
ciudad y para ello nada mejor que hacerle la vida imposible entre sus relaciones valiéndose de la calumnia, arma
poderosa que por todas partes se infiltra y es capaz de destruir la existencia y el honor de un hombre. El pérfido
proyecto parece magnífico al colérico Bartolo, y al retirarse

con su amigo de la habitación, entra Fígaro y recibe de Rosina la carta que ésta destina a Lindoro. En el preciso instante se perciben unas voces en el exterior y acto seguido se precipita Almaviva en la estancia, vestido de soldado y simulando un torpe estado de embriaguez. En tanto el atolondrado doctor hace esfuerzos para librarse del importuno, éste tiene tiempo de hablar brevemente con su amada y darle una misiva. Después es preso por las autoridades que ha requerido Bartolo en su auxilio, y, al dar a conocer su verdadera personalidad al oficial que lo detiene, es puesto inmediatamente en libertad.

ACTO SEGUNDO

Salón de música en casa del doctor Bartolo. Almaviva llega allí con el disfraz de maestro de canto, explicando que Basilio se encuentra indispuesto y le envía para substituirle. Como los modales del fingido profesor son tímidos y su traje modesto y severo, el receloso doctor no sospecha de la veracidad de sus palabras, y, en tanto Fígaro le afeita, la lección de música da comienzo. Almaviva concierta un plan con Rosina para evadirse cuando súbitamente el verdadero maestro se presenta amenazando con descubrirlo todo. La providencial intervención de Fígaro evita la catástrofe sobornando, con una bolsa de dinero que le da el conde, al hipócrita Basilio. El astuto barbero obtiene también las llaves de los candados que cierran los postigos del balcón, y cuando todo está dispuesto para la fuga, todos los planes se vienen abajo con la noticia de que el desconfiado doctor ha puesto guardia en la calle y mandando al mismo tiempo a buscar un notario con urgencia para que extienda el acta matrimonial que ha de unirle aquella misma tarde con su pupila y el caudal que le administra. Mas a la desolación de todos, el pícaro barbero opone su optimismo afirmando que su ingenio, que no se agota nunca, hallará remedio a la súbita catástrofe que amenaza con destruir la dicha de los jóvenes enamorados.

La escena queda sola unos momentos en tanto la orquesta ejecuta un intermedio musical que describe con sus notas vibrantes una tempestad seguida de un remanso de paz. Al terminar este inspirado fragmento, aparecen Fígaro y el conde, quienes se introducen en la sala saltando por el balcón. Al llegar el notario acompañado de Basilio, éste es sobornado de nuevo con el oro del aristócrata, y con su ayuda logran que el notario, al redactar el contrato matrimonial, substituya el nombre del doctor por el de Almaviva. Llegan los contrayentes y la ceremonia tiene lugar. Una vez sellado y firmado por los testigos el documento, el conde se da a conocer por su apellido y reclama a su legítima esposa, puesto que es él quien en realidad se ha casado y no el avaricioso tutor. Comprobada su afirmación por la lectura de las cláusulas que acaban de certificarse, Rosina se abraza a él alegremente, dando las gracias a Fígaro por todo lo que por su felicidad ha hecho; Basilio queda contento con su bolsa repleta de dorados doblones y el estupefacto Bartolo también se consuela algo de la burla de que acaba de ser víctima, al saber que el conde le cede íntegra ia herencia de su pupila.

GUILLERMO TELL
(GUILLAUME TELL)

Ópera en cuatro actos,
el último dividido en dos cuadros

Música: Joaquín Rossini
Libreto: Etienne Jouy y H. L. F. Bis
adaptado del drama homónimo de Federico Schiller

Estreno: París, 3 agosto 1829

Reparto

Guillermo Tell	Barítono
Hedwiga, su esposa	Soprano
Jemmy, su hijo	Soprano
Gessler, gobernador	Bajo
Matilde, su hija	Soprano
Arnold, pretendiente de Matilde	Tenor
Walter Furst	Bajo
Rudolph, capitán de la guardia de Gessler	Tenor
Leuthold, pastor	Bajo

Lugar de la acción: Suiza
Época: Siglo XIII

ACTO PRIMERO

Exterior de la cabaña de Tell, situada en una pequeña aldea de las orillas del lago de Lucerna. Un grupo de pescadores están cantando a coro una canción de amor. Un toque de cuerno de caza anuncia el próximo festival de los pastores. Arnold, que ama a Matilde, hija del tirano Gessler, está triste porque no ve el modo de conseguir la mano de su adorada. Guillermo Tell se propone acabar con el despotismo de este gobernador que retiene bajo su férula los cantones de Schwitz y Uri, y solicita la ayuda de Arnold para colaborar en su arriesgada empresa. Éste duda entre seguir el impulso de su corazón que le inclina hacia su amada o el de su deber que le aconseja librar a su país de un déspota, mas al fin se decide por esto último. Acto seguido vase a comunicar su decisión a Matilde y despedirse de ella para siempre, puesto que el destino le pone en trance de lucha en contra de su padre.

La fiesta pastoril tiene lugar, en la cual, según es tradición, los mozos y mozas celebran sus esponsales aquel día del año. En plena alegría y animación, aparece el pastor Leuthold, que viene huyendo de la alta montaña en donde acaba de dar muerte a uno de los guardias del gobernador Gessler, por haber ultrajado a su hija. Todos los presentes se estremecen ante el dolor y la tragedia del infeliz padre. Éste suplica que cualquiera de los presentes le pase con una barca a la otra orilla del lago a fin de evitar que le prendan, mas nadie se atreve a ello por temor a la cólera del tirano. Al fin, el bravo Guillermo Tell se brinda generosamente a salvar al desdichado pastor desafiando todos los peligros y males que puedan sobrevenirle. Tomando sus remos invita al desventurado a seguirle hasta su bote, en el que le alejará del lugar. Poco después llegan en persecución del fugitivo un piquete de soldados mandados por el capitán Rudolph. Al ver éste que su presa se le ha escapado, da orden de incendiar la aldea, lo que ejecutan inmediatamente sus sicarios.

ACTO SEGUNDO

Lugar en un valle de los Alpes. Una partida de cazadores hace alto allí, tomando un breve descanso en la jornada y cantando unas canciones. La joven Matilde se encuentra en este apacible rincón con Arnold y ambos sostienen un dueto en el que se dan a conocer su mutua pasión. Seducido por los hechizos de la bella muchacha, Arnold está a punto de renunciar a sus bélicos proyectos de atentar en contra de la autoridad del gobernador, cuando aparece Tell acompañado del voluntario Walter Furst y ambos le informan que los esbirros del odiado tirano acaban de dar muerte a su anciano padre. Entonces Arnold desecha sus amorosas fantasías y decide formalmente combatir contra la opresión y el despotismo gubernamental y hacer triunfar la justicia de una vez, lo que prometen también los otros dos hombres, entonando juntos un vibrante terceto. Un grupo de esforzados suizos, deseosos de luchar por la libertad de su país, se les une al grito: "¡A las armas, a las armas!"

ACTO TERCERO

Plaza contigua al castillo habitado por el gobernador Gessler. Éste, rodeado de sus amigos, los señores de las cercanías, contempla desde lo alto de un tablado los bailes que los lugareños han organizado para su distracción y divertimiento. En un lado de la plaza ha mandado erigir un mástil en cuya extremidad ha colocado su sombrero, obligando a desfilar a todo el mundo e inclinarse ante la percha, en signo de sumisión y acatamiento a su omnipotente autoridad. Cuando le llega el turno a Guillermo Tell, éste se niega a humillarse saludando un simple palo que sostiene un birrete. Gessler manda prender al patriota, y, al enterarse de que éste en otro tiempo había ya ayudado a evadirse a un perseguido por su justicia, idea un castigo ejemplar que a la vez que de distracción, sirva de aviso y escarmiento para los que pretendan desobedecer sus mandatos. Acompañando a Tell, han venido a la fiesta su esposa Hedwiga y su tierno hijo Jemmy. El tirano da orden de prender al muchacho y colocando una manzana sobre su cabeza invita a Tell a probar su buena puntería disparando su arco desde una distancia considerable. El heroico aldeano extrae dos flechas de su carcaj, coloca una en su arco y lanzándola certeramente alcanza el fruto sin rozar ni un solo cabello de la cabeza de su hijo. Todos los que presencian la arriesgada prueba celebran con admiración la pericia del impasible arquero. Al ser éste interrogado para qué fin reservaba la otra flecha que guarda, contesta audazmente que la destinaba para atravesar el corazón del gobernador en caso de haber matado a su inocente hijo. Al oír Gessler la provocación, manda prender de nuevo al patriota y encerrarlo en una mazmorra de su castillo, en tanto su hija Matilde se apresura a salvar al pequeño Jemmy de las iras de su padre.

ACTO CUARTO

CUADRO PRIMERO

La misma aldea del primer acto, mas con el desolador aspecto, ahora, de las chozas destruidas por el incendio de los bárbaros soldades del tirano Gessler. Arnold, en plena batalla empeñada en pro de la libertad de su país, ha retornado por unas horas al pueblo para ver quizás por última vez su hogar, y al llegar se encuentra con la desagradable sorpresa de que éste ha sido reducido a cenizas. Ante la tétrica visión que se ofrece a sus ojos, su odio se acrecienta por los abusos y salvajadas del despótico gobernador. Aparecen un grupo de guerrilleros patriotas y le informan del encarcelamiento de Guillermo Tell en el castillo, al que se proponen atacar para libertar a su caudillo. Arnold dice que también él desea rescatar a Tell de las garras de sus verdugos y, uniéndose a ellos, parten todos entonando bélicos cantos.

CUADRO SEGUNDO

Paraje próximo al lago de Lucerna. Hedwiga regresa tristemente del castillo adonde ha ido a pedir clemencia a Gessler para su esposo y su hijo, sin haber conseguido nada. Casualmente tropieza en su ruta con la joven Matilde, quien le explica que desde el primer momento se hizo cargo del pequeño Jemmy, que le devuelve sano y salvo, mas todos sus esfuerzos para libertar a Tell fueron inútiles. De pronto aparece éste, que acaba de evadirse de su cautiverio y abrazando a su esposa le informa que también ha librado a la patria de la cruel tiranía a que estaba sujeta, habiendo clavado, con su puntería habitual, una mortífera flecha en el pecho de Gessler. Una imponente tempestad estalla sobre sus cabezas, haciendo brillar con el deslumbramiento de sus relámpagos las majestuosas cumbres de los Alpes, blancas de nieve. Un coro de patriotas, enardecidos por la victoria, llegan cantando un himno en el que celebran la muerte del despótico gobernador y dan la bienvenida a la nueva era de libertad que comienza para el país.

SANSÓN Y DALILA
(SAMSON ET DALILA)

Ópera en tres actos,
el último dividido en dos cuadros

Música: Camilo SAINT-SAENS   Libreto: Fernando LEMAIRE

Estreno: Weimar, 2 diciembre 1877

REPARTO

DALILA	Contralto
SANSÓN	Tenor
GRAN SACERDOTE DE DAGON	Barítono
ABIMELECH, sátrapa de Gaza	Bajo
UN ANCIANO HEBREO	Bajo
UN MENSAJERO FILISTEO	Tenor

Lugar de la acción: Gaza, antigua ciudad de Palestina
Época: Año 1150 antes de Jesucristo

ACTO PRIMERO

PLAZA en la vieja ciudad de Gaza, en la que se divisa al fondo un templo. Un grupo de hebreos se lamentan de su impotencia para luchar contra los filisteos que invaden y se adueñan poco a poco de la población. Mas el fornido Sansón, un atlético mozo que se encuentra con ellos, les dice que deben tener confianza en la misericordia de Dios, que algún recurso les enviará para evitar que perezcan bajo el yugo del pueblo enemigo. Sus palabras reconfortan algo a los desolados hebreos, mas al aparecer un grupo de filisteos en la plaza, pronto se olvidan los buenos propósitos y se arma una terrible colisión. En ella, Sansón, que lucha denodadamente con sus hercúleas fuerzas, da muerte al sátrapa de la ciudad, Abimelech. Un mensajero filisteo informa al Gran Sacerdote de Dagon que por toda la comarca los hebreos están en rebeldía, realizando una horrible carnicería con las gentes que no pertenecen a su raza o no profesan su religión. Los filisteos huyen despavoridos al enterarse de esta noticia, en tanto el Gran Sacerdote anatematiza a Sansón y los suyos: "Maldición sobre su cabeza." Los victoriosos hebreos dan las gracias al Señor en oraciones y alabanzas, por haberles favorecido en la contienda. Al poco rato llega, procedente del templo de Dagon, la hermosa Dalila, acompañada de algunas sacerdotisas. Esta mujer, de una belleza extraordinaria, entona un delicioso canto: "Las voces de la primavera están cantando". Esta canción no tiene otra finalidad que fascinar a Sansón, lo que consigue al fin con la ayuda de su agradable voz y su sensual atracción, por más esfuerzos que ha hecho el turbado atleta para evitarlo. Una vez preso en la red de sus hechizos, le invita seductoramente a visitarla en su cercano hogar, situado en un valle próximo a la ciudad, lo cual Sansón promete hacer.

ACTO SEGUNDO

Interior de la casa de Dalila en el valle de Sorek. La hermosa seductora se halla tendida sobre unas pieles de animales salvajes, meditando su plan para perder al corpulento Sansón e implorando la ayuda de los hados para su empresa: "¡Oh Amor, fortalece mi debilidad!" El Gran Sacerdote de Dagon la conmina por última vez a ser firme en su propósito de entregar el caudillo hebreo a la venganza de los filisteos. Al retirarse el sacerdote aparece Sansón, siendo recibido con grandes muestras de afecto y devoción por la hechicera Dalila. Ésta canta una inspirada aria en su honor y seguidamente trata de averiguar el secreto de su extraordinaria fuerza. Al principio, el enamorado atleta evita la curiosidad de la hermosa mujer eludiendo sus preguntas, mas, al ser conducido por ésta al contiguo dormitorio, no puede resistir su poderosa seducción y acaba por confesar que su fortaleza reside en su larga cabellera. Aprovechando el letargo en que Sansón se ha sumido en los brazos apasionados de su amante, ésta le corta los cabellos, llamando después a los guerreros filisteos que acechaban en los alrededores de la casa. Al despertar el hercúleo mozo, se encuentra fuertemente maniatado y a merced de sus enemigos, que le rodean y se aprovechan de su inmovilidad sacándole bárbaramente los ojos y dejándolo ciego.

ACTO TERCERO

CUADRO PRIMERO

Sótano de la cárcel de Gaza. El prisionero Sansón está condenado a moler trigo. Mientras ejecuta este trabajo e invoca al Señor para que le perdone su pecado, desde el exterior, asomándose por unas rejas, sus compatriotas los hebreos le reprochan su poca fuerza de voluntad para resistir las tentaciones de la seductora Dalila. Llega un grupo de filisteos y lo libra de su cautiverio para conducirlo triunfalmente, humillado y abatido, al templo donde la multitud se ha reunido ansiosa de ver al atleta vencido.

CUADRO SEGUNDO

Interior del templo de Dagon. Dalila y las sacerdotisas reciben al desdichado Sansón con befas y ridículas salutaciones. Todo el mundo hace escarnio del impotente hércules, al que se obliga a cantar en honor de la pérfida mujer causante de su infortunio. Dalila se burla cruelmente de sus cantos, humillándole aún para regocijo de todos los presentes. El ciego Sansón aprovecha un momento que le dejan libre para hacerse conducir, por el chiquillo que le sirve de guía, hacia las dos principales columnas que sostienen la armazón del templo. Una vez allí implora una vez más a Dios, en el que no ha dejado de confiar ni un sólo instante en medio de sus males y desdichas, que le ayude, y sintiendo milagrosamente renacer en sí su antigua fuerza, agarra las dos enormes columnas con sus poderosos brazos y las abate. Al faltarle su principal sostén, el techo se viene abajo, arrastrando en su caída los gruesos muros del templo, entre los cuales perece aplastado Sansón y todos los filisteos.

13

LA NOVIA VENDIDA
(PRODANÁ NEVESTA)

Ópera en tres actos

Música: Federico SMETANA   Libreto: Carlos SABINA

Estreno: Praga, 1866

REPARTO

KRUSCHINA, campesino	Barítono
KATINKA, su esposa	Soprano
MARÍA, su hija ....…	Soprano
MICHA, terrateniente	Bajo
INÉS, su esposa	Mezzo-soprano
WENZEL, su hijo	Tenor
HANS, su hermanastro	Tenor
KEZUL, casamentero	Bajo
SPRINGER, director de circo	Tenor
ESMERALDA, bailarina	Soprano
MUFF, comediante	Tenor

Lugar de la acción: Bohemia
Época: Final del siglo XIX

ACTO PRIMERO

PLAZA principal de una aldea en la región de Bohemia. El lugar aparece engalanado con colgaduras y gallardetes, pues es día feriado y se celebra una fiesta popular. Hay instalado un tablado para la orquesta que ameniza el baile y mesas al aire libre, frente a la fachada de una hostería. Los jóvenes campesinos, vistiendo los trajes típicos del país, danzan alegremente en medio del regocijo imperante y tan sólo una bella muchacha aparece con aspecto triste y apartada voluntariamente de la general jovialidad. Se trata de María, la hija de Kruschina, un labriego acomodado que ambicionando para la joven un patrimonio mayor que el que él podrá legarle, quiere desposarla con Wenzel, heredero del hacendado más rico del lugar, Micha, y de su segunda esposa, Inés. Cuando el terrateniente contrajo matrimonio con su actual consorte, tenía un hijo en primeras nupcias, Hans, que aborrecido del mal trato que le daba su madrastra acabó por desertar del domicilio paterno, ausentándose temporalmente de la aldea y viéndose obligado a trabajar en humildes quehaceres campestres. Precisamente ése es el mozo de quien María está enamorada y en modo alguno quiere serle infiel y menos aún aceptando como pretendiente al hermanastro de su amado. Llegan a la plaza el campesino Kruschina y su mujer Katinka escoltados por el casamentero Kezul, presuntuoso y entrometido individuo que lleva el propósito de verificar la unión matrimonial de María y Wenzel, y sin ambages ni pérdida de tiempo se dirige a la muchacha y en presencia de los padres le entabla la cuestión del propuesto enlace. Pero las mañas del celestinesco personaje fracasan rotundamente, pues María, leal a su primer amor, se niega a admitir ninguna posibilidad de componenda. Tampoco Katinka quiere apoyar el proyectado compromiso si su hija no da de buen grado su consentimiento, y, comprediendo el astuto casamentero que el plan corre peligro de malbaratarse si continúa insistiendo, decide cambiar de táctica. Por el momento, interrumpe Kezul sus oficiosidades, recomienda a Kruschina que vaya a casa del terrateniente Micha para discutir los detalles pecuniarios de la boda planeada y le asegura que ésta tendrá efectividad algún día, pues para conseguirla acaba de discurrir la oportuna treta de que sea Hans quien renuncie a María, puesto que ella se obstina en guardarle fidelidad... El ritmo alegre de las danzas del festejo público prosiguen entre tanto en el ámbito engalanado de la plaza aldeana.

ACTO SEGUNDO

Sala comedor de la hostería del lugar. Hay profusión de toneles de vino y barricas de cerveza cuyo contenido consumen copiosamente los campesinos sentados a las mesas esparcidas en la estancia. En una de ellas, aislado y taciturno, se encuentra Hans, siendo su soledad interrumpida por el casamentero Kezul, que acude solícito a su lado y toma asiento junto a él para llevar a la práctica el plan que ha urdido. En otra mesa se halla Wenzel, empuñando un jarro de vino y discurseando con palabra torpe, pues es algo tartamudo y completamente memo. Cuando María entra en el salón, a él se dirige directamente para preguntarle si es en efecto el pretendiente a quien destinan la hija del labriego Kruschina, toda vez que ni uno ni otro se conocen personalmente. A la respuesta afirmativa del bobalicón replica la muchacha que es ella una gran amiga de María, que le consta que no le ama y que le sería infiel si llegaran a entablar relaciones, en consecuencia de lo cual le aconseja que se busque otra novia entre las chicas bonitas de la aldea, ya que es seguro que cualquiera de ellas lo aceptaría encantada. Wenzel queda prendado de su interlocutora y creyendo en su simpleza que al proponer a otra posibles prometidas habla indirectamente por ella misma, le confiesa su repentina pasión e intenta abrazarla. La muchacha, sorprendida por tan inesperada reacción y molesta por las inoportunas asiduidades, se escabulle prestamente de la estancia. Mientras tanto el porfiado Kezul no ha cesado de tentar a Hans con sus ofertas monetarias si accede a renunciar a María, y como el importe de aquéllas ha aumentado hasta llegar a ser muy considerable, acaba el interesado por aceptar la cantidad de trescientos florines para ejecutar la indignidad ·que se le propone, pero exigen una ineludible condición: la novia por él abandonada sólo podrá casarse con el hijo del terrateniente Micha. Llegados a aquel final acuerdo, proceden el casamentero y Hans a firmar ante testigos el contrato de la venta de la novia. Reciben ambos entonces los sarcasmos y recriminaciones de los campesinos allí reunidos, que no pueden menos que exteriorizar su indignación por el ruin compromiso que acaba de establecerse.

ACTO TERCERO

La plaza principal de la aldea. A ella llega un circo ambulante del que es director y empresario Springer. Ins-

talan los cómicos de la legua sus bártulos y se preparan
para dar una representación, consistiendo uno de los nú-
meros en la actuación de la bailarina Esmeralda que debe
aparecer como domadora y hacer ejecutar cabriolas a un
hombre disfrazado de oso salvaje. Pero el comediante Muff,
encargado de interpretar al plantígrado, ha bebido más
de la cuenta y su estado de embriaguez le impide representar el papel que tiene asignado en la función. El conflicto queda resuelto cuando el necio Wenzel, que se ha
encandilado con la belleza de la danzarina y ronda a su alrededor, se brinda voluntariamente para vestir la piel de
oso por amor a ella. La oferta es aceptada por los cómicos,
y cuando el atontado muchacho está ensayando los saltos
y actitudes característicos del animal que pretende representar, llega Kezul acompañando a Kruschina y su esposa,
dispuesto a dar los últimos toques al contrato de casamiento. Al ser Wenzel requerido sobre el particular, quedan
todos sorprendidos cuando les declara que no quiere ya casarse con María, sino con otra chica de la que está locamente enamorado y que no es otra que la propia María,
que el bobalicón reconoce cuando la ve llegar a la plaza.
El casamentero informa a la muchacha que su amado ha
vendido por trescientos florines los derechos que como novio podían corresponderle sobre ella, y aunque la humillada doncella se resiste en principio a creer aquella infamia, tiene que acabar por rendirse a la evidencia ante
las irrefutables pruebas que le son exhibidas. Kruschina
y su esposa Katinka se manifiestan satisfechos de que ya
nada se oponga al compromiso matrimonial de su hija y
consienten en firmar el contrato, cuando se presenta Hans
y pretende justificar a María su irregular comportamiento,
negándose ella a escuchar sus explicaciones. Aparecen Micha y su esposa Inés y ambos reconocen en el muchacho al hijo de las primeras nupcias del terrateniente, que
hacía algún tiempo había abandonado su hogar y desaparecido de la aldea. El padre se reconcilia con Hans y éste
perdona a su madrastra todo el mal que le causó antaño.
Tras las pertinentes aclaraciones, también los dos enamorados hacen las paces y se concierta en firme la boda por
ambos anhelada. El intrigante casamentero Kezul queda
chasqueado por no haber podido intervenir directamente en
el nuevo acuerdo, que además le acarrea la pérdida de los

trescientos florines que entregó a Hans, puesto que María se casa con el hijo de Micha, lo cual está de conformidad con lo estipulado en el infamante contrato de venta de la novia. La general alegría de los recién prometidos y de los padres de ambos es acrecida por el jolgorio que produce la aparición de Wenzel, vestido de oso, que recorre las calles de la aldea asustando a todo el mundo.

SALOMÉ

Ópera en un acto

Música: Ricardo Strauss   Libreto: Edwige Lachmann
adaptado del poema homónimo de Oscar Wilde

Estreno: Dresde, 1905

Reparto

Herodes Antipas, tetrarca de Judea ...	Tenor
Yokanaan, el profeta	Barítono
Herodías, esposa del tetrarca	Contralto
Salomé, hija de Herodías	Soprano
Narrabot, joven sirio	Tenor
Un paje	Contralto

Lugar de la acción: Galilea
Época: Año 30 de la Era Cristiana

ACTO ÚNICO

Vasta terraza del palacio de Herodes que comunica con la sala de festines en la cual el tetrarca celebra un banquete rodeado de su corte. Al fondo se ve una cisterna en cuyo interior se encuentra prisionero el profeta Yokanaan. Es de noche y la escena está iluminada por el resplandor de las antorchas y la luz de la magnífica luna que brilla en el cielo. Un grupo de soldados mandados por el joven sirio Narrabot, recientemente ascendido a capitán de la guardia palaciega, custodian la terraza. Este joven discute con un paje acerca de la extraña belleza de la princesa Salomé, cuya figura sensual le atrae y obsesiona. Su amigo trata de disipar de la imaginación del capitán los malos deseos que la hermosura de la joven ha hecho germinar, cuando ésta aparece, huyendo del contiguo salón en donde su padrastro Herodes la atormentaba en plena orgía contemplándola con sus ojos concupiscentes. En esto la voz de Yokanaan se percibe desde el fondo de su encierro predicando tiempos de calamidad y horror en castigo de los pecados y crímenes que en aquel palacio se cometen. Al oír las vibrantes palabras del profeta, Salomé siente deseos de conocerle personalmente y suplica a Narrabot que lo traiga a su presencia. El capitán no se atreve a complacerla, pues tiene órdenes severas del tetrarca de no sacar jamás a Yokanaan de la cisterna; mas al fin, vencido por la irresistible seducción de la princesa, manda a sus soldados liberar al preso y conducirlo allí. Una vez el profeta se encuentra ante la perversa Salomé, la anatematiza con duras imprecaciones, aconsejándole que abandone aquel antro de perdición y arrepintiéndose de sus yerros se dedique a expiarlos en una severa penitencia. Mas las crueles y ultrajantes palabras producen un efecto contrario en el ánimo de la princesa, y en vez de odiar a Yokanaan por sus amonestaciones, siente nacer un caprichoso amor hacia él. Siguiendo el impulso de su loca pasión, trata de tentarlo con su ondulante belleza, y acariciando su casto cuerpo con sus pecadoras manos, le implora un beso: "Déjame besar tu boca, Yokanaan". Al ver el disparatado amor que la mujer de sus sueños siente por el santo varón, el capitán Narrabot no puede soportar el cruel desengaño de sus tiernas ilusiones, y suicidándose con su espada, muere a los pies de Salomé. El profeta, que ha rechazado con repugnacia las lascivas proposiciones de ésta, contempla con horror el nuevo crimen que acaba de cometerse, y al augurar más desastres y castigos, es encerrado de nuevo en la cisterna.

De la sala de festines llegan el tetrarca, su esposa Herodías, los embajadores romanos y toda la corte. Herodes Antipas está medio ebrio y ruega a su hijastra, por la cual siente un incestuoso deseo, que baile para recrear sus ojos contemplándola. La voz del profeta se hace sentir de nuevo, vibrando cristalina como el puro toque de clarín de un ángel redentor en medio de tanta perversión. Ahora increpa a Herodías, mujer liviana que se entregó al hombre que asesinó a su primer marido. Ésta implora al tetrarca que mande dar muerte al insolente, mas él no se atreve a hacerlo, pues cree realmente que Yokanaan es un hombre divino y el poner fin a su existencia le ha de acarrear una terrible venganza celestial. El profeta sigue profiriendo sus pronósticos sin que nadie consiga hacer extinguir su voz, y predice la venida del Mesías justiciero que ha de redimir a la humanidad de sus pecados. Herodes, cada vez más turbado por las continuas libaciones y la belleza incitante de Salomé, le suplica por última vez que baile ante él, ofreciéndole todo lo que desee, aunque sea la mitad de su reino. La perversa princesa accede finalmente y después de ejecutar la lúbrica danza de los siete velos en la cual a cada una de sus ondulaciones se ha despojado de uno de ellos quedando al final semidesnuda, pide al tetrarca en pago de su complacencia la cabeza de Yokanaan. Todos los presentes se estremecen de horror ante este criminal capricho, a excepción de su madre Herodías, que la incita aún más en su malvado instinto deseando vengar los insultos recibidos. Herodes trata de desviar la enojosa cuestión ofreciendo valiosas preseas, mas la cruel Salomé se obstina en exigir lo pedido. Por no faltar a su empeñada palabra, el tetrarca da orden de degollar al profeta. Inmediatamente el verdugo ejecuta la sentencia y unos soldados aportan en una bandeja de plata la cercenada cabeza. El tetrarca manda entregarla a Salomé, la cual, cogiendo con sus manos el sangriento despojo, lo blande como un trofeo y besa después lujuriosamente los exangües labios profiriendo en un grito su perverso triunfo: "Al fin he besado tu boca, Yokanaan". Toda la corte se retira despavorida ante la sacrílega y macabra escena. Por orden de Herodes, los sirvientes extinguen las antorchas, y cuando éste, protegido por las sombras, abandona la obscura terraza, todavía puede distinguirse a su monstruosa hijastra que, agazapada en un rincón que ilumina un rayo de luna, juega con el cadavérico despojo acariciando la lívida faz del profeta. Entonces no puede reprimir un sentimiento de repulsión y odio por la inhumana joven y da orden a sus soldados de matarla. Éstos, que no aguardaban otra cosa por haber sido testigos de las crueldades cometidas aquella noche, se abalanzan furiosos y aplastan bajo el acero de sus lanzas y escudos el bello cuerpo de Salomé, princesa de Judea, hija de Herodías.

MIGNON

Ópera en tres actos,
el segundo dividido en dos cuadros

Música: Ambrosio THOMAS
Libreto: Julio BARBIER y Miguel CARRE
inspirado en la obra "Wilhelm Meister" de Juan W. GOETHE

Estreno: París, 17 noviembre 1886

REPARTO

MIGNON	Soprano
LOTARIO, su padre	Bajo
WILHELM MEISTER, estudiante	Tenor
FILINA, actriz	Soprano
FREDERICK, joven aristócrata	Contralto
LAERTES, actor	Tenor
GIARNO, gitano	Bajo

Lugar de la acción: Alemania e Italia
Época: Siglo XVIII

ACTO PRIMERO

PATIO de mesón en una aldea alemana. El conde italiano Lotario aparece tocando un arpa y cantando canciones de su país, seguido de un tropel de lugareños. Este noble señor perdió la razón al serle robada por unos gitanos vagabundos, hacía algunos años, su tierna hijita Mignon y desde entonces se dio a errar por los innumerables caminos de la tierra, ganándose el sustento como cantante callejero y animado siempre por la esperanza de recobrar algún día a su amada niña. Al poco rato penetran en el patio una cuadrilla de bohemios capitaneados por el gitano Giarno y con ellos viene Mignon, que es ahora ya una hermosa muchacha. El jefe de la banda la obliga a danzar, y como ella se niega, la amenaza brutalmente. Al tratar Lotario de defenderla, el iracundo gitano se encoleriza con él, y, gracias a la oportuna intervención del estudiante Wilhelm Meister, es salvado de su violencia. Este joven se interesa por Mignon, cuya belleza le impresiona, y le pregunta quién es y de dónde procede. Mas ella apenas recuerda nada de su origen y tan sólo tiene una vaga idea de la cálida tierra en donde florecen los almendros y en la cual piensa que transcurrió su niñez. Wilhelm se decide a libertarla de sus explotadores y con este fin le propone vestirse con ropas masculinas y servirle de paje, proposición que acepta con gusto la muchacha. Seguidamente se despide de Lotario, el cual, sin saber por qué, le ha tomado un repentino afecto y se separa de ella nostálgicamente cantando una canción en que la compara a una alegre golondrina. En tanto, una compañía de cómicos de la legua de la que son primeras figuras la actriz Filina y el galán Laertes y se encuentran de paso en la aldea, son invitados por el aristócrata Frederick a dar una representación en su cercano castillo.

ACTO SEGUNDO

CUADRO PRIMERO

Una alcoba en el castillo. Filina se está componiendo para interpretar el papel de Titania en la comedia "El sueño de una noche de verano". Llega el estudiante Wilhelm, que le hace la corte, acompañado de Mignon, vestida ya de muchacho. La actriz acepta las galanterías de Wilhelm con bastante agrado y en cambio acoge fríamente al paje. Cuando Filina sale para tomar parte en el espectáculo, seguida del apasionado estudiante, Mignon comprende que éste está ciego de pasión y deseando abrirle los ojos para que la contemple, puesto que ella también le ama, se pinta y arregla con los afeites de la actriz y disfraza con uno de sus trajes a fin de llamar la atención. Pero Wilhelm apenas si la mira con todos sus adornos y composturas, no teniendo más idea que la de estar en el escenario cerca de la mujer que le seduce. Al regresar Filina en un intermedio y ver a Mignon ataviada con sus vestiduras, se burla de ella y ésta, loca de despecho, desgarra las finas telas que la cubren y escapa desesperada.

Cuadro segundo

Parque del castillo. Aquí llega la humillada Mignon a llorar sus pesares. No pudiendo soportar los celos que la coqueta Filina le inspira por ser amada por el hombre que ella quiere, intenta poner fin a sus días ahogándose en el estanque del jardín. Mas el cantante Lotario, que rondaba por aquellos alrededores, evita que realice su trágico propósito. Entonces ella le confía sus sinsabores y le dice que únicamente consentirá seguir viviendo si el maldito castillo, causa de sus males, es destruido por las llamas. El infeliz demente, en su afán de complacerla, le promete ejecutar su deseo y corre a pegar fuego a un bosquecillo próximo al edificio. Llega el actor Laertes acompañado de otros cómicos y en su conversación alaban el talento y belleza de la primera actriz Filina. Ésta aparece seguidamente y canta una inspirada polonesa: "Soy el hada Titania". Torturada Mignon por los continuos triunfos de su rival y deseando evitar el encuentro con el estudiante, se precipita hacia el interior del castillo, que en aquellos instantes comienza a arder incendiado por Lotario. Pronto las llamas lo envuelven por completo y la joven parece predestinada a perecer en ellas cuando Wilhelm, en un arranque de temerario valor, se lanza en medio de la hoguera y salva a la desvanecida Mignon.

ACTO TERCERO

Palacio del conde Lotario en una región italiana. El demente aristócrata ha conducido hasta allí instintivamente a la pequeña Mignon. El estudiante Wilhelm, desengañado de los frívolos amoríos de la actriz Filina y habiendo renunciado totalmente a ella, ha decidido seguirles. Comprendiendo que la pasión, pura como una flor, que la tierna muchacha le brinda es el verdadero y único gran amor a que puede aspirar en toda su vida, está decidido a casarse con ella tan pronto la oportunidad se presente. Al retornar a sus lares y verse rodeada de un paisaje familiar a su mente, el conde Lotario recobra, poco a poco, su memoria. Gracias a un retrato de infancia de su niña y una ingenua plegaria que de pequeña siempre rezaba, puede reconocer a Mignon como a su hijita robada en otro tiempo por los gitanos vagabundos. Su alegría es inmensa al hacer este descubrimiento y ella acaba por devolverle totalmente su extraviada razón. Como se siente feliz y desea que lo sean los jóvenes enamorados, les da su bendición paternal autorizándoles para casarse.

EUGENIO ONEGUIN

Ópera en tres actos,
los dos últimos divididos en dos cuadros y el primero en tres

Música: Pedro Iljich Tschaikowsky
Libreto: P. I. Tschaikowsky y Schilowsky
inspirado en la novela homónima de Alejandro S. Puschkin

Estreno: Moscú, 29 marzo 1879

REPARTO

Eugenio Oneguin	Barítono
Lenski, su amigo	Tenor
La señora Lovina, hacendada	Mezzo-soprano
Tatiana, su hija mayor	Soprano
Olga, su hija menor	Contralto
Filipiovna, el aya	Mezzo-soprano
El príncipe Gremin	Barítono
Un capitán	Bajo
Saretzki	Bajo
Triquet	Tenor

Lugar de la acción: Rusia
Época: Principios del siglo XIX

ACTO PRIMERO

CUADRO PRIMERO

EL jardín cercano de una morada campestre rusa. La señora Lovina, dueña de la hacienda, está sentada cosiendo, y junto a ella, el aya Filipiovna anda atareada en quehaceres domésticos. La hacendada es viuda y tiene dos hijas que viven con ella en el campo, Tatiana y Olga, la primera de temperamento reflexivo y soñador, en tanto que la otra es de genio alegre y vivaracha. Interrumpe su trabajo para escuchar la canción que ambas, desde el interior de la casa, están cantando. Aquella tonadilla revive en la memoria de la dama recuerdos musicales de su lejana juventud, cuando tuvo amores con un apuesto oficial con el que no llegó a desposarse a pesar de que tal hubiera sido su gusto, y lo efectuó en cambio, contra su voluntad, con un rico terrateniente al que no amaba. En el matrimonio no acertó a obtener una completa felicidad conyugal, pero su bondadoso marido le proporcionó en cambio holgura y bienestar, le dio la dicha inefable de sus dos hijas y le legó una valiosa propiedad rural. Aparecen las dos muchachas y perciben el himno de la cosecha que en la lejanía cantan los campesinos: el ritmo de la melodía inspira a Olga ansias de bailar y sugiere a Tatiana románticos pensamientos. Llega un coche de la ciudad y del mismo se apean el joven Lenski, galanteador de Olga, y su amigo Eugenio Oneguin. Éste visita por primera vez aquella casa, pero su fama de hombre afortunado en lances amorosos y mimado por la buena sociedad de la capital del imperio lo ha precedido y es por ello recibido con admiración y simpatía por todos, particularmente por Tatiana. Cuando la señora Lovina se retira discretamente y deja a los jóvenes al cuidado del aya Filipiovna, ésta ve con complacencia la pareja formada por Olga y Lenski, quienes conversan alegremente, en tanto observa con desagrado el diálogo que sostienen Tatiana y aquel buen mozo ciudadano, quien más que atender cortésmente a su interlocutora parece estar burlándose de ella.

CUADRO SEGUNDO

El aposento que sirve de dormitorio a Tatiana. Ésta aparece desasosegada y nerviosa, en compañía del aya Filipiovna. Aunque es una hora muy avanzada de la noche, dice que no tiene sueño y ruega a la anciana sirvienta que le narre alguna historieta entretenida, cosa que la requerida procura hacer sin conseguir captar la atención de su oyente. Renuncia el aya a su empeño, tras algunas tentativas vanas de interesar a la joven en el tema de sus relatos, y acaba por interrogarla acerca de las causas de su

extraña agitación, confesando la preguntada que se ha enamorado perdidamente del atractivo y seductor Eugenio Oneguin. Sale la anciana malhumorada por aquella confidencia y Tatiana se dispone a escribir una misiva al proge-
nitor de la súbita pasión de que es víctima. Traza unos
renglones en un papel y al releerlos no le gustan y lo rasga;
prueba de escribir en otro y le sucede lo propio, hasta que al
fin consigue completar una carta que cuidadosamente coloca
en un sobre, anota la dirección, pega un sello y queda refle-
xionando unos instantes. Las primeras luces del alba penetran por la ventana, pero la inquietud de la muchacha no
cesa hasta tanto no ha hecho entrega de su misiva al aya
Filipiovna, con la súplica de que secretamente cuide de
hacerla llegar a su destino.

CUADRO TERCERO

El recóndito paraje de un frondoso parque. Por vez primera desde el inicial encuentro ha conseguido la enamorada Tatiana entrevistarse con Eugenio Oneguin. Éste le acusa irónicamente recepción de su carta y le expresa su gratitud por la franca exposición que en su texto ha formulado. Con socarrona modestia declara no considerarse mere-
cedor de la pasión que al parecer ha despertado en el sensible corazón de la ingenua muchacha, y, a la ferviente reite-
ración de ella, manifiesta no ser persona capaz de enamorar-
se en serio y en modo alguno estar dispuesto a cambiar de
sistema de vida. Ante la perplejidad de su interlocutora, no
desengañada aún por aquellas cáusticas alegaciones, le asegura sin ambages que el estado de soltería representa para
él la felicidad y por tanto le aconseja que se esfuerce en
olvidarlo, pues como esposa no le interesa y la respeta demasiado para proponerle una aventura pasajera. Tales sar-
cásticos conceptos son la postrer réplica que la tierna confesión de Tatiana recibe del despiadado e indigno ídolo de
sus sueños amorosos. Herida en lo más íntimo de su ser,
la ofendida muchacha pone fin desabridamente a la humillante entrevista y confusa y con llanto en los ojos se aleja
de aquel lugar.

ACTO SEGUNDO

CUADRO PRIMERO

Una amplia sala de estar en la casa de la señora Lovina. Con motivo de celebrarse el cumpleaños de Tatiana se ha reunido un grupo de amistades juveniles de las dos hermanas, para festejar el acontecimiento. Los concurrentes bailan y cantan alegremente. Lenski es ya novio de Olga y forma pareja con ella en tanto Tatiana conversa, en apariencia amigablemente, con Eugenio Oneguin. Pero éste experimenta un súbito cambio de humor al insinuarle un invitado que está dando la impresión a todos los asistentes de cortejar a la agasajada y entonces, precisamente para demostrar lo contrario, abandona a su pareja e invita a Olga a bailar. La danza se interrumpe para dar lugar a que uno de los comensales, el francés Triquet, improvise un inspirado canto en honor de la belleza de Tatiana, siendo muy aplaudido en su actuación. Seguidamente se organiza un cotillón y de nuevo Oneguin se empeña en bailar con Olga. El novio de ésta trata de disuadirlo, pero la obstinación del otro de apartarse de la muchacha raya ya en la grosería. Entonces Lenski, encolerizado, reprocha vivamente a Oneguin la indelicadeza de su comportamiento, y como la altanera réplica que recibe le enfurece aún más, acaba por provocarle en duelo. Este desagradable suceso pone un triste término a la alegre reunión.

CUADRO SEGUNDO

Una arboleda bordeando la orilla de un río, con un molino que se divisa en lontananza. Es el lugar convenido por los dos antiguos amigos, actualmente enemistados, para batirse con pistola según convinieron al concertar el duelo. Apenas amanece, se encuentra ya Lenski aguardando a su contrincante, en compañía de su padrino, un capitán compañero suyo. Llega Eugenio Oneguin con su ayuda de cámara Saretzki, quien ha de apadrinarle a su vez. Se fijan las condiciones del lance y aunque los dos adversarios deploran la estúpida circunstancia que los ha llevado a aquel trance que puede tener fatales consecuencias, ambos se niegan a una amigable componenda. En vista de la imposibilidad de una reconciliación los testigos prosiguen adelante en la organización del desafío: los oponentes se colocan frente a frente, empuñan sus respectivas pistolas, apuntan simultáneamente y a la voz de: "¡Fuego!", disparan al unísono... Uno de ellos, el infortunado Lenski, cae mortalmente herido y al poco exhala su último aliento, mientras Oneguin, desesperado y afligido por haber causado la muerte de su mejor amigo, desfallece junto al cadáver.

ACTO TERCERO

CUADRO PRIMERO

El suntuoso salón de fiestas del palacio del príncipe Gremin, en la capital del Imperio ruso. Se celebra una recepción y los invitados que van llegando son recibidos por el dueño de la casa. Eugenio Oneguin, que durante unos años ha permanecido en el extranjero llevando su habitual existencia de ociosidad y disolución, ha sentido al cabo del tiempo la añoranza de la patria y habiendo regresado recientemente a Moscú, acude a aquella fiesta. El príncipe Gremin le saluda atentamente, le comunica que ha contraído matrimonio, que es feliz en su nuevo estado y que va a presentarle a su esposa, que resulta ser nada menos que Tatiana. Los dos antiguos conocidos simulan no reconocerse al ser enfrentados y cruzan tan sólo unas palabras indiferentes de correcta salutación. Pero el cínico mundano, ante el acicate de la fruta prohibida y el atractivo de aquella espléndida mujer en la plenitud de su belleza, concibe una repentina pasión por ella, al igual que otrora, en la mutua juventud de ambos la había concebido por él la entonces ingenua muchacha. La brillante recepción prosigue su curso y los dos ex amigos se ven obligados a separarse pero convienen reunirse nuevamente antes de finalizar la velada.

CUADRO SEGUNDO

Un gabinete íntimo adyacente al salón de fiestas. Eugenio Oneguin ha conseguido que la dueña de la casa se alejara por unos momentos de los demás invitados para atenderle en este discreto lugar donde la música y la algarabía del baile se perciben como un eco lejano. Apenas aparece la dama, se apresura Oneguin a declararle su amor, confesarle su arrepentimiento por todo el mal que le hizo en otro tiempo y manifestarle su esperanza de poder verse correspondido. Pero el galante seductor de antaño es ya un .hombre sin interés para Tatiana, la cual, aunque sinceramente dice que experimenta cierto afecto por él, su primer amor juvenil, no podría en modo alguno ceder a un culpable sentimiento de infidelidad por impedírselo el respeto y la estimación que positivamente profesa al príncipe, su marido. Fría e inconmovible ante las apasionadas súplicas del galanteador, le replica Tatiana que le ha perdonado todo el mal que un día recibió de él, le aconseja que procure olvidarla y le exige que desaparezca para siempre de su camino, pues desea conservar su tranquilidad moral y la paz de su ventuoroso hogar. Y en tanto la dama se aleja dignamente de la estancia, Oneguin, humillado y desesperado, víctima por primera vez de sus propios engaños, pues, enamorado auténticamente, no tiene esperanza alguna de ser correspondido, adopta la trágica resolución de poner fin voluntariamente a su infructuosa existencia con un tiro de pistola.

AIDA

Ópera en cuatro actos,
los dos primeros y el último divididos en dos cuadros

Música: José Verdi   Libreto: Antonio Ghislanzoni

Estreno: El Cairo, 24 diciembre 1871

Reparto

Aida	Soprano
Amneris, hija del Rey de Egipto	Mezzo-soprano
Radamés	Tenor
Ramphis, gran sacerdote	Bajo
Amonasro, rey de Etiopía	Barítono
El Rey de Egipto	Bajo

Lugar de la acción: Egipto
Época: Reinado de los Faraones

ACTO PRIMERO

Cuadro primero

Palacio de Menfis. La hija del rey de Etiopía, Aida, es guardada cautiva y considerada como esclava, junto con los prisioneros de su raza que los egipcios capturaron en su última campaña. Ella es amada secretamente por el capitán de la guardia, Radamés, al que corresponde con su tierna afección. Éste es informado por el gran sacerdote Ramphis, que según oráculo de la diosa Isis es el predestinado para conducir las tropas egipcias a la victoria. El capitán se alegra de ello, pues sueña en conseguir laureles y triunfos para depositarlos a los pies de su amada, y en una inspirada romanza expresa este deseo: "Celeste Aida". Entra Amneris, hija del Rey de Egipto, acompañada de sus doncellas, que ama apasionadamente a Radamés, y al enterarse de que va a partir para los campos de batalla, abriga la esperanza de que cuando regrese la haga su esposa. Mas al llegar Aida y sorprender las miradas de cariño que entre los dos enamorados se cruzan, comprende que en ella tiene una rival. Aparece el Rey y nombra a Radamés general en jefe de sus ejércitos y éste recibe de manos de la princesa el estandarte que ha de servirle de guía y distintivo en las contiendas que se dispone a ganar. Aida se despide de su amado con el corazón oprimido, pues sabe que su padre acaudilla las tropas enemigas y tiembla al pensar que ambos han de enfrentarse, mas a pesar de sus temores hace votos por su éxito: "Retorna vencedor".

CUADRO SEGUNDO

Templo del dios Phta. Un coro de sacerdotisas y sacerdotes ofician ante el altar de su dios y cantan un himno en su loa. Entra Radamés y es bendecido por el gran sacerdote antes de partir para la guerra. Ramphis: "¡Oh dios todopoderoso, guárdalo y protégelo!"

ACTO SEGUNDO

CUADRO PRIMERO

Cámara de Amneris en el palacio real. La princesa está rodeada de sus doncellas, que la visten y adornan para el festival que ha de tener lugar en honor del victorioso Radamés, que ha vuelto del campo de batalla después de haber derrotado a las huestes etíopes y haber apresado un gran número de cautivos. Al entrar Aida en la estancia la princesa despide a sus sirvientas y simulando interesarse por los amores de la joven esclava, le hace confesar sus secretas relaciones con el guerrero, diciéndole que éste fue malherido en la guerra y acaba de morir. La afligida Aida se desconsuela ante esta triste nueva, mas la celosa Amneris pronto mitiga su pena diciéndole que la ha engañado para saber la verdad, pues ella también ama al caudillo, y que tiemble por su colérica venganza quien ose interponerse en sus amores.

Cuadro segundo

Plaza de Menfis, frente al palacio. El rey, la corte, los sacerdotes y el pueblo se han reunido para recibir al héroe victorioso. Las tropas egipcias desfilan llevando estandartes, trofeos de guerra e innumerables prisioneros. Al llegar Radamés bajo un dosel sostenido por doce oficiales, el rey desciende de su trono y le abraza. Al ser presentados los cautivos, Aida se precipita en medio de la plaza para abrazar a su padre, Amonasro, soberano de los etíopes, que se esconde bajo el disfraz de un simple capitán, y suplica a su hija le conserve el incógnito. Radamés y el pueblo imploran clemencia para los presos, a cuya demanda el rey acede concediéndoles la gracia de poder vivir, aunque bajo la esclavitud. Seguidamente y en medio de las aclamaciones de todos, que le vitorean por su generosidad, concede la mano de su hija al triunfador Radamés y le proclama heredero de su corona y de la dinastía faraónica.

ACTO TERCERO

Paraje de las orillas del Nilo, próximo al templo de Isis. Amneris, seguida de su escolta, se dirige al templo para rogar a la diosa que le dé suerte en su boda que ha de celebrarse el día siguiente. La triste Aida se separa del cortejo y permanece en un claro de palmeras tenuemente iluminado por los rayos plateados de la luna. Este paisaje le recuerda su lejano país al que quizá jamás volverá a ver, y en su aflicción hace el propósito de perecer ahogada en las aguas del Nilo si su amado Radamés se casa con la princesa. Llega Amonasro y la informa que toda su gente está preparada para un levantamiento y si pudiera saber la táctica a seguir por el ejército egipcio es posible que aún vencieran y pudiera recuperar su trono y su antigua posición. Al saber que Radamés está citado allí con su hija, la induce a sonsacarle los datos que le interesan. Llega éste, en tanto Amonasro se disimula tras unos arbustos. Aida se resiste al principio a

obedecer la orden de su padre, mas ante el temor de que
el guerrero se case con otra, prefiere unirlo a su suerte y pérfidamente le hace confesar los planes a seguir en la próxima
campaña. Aparece de nuevo Amonasro, ante la estupefacción de Radamés, que se cree vendido, mas le da a conocer
a éste como rey de Etiopía, asegurándole que la victoria
esta vez será de su pueblo y garantizándole que nada malo
le ha de ocurrir. El caudillo egipció se horroriza de la traición que inconscientemente ha cometido, mas pronto es convencido por la apasionada Aida y su padre de que huya con
ellos al otro lado del río, donde les aguardan sus cómplices,
y después, una vez en su país, podrá casarse con la joven
que ama. Radamés se dispone a seguirlos cuando Amneris,
que acechaba en la espesura y ha podido oír todo el complot,
le detiene llamándole traidor. Amonasro trata de asesinarla
con su puñal, mas Radamés la defiende. Como llegan los
guardias de la escolta de la princesa, Amonasro y su hija
huyen protegidos por las sombras de la noche, en tanto que
el caudillo egipcio ofrece su espada al gran sacerdote Ramphis y se entrega prisionero.

ACTO CUARTO

CUADRO PRIMERO

Corredor en el palacio. Amneris ordena a los soldados
de guardia que conduzcan ante su presencia a Radamés. Una
vez éste allí, le explica que en la estancia contigua los sacerdotes están deliberando acerca del castigo que merece su
traición de lesa patria, mas si se disculpa ante ella, implorará
el perdón al rey su padre para que pueda casarse. El intrépido guerrero dice que no quiere humillarse ante nadie
y prefiere morir antes que vivir infamado y sin el amor de
Aida. Aparecen los sacerdotes, los cuales, después de haber
juzgado su causa, le condenan a ser enterrado vivo. La princesa aún aboga por él insinuando que si descubre el escondite de Aida, la cual pudo escapar de las garras de sus
perseguidores, que sólo consiguieron dar muerte a Amonasro, tal vez su pena sea conmutada. Mas Radamés se obstina
en su noble actitud alegando que está dispuesto a aceptar
con resignación todos los males que su destino pueda reser-

varle. La desesperada Amneris, viendo que son vanas todas sus tentativas para salvar al hombre que ama, acaba por insultar a los sacerdotes injuriándoles por su sentencia que cree injusta y previniéndoles que el castigo de los cielos caerá sobre ellos por condenar a un inocente.

CUADRO SEGUNDO

Sótanos del palacio en donde están socavadas las cavernas para enterrar vivos a los reos de tal castigo. El guerrero es conducido hacia el interior del foso que ha de servirle de sepultura. La princesa profiere terribles gritos de aflicción y llora sin consuelo al ver que irremisiblemente pierde el ser que le inspiró una tan grande pasión. En tanto la ceremonia del encierro tiene efecto, el coro de sacerdotisas y sacerdotes entonan sus fúnebres cánticos. Radamés, ya en la obscura lobreguez de su fría tumba, percibe un apagado suspiro y con asombro encuentra junto a él a la enamorada Aida, que no ha querido abandonarle en este instante supremo, y habiendo logrado introducirse en el foso, se dispone resignadamente a morir en su compañía. Ambos perecen cariñosamente abrazados, en tanto Amneris ora de rodillas sobre la losa que los cubre.

HERNANI
(ERNANI)

Ópera en cuatro actos,
el primero dividido en dos cuadros

Música: José VERDI   Libreto: Francisco María PIAVE
inspirado en el drama homónimo de VÍCTOR HUGO

Estreno: Venecia, 9 marzo 1844

REPARTO

HERNANI	Tenor
EL REY DON CARLOS	Barítono
DON RUY GÓMEZ DE SILVA, duque y grande de España	Bajo
DOÑA ELVIRA, su sobrina	Soprano
JUANA, su sirvienta	Contralto
DON RICARDO, caballero de la escolta real	Tenor
YAGO, escudero de DON RUY	Bajo

Lugar de acción: Aragón y Aquisgrán
Época: Año 1519

ACTO PRIMERO

CUADRO PRIMERO

PARAJE agreste en los montes del Pirineo aragonés. Un coro de bandoleros cantan y beben en honor de su jefe Hernani. Este valiente mancebo es el hijo de un noble español que habiendo sido proscrito de su patria y perseguido por la justicia real escapó en otro tiempo hacia las altas montañas, en donde encontró a unos salteadores de caminos a los que se unió y por su audacia y destreza en el manejo de las armas ha llegado a ser el capitán de la cuadrilla. Los facinerosos que le rodean, viéndolo pensativo, se interesan por la causa de su melancolía. Hernani les explica que hace algunos años amó a la hermosa doña Elvira, a la que quiere aún, y habiéndose enterado de que está ahora prometida con su tío, el viejo don Ruy, desearía desbaratar esa boda y apoderarse de su amada a ser posible. Todos los bandidos le brindan su apoyo y se le ofrecen para ayudarle en la realización de sus planes.

CUADRO SEGUNDO

Alcoba en el palacio que habita en Zaragoza el duque don Ruy Gómez de Silva. Es la noche de la víspera de la boda del dueño de la casa con su sobrina doña Elvira. Ésta, acompañada de su doncella Juana, recibe los presentes que sus amistades le hacen con motivo de su próximo enlace. Mas como ella no ama a su tío, se desespera a la vista de estos ricos regalos que le recuerdan su infortunio e implora a Dios que le envíe a Hernani para librarla de un matrimonio forzado. Penetra en la alcoba furtivamente un caballero que guarda el incógnito, y después de declarar a la joven la violenta pasión que le inspira, trata de abusar de ella tomándola a viva fuerza entre sus brazos. En el preciso instante entra en la estancia Hernani, quien libra inmediatamente a doña Elvira de su agresor, y al tratar de acometer a éste, reconoce en él con estupefacción al rey de España, Don Carlos. El proscrito queda unos momentos indeciso, mas al ser a su vez reconocido por el hombre que en otro tiempo lo desterró, dice que ahora aprovechará la ocasión para vengarse e intenta pelear con él. La súbita aparición del duque don Ruy, seguido de su escudero Yago, don Ricardo y todos los caballeros de la escolta real, evitan la lucha y ponen a Hernani en fuga.

ACTO SEGUNDO

Patio cercado de murallas en el castillo que don Ruy posee en la campiña aragonesa. Aparece Hernani disfrazado de peregrino e implora asilo por una noche. El duque,

que no le reconoce, le da acogimiento bajo su techo. Doña
Elvira, que tampoco le ha reconocido, le explica sus cuitas,
confiándole que aunque pronto va a casarse con su tío, está
decidida a suicidarse al pie del altar el día de la boda, pues
el único hombre a quien ha querido ha muerto ya. Entonces
Hernani se despoja de su disfraz y dándose a conocer explica a su amada que ha venido a rescatarla de su cautiverio.
En el tierno dueto que ambos sostienen, son sorprendidos
por el viejo duque. Éste intenta descargar su cólera sobre
Hernani, mas la ley de la hospitalidad se lo veda por estar
alojado en su casa, impidiéndole atentar contra su vida hasta
que salga de ella. No pudiendo hacer otra cosa, el duque le
reta en desafío, que ha de tener lugar en pleno campo. En
esto llega el rey Don Carlos y su séquito de regreso de una
cacería, y al encontrar las puertas del castillo cerradas a su
paso, manda rodearlo por los soldados de su guardia personal, amenazando con asaltarlo si no le entregan a doña Elvira. Don Ruy y Hernani aplazan el duelo y posponen momentáneamente sus rencillas para unirse y defender a su
amada común del capricho del soberano. Para ello el proscrito entrega al duque un cuerno de caza, jurándole presentarse ante él cuando lo toque para rendirle cuenta de la
vida que ahora le es perdonada y no ha de olvidar que le
adeuda. El noble anciano toma por testigo de este compromiso el alma de sus antepasados y acepta la tregua provi-
sional que le hace cómplice, por un tiempo, de su enemigo.

ACTO TERCERO

Bóveda subterránea, en Aquisgrán, que encierra el sepulcro de Carlomagno. El rey Don Carlos visita la tumba
del gran emperador, ante la cual entona una sentimental
cavatina. Del otro lado de la cueva percibe unas confusas
voces y prestando atención a ellas se entera de un complot
que un grupo de conspiradores están tramando contra su
vida. Inmediatamente manda a los guardias de su escolta,
capitaneados por el caballero don Ricardo, que apresen a
los conjurados reunidos, cosa que realizan apoderándose
de ellos por sorpresa. Al ser los prisioneros conducidos ante
el soberano para que los juzgue, Don Carlos reconoce entre
ellos a Hernani y a don Ruy. Aparece doña Elvira, quien

se postra de rodillas ante el rey, implorando clemencia para su amado, en tanto que éste explica que no es otro que el desterrado don Juan de Aragón, que fue proscrito hace ya algunos años por algunos errores cometidos en su juventud que con creces ha expiado en el destierro. Inspirado por el espíritu generoso del emperador allí sepultado, el rey Don Carlos perdona la vida a todos los conspiradores y promete a la pareja de enamorados su protección y la restitución a Hernani de todos sus bienes.

ACTO CUARTO

Galería del antiguo palacio de don Juan de Aragón, en Zaragoza. Éste, que ha entrado en posesión de las propiedades de su familia que por derecho le correspondían, acaba de casarse con doña Elvira. En celebración de tan fausto acontecimiento ha invitado a todos sus amigos de la nobleza aragonesa a una gran cena y baile que tiene lugar en su suntuosa morada. Los desposados son felices al fin habiendo alcanzado lo que se proponían, esto es, unirse y vivir tranquilo . Cuando se disponen a retirarse a sus aposentos, amorosamente abrazados y prometiéndose una dicha eterna, rodeados de riquezas y honores, el lúgubre son de un cuerno de caza soplado con insistencia turba por un momento su paz. Doña Elvira no hace mucho caso de ello, mas Hernani se sobresalta al reconocer en el trágico toque la bocina de caza que un día dio a su antiguo rival don Ruy Gómez de Silva. Escuchando atentamente en el profundo silencio de la noche, percibe con aterradora claridad el fúnebre sonido sobre el que no hay confusión posible ni lugar a dudas acerca de su fatal significado. Efectivamente, hasta las puertas del palacio ha llegado el anciano duque, que es quien producía el agorero tañido, y penetrando en la mansión, avanza nefasto como un personaje del destino implacable, para exigir el cumplimiento de la promesa hecha un día lejano, reclamando la vida que tan generosamente cedió y estaba empeñada bajo una palabra de honor. El celoso don Ruy ha querido que el emplazamiento de su venganza tuviera lugar la noche de bodas de los enamorados y antes que éstos pudieran realizar el himeneo. Hernani, fiel a su compromiso, se da muerte a la vista de su rencoroso enemigo, hundiéndose una daga en el corazón.

UN BAILE DE MASCARAS
(UN BALLO IN MASCHERA)

Ópera en tres actos,
el primero y el último divididos en dos cuadros cada uno

Música: José VERDI   Libreto: Francisco María PIAVE
inspirado en un drama de Eugenio SCRIBE

Estreno: Roma, 17 febrero 1859

REPARTO

RICARDO, conde de Warwick, gobernador de Boston	Tenor
REINHART, su secretario	Barítono
AMELIA, esposa de REINHART	Soprano
ULRICA, vieja hechicera mulata	Contralto
SAMUEL, conspirador	Bajo
TOM, conspirador	Bajo
ÓSCAR, paje del gobernador	Soprano

Lugar de la acción: Boston y sus alrededores
Época: Final del siglo XVII

ACTO PRIMERO

CUADRO PRIMERO

D ESPACHO en el palacio que sirve de residencia al gobernador de Boston. Éste examina la lista de personas que piensa invitar a un baile de máscaras con el cual quiere obsequiar a sus amistades. Al leer entre los nombres de la lista el de Amelia, recuerda con pena la secreta pasión que por ella experimenta y no puede expresar por estar ya casada con su secretario y amigo íntimo Reinhart. Penetra éste en el despacho e informa al Gobernador que acaba de desbaratar un complot que se tramaba contra su vida sin que haya logrado desenmascarar a sus autores. Seguidamente es introducida la mulata Ulrica, la cual ha sido presa por estar acusada de practicar artes de brujería. El Gobernador se burla de los cargos que se hacen contra ella, diciendo que son fantasías de gente ignorante, y no encontrándole culpa para ser castigada, la absuelve, mandando ponerla en libertad. Al irse la mulata se le ocurre la fantasía de ir una noche de incógnito a su guarida. Al expresar este capricho dice que sería divertido consultar a la hechicera acerca de su sino, y aunque no cree en ello tiene curiosidad de oír los embustes que pueda decirle. Sus falsos amigos Samuel y Tom, que son los que en realidad conspiran contra él, prestan gran atención a este extravagante deseo y se conciertan para seguirle la noche que realice su escapada.

CUADRO SEGUNDO

Interior de la choza que habita Ulrica. La vieja bruja está destilando un mágico brebaje rodeada de gentes pobremente vestidas, entre las que está el Gobernador disfrazado de marinero. Unos golpes dados a la puerta hacen que todos los presentes se vean obligados a salir al exterior para dejar el campo libre a la persona recién llegada, a excepción del conde Ricardo, que se esconde tras una alacena. El importuno visitante es la joven Amelia, la cual confía a la hechicera que en contra de su voluntad se ha enamorado del Gobernador y desea que le dé una poción que se lo haga olvidar totalmente, como es su deseo y deber de buena esposa. Ulrica contesta que ello es fácil de conseguir y seguidamente le explica el sistema de condimentar un brebaje milagroso adecuado para tal efecto, indicándole el lugar apartado en donde podrá encontrar las hierbas necesarias para su preparación. Vase Amelia y retornan junto a la bruja todas las miserables gentes que la rodeaban, así como el falso marinero, que abandona su escondite después de haber escuchado la conversación. Éste pide a Ulrica que le diga su horóscopo, lo cual ella hace prediciéndole que pronto morirá asesinado por la misma mano de la primera persona que saludándole estreche la suya. El Gobernador se ríe de este augurio y tiende su mano a Tom y a Samuel, que le acompañan, los cuales, temerosos de ser descubiertos en el secreto odio que le profesan, se niegan a corresponder al

saludo, alegando superstición. En el preciso instante llega a
la choza el secretario Reinhart, el cual viene en busca de su
señor, y al tenderle éste la mano, la estrecha afectuosamente
con la suya creyendo que se trata de una salutación de bienvenida. Entonces el conde Ricardo se burla de la hechicera
diciéndole que es una mala adivina y pésima profetisa, pues
el que acaba de estrechar su mano es nada menos que su
mejor y más querido amigo, el cual jamás ha de intentar
causarle ningún daño. Al ser conocida la identidad del Gobernador, las humildes gentes que se hallan presentes le
aclaman entonando un himno en su honor: "¡Oh hijo de la
gloriosa Inglaterra!"

ACTO SEGUNDO

Paraje silvestre en las afueras de Boston. Al sonar en
un lejano torreón las doce campanadas de la medianoche,
Amelia llega a este apartado lugar en busca de las mágicas
hierbas con que elaborar una pócima que aleje de su corazón la íntima y culpable pasión que experimenta por el conde
Ricardo. Súbitamente éste se le aparece y tomándola entre
sus brazos la obliga a confesar su amor. Mas seguidamente
de su ruborosa confesión, ella le ruega que se vaya y la
olvide. Los dos enamorados son sorprendidos por Reinhart,
el cual ha seguido los pasos del Gobernador temiendo por
su seguridad personal y le conmina ahora a escapar cuanto
antes, pues unos conspiradores están acechando en las sombras para atentar contra su existencia. Protegida por la
oscuridad de la noche, Amelia ha tenido tiempo de cubrirse
la faz con un espeso velo antes de ser reconocida por su
marido. El conde Ricardo dice a éste que se pondrá en salvo
si le promete acompañar a la dama allí presente hasta las
puertas de la ciudad, sin intentar averiguar quién es, cosa
que Reinhart da palabra de cumplir. Mas en el momento de
huir el Gobernador llegan sus perseguidores, y confundiendo
a su secretario con él, le apresan, descubriendo al mismo
tiempo el rostro de Amelia. Al reconocer a su esposa, el
asombrado Reinhart jura vengarse de su infidelidad y, dándose a conocer a los conspiradores, dice que nada deben
temer de él, pues piensa unírseles para que juntos puedan
atentar contra la vida del hombre que ha mancillado su
honor.

ACTO TERCERO

Cuadro primero

Habitación en casa de Reinhart. Éste se dispone a dar muerte a su esposa como castigo a su traición, cuando ella le suplica que le permita dar un último abrazo a su tierno hijito que descansa en la alcoba contigua, plácidamente dormido en su cunita. Enternecido por las lágrimas maternales, Reinhart la perdona, prometiendo descargar toda su cólera sobre la cabeza del vil seductor, del que espera vengarse lo más pronto posible. En complicidad con los conspiradores Samuel y Tom, fijan para aquella noche el asesinato del odiado Gobernador. Al echar la suerte para saber a quién le toca ejecutar el crimen, el destino le señala a él mismo. Aparece el paje Óscar, portador de una invitación para el baile que ha de tener lugar aquella velada en la residencia gubernamental. Al informarles del disfraz que vestirá su amo, se conciertan los tres conjurados para asistir a la fiesta cubiertos con un antifaz y realizar su terrible propósito aprovechando la confusión y el bullicio de los salones.

Cuadro segundo

Cámara en el palacio del Gobernador. Éste acaba de recibir una esquela de Amelia previniéndole del inminente peligro que le amenaza aquella noche, mas sin prestar atención a este aviso, decide enfrentarse con sus enemigos y asistir al baile. La fiesta da comienzo y los invitados comienzan a llegar. Un grupo de máscaras le rodea y, adelantándose hacia él una de ellas, le apuñala el pecho hiriéndole mortalmente. Al quitarse el agresor el antifaz, el moribundo Gobernador reconoce a su secretario Reinhart, dándose cuenta de que la profecía de la hechicera se ha cumplido al pie de la letra. Antes de que sus fuerzas le abandonen, tiene tiempo de jurar a su asesino que su esposa es inocente del pecado que las apariencias le han hecho atribuir, como tampoco él le guardaba ninguna animadversión y pensaba demostrárselo enviándole a Europa para desempeñar un alto cargo. Al oír esto, Reinhart es presa del más atroz remordimiento, pero desgraciadamente es ya tarde para reparar el daño cometido, pues su víctima expira a consecuencia de las profundas heridas con que le ha desgarrado el pecho.

OTELO
(OTELLO)

Ópera en cuatro actos

Música: José VERDI Libreto: Arrigo BOITO
adaptado del drama homónimo de Guillermo SHAKESPEARE

Estreno: Milán, 5 febrero 1887

REPARTO

OTELO	Tenor
DESDÉMONA, su esposa	Soprano
YAGO	Barítono
EMILIA, su esposa	Mezzo-soprano
CASSIO	Tenor
MONTANO	Bajo
RODERIGO	Tenor

Lugar de la acción: Chipre
Época: Siglo XV

ACTO PRIMERO

PLAZA ante un palacio. El pueblo reunido aclama al guerrero Otelo y sus soldados que vuelven victoriosos de una campaña en la que han vencido a las tropas turcas. Solamente el cortesano Yago está descontento y desprecia al caudillo porque ha ascendido a lugarteniente en el mando de sus ejércitos al esforzado Cassio, al que odia y envidia por su suerte. Decidido a desbaratar su buena fortuna, le tiende una trampa en colaboración con sus amigos Montano y Roderigo. Invitando arteramente a Cassio a tomar unas copas en celebración del triunfo, no paran hasta embriagarlo, y una vez esto conseguido, provocan una riña en la cual el joven guerrero desenvaina su espada para agredir a Montano, que le ha ofendido con sus insolencias. Interviene

15

Otelo en la disputa, y, dándose cuenta del lastimoso estado en que se halla su lugarteniente, le rebaja el grado en castigo de su pésimo comportamiento. Seguidamente, manda retirar a todos los reunidos, y al ser recibido por su bella esposa Desdémona con una cariñosa bienvenida, sostiene con ella una amorosa escena, a la que ponen fin penetrando lentamente en el palaciego edificio que les sirve de morada.

ACTO SEGUNDO

Cámara en el palacio. El intrigante Yago convence a Cassio de que pida a Desdémona interceda con sus súplicas para que su esposo lo reponga en su antiguo cargo en el Ejército. En tanto el joven guerrero, convencido por sus razonamientos, va a ejecutar esta demanda, Yago, que queda solo unos instantes, entona una canción en la que expresa los sentimientos rencorosos y perversos que anidan en su alma, creada tan sólo para el mal. Al encontrarse con Otelo, trata de despertar sus celos insinuándole mentirosamente que Cassio está enamorado de su esposa y ésta no desdeña totalmente sus galanteos. Para probarle que no miente, le dice que el tierno galán posee un pañuelo de encajes regalado por la dama como muestra de su afecto. El caudillo se desespera ante esta infame revelación que destroza sus más íntimos afectos, y en un vibrante canto se despide de la hasta entonces placentera paz de su hogar, las glorias que ha conquistado en los campos de batalla y sus ambiciones de poderío que para nada le han de servir faltándole el amor de su infiel esposa. Yago, satisfecho del efecto producido por sus pérfidas calumnias, se le ofrece cínicamente para ayudarle a castigar a los culpables.

ACTO TERCERO

Salón del palacio. Desdémona, consecuente con lo que le ha pedido Cassio y creyendo que con ello no hace ningún mal, ruega a su esposo que tome de nuevo al joven a su servicio, reponiéndolo en su antiguo puesto. Esto confirma aún más las sospechas que atormentan al celoso Otelo, el cual contesta con mucha rudeza a Desdémona, obligándola a retirarse a sus habitaciones presa del más grande desconsuelo, pues no puede comprender el extraño cambio que se ha operado en el carácter de su esposo. Aparece Yago y explica al colérico marido que ha oído como Cassio, al que ha observado mientras descansaba, pronunciaba repetidamente el nombre de Desdémona en sueños. Para descubrir de una vez la verdad, le propone disimularse tras unos cortinajes en tanto él sostendrá una conversación con el joven seductor y lo desenmascarará. Así lo hace Otelo al ver llegar a Cassio. El astuto Yago le interroga acto seguido, de forma tal que parezca que es de Desdémona de quien hablan, mientras que en realidad es de su prometida de la que su interlocutor hace elogios desmesurados y se proclama rendido esclavo de su belleza y de la pasión que ha sabido inspirarle. Al quedar de nuevo solo Yago, sale Otelo de su escondite y recibe de manos de su pérfido amigo un pañuelo que dice ha quitado a Cassio mientras conversaban. Totalmente convencido por la falsa evidencia, el caudillo jura dar muerte a su esposa en tanto Yago, con promesas de afecto, se brinda a matar a Cassio para ayudarle a vengar su honor. Seguidamente penetra un mensajero que es portador de una orden del embajador de Venecia en la ciudad, en la cual comunica a Otelo que acaba de ser destituido de su cargo de jefe del ejército de mar y tierra, habiendo sido nombrado Cassio para sustituirlo. El despecho del guerrero es tan grande que, sin poder contenerse, manda buscar a su esposa y convocando a todos los cortesanos que se encuentran en palacio, la acusa de infiel en su presencia y le atribuye la causa de todos los males que le sobrevienen. Al implorar ella su clemencia, la repudia cruelmente y la arroja con violencia al suelo. En tanto las atemorizadas doncellas la recogen y la retiran de la estancia llevándola en sus brazos desmayada, la fuerte tensión nerviosa de Otelo lo postra en un síncope momentáneo, privándole de sus sentidos. Entonces Yago aprovecha la ocasión para hacer burla de él y reírse de sus penas, regocijado por el magnífico resultado de su maléfica obra.

ACTO CUARTO

Alcoba de Desdémona. Ésta se dispone a acostarse, asistida por su doncella y amiga Emilia, que la ayuda a desvestirse. Cuando ésta se retira, Desdémona se arrodilla ante una imagen de la Virgen implorando su protección en una inspirada "Ave María". Después se introduce en el lecho, y apenas se ha dormido, penetra su marido en la alcoba y, contemplándola con pasión y tristeza, la despierta con un suave beso para interrogarla de nuevo acerca de su supuesta infidelidad. En vano jura ella proclamando su inocencia; los terribles celos de Otelo pueden más, dominándole por encima de todos sus demás sentimientos. Temiendo ser víctima de un nuevo engaño, al escuchar sus tiernas palabras, se decide a arrebatarle la existencia, y, atenazando con sus manos crispadas por el odio su ebúrneo cuello, aprieta con todas sus hercúleas fuerzas hasta estrangularla. Entra Emilia, atraída por el ruido producido por la breve y brutal lucha, y al distinguir a su ama exánime sobre el lecho, profiere agudas voces pidiendo auxilio. Todos los cortesanos y sirvientes del palacio se precipitan ansiosos en la alcoba y entre ellos el traidor Yago. Dándose al fin cuenta de sus pérfidos manejos, su esposa Emilia lo denuncia como autor de la criminal maquinación que ha producido aquella tragedia. Entonces da cuenta del odio feroz que su marido profesaba a Cassio y aclara también la patraña del pañuelo de encajes que era a ella a quien pertenecía y un día le fue robado. Para evitar que acabe de poner en evidencia la maldad y perversión de su descastado corazón, que su esposa conoce perfectamente, Yago la apuñala, haciéndola enmudecer. El desesperado Otelo, al darse cuenta de la infame trama de que ha sido víctima y en la cual ha sacrificado la existencia de una inocente y pura mujer que le había amado siempre, no se siente con fuerzas para sobrevivirla y se suicida.

RIGOLETTO

Ópera en tres actos,
el primero dividido en dos cuadros

Música: José VERDI   Libreto: Francisco María PIAVE

adaptado del drama "Le Roi s'amuse" de VÍCTOR HUGO

Estreno: Venecia, 11 marzo 1851

REPARTO

DUQUE DE MANTUA	Tenor
RIGOLETTO, su bufón	Barítono
GILDA, hija de RIGOLETTO	Soprano
SPARAFUCILE, rufián	Bajo
MAGDALENA, su hermana	Contralto
CONDE MONTERONE	Barítono
CONDE CEPRANO	Bajo
CONDESA CEPRANO, su esposa	Soprano
GIOVANNA, aya de GILDA	Contralto
BORSA, cortesano	Tenor

Lugar de la acción: Mantua
Época: Siglo XVI

ACTO PRIMERO

CUADRO PRIMERO

SALÓN en el palacio del duque de Mantua, en una noche de recepción en la cual se celebra una gran fiesta. El joven duque, frívolo y enamoradizo, confía a su amigo Borsa su último capricho: la extraña pasión que le ha inspirado una modesta y recatada doncella que algunas mañanas ve al dirigirse a la iglesia. Este amoroso deseo le obsesiona tanto que le hace olvidar el que experimentaba hace unos días por la esposa del conde Ceprano, a la cual conquistó y logró hacer su amante, mas ahora ya relegada a segundo término por su insconstante corazón. Para justificar su propia ligereza y la de la dama entona una alegre romanza: "Questa o quella". Seguidamente corteja descaradamente a su amiga, sin temor a los celos del conde, su marido, que acaba por darse cuenta de los atrevidos galanteos y pone fin a ellos interrumpiendo bruscamente el amoroso dueto. Entonces el duque ofrece su brazo a la condesa y salen ambos del salón. Llega Rigoletto, el bufón jorobado de palacio, el cual es odiado por todos por hacer siempre burla de la gente a fin de divertir a su amo. Al salir en busca del duque, un caballero de la corte informa a los invitados que el grotesco bufón tiene una amante a la que visita todas las noches. Todos se ríen del insospechado amorío y al retornar el duque al salón le dan cuenta de la cómica noticia, concertándose algunos cortesanos para seguir los pasos de Rigoletto aquella misma noche y descubrir su ridículo idilio. Súbitamente, penetra con ímpetu en el salón el colérico conde Monterone, noble anciano que viene a reconvenir al duque por ser el causante de la deshonra de su hija. Sus vibrantes improperios interrumpen las risas y la música de la alegre velada y llegan a ser tan graves los insultos que profiere, que el duque, instigado por su bufón, da orden a sus soldados de arrestarlo. Entonces, el humillado anciano zahiere con sus imprecaciones al cínico jorobado que para provocar la risa ha hecho burla de su dolor de padre. Rigoletto queda impresionado por la maldición que le ha dirigido el viejo conde, pues también él tiene una hija y teme que Dios pueda enviarle su castigo sobre ella, que es el único cariño puro de su alma envilecida.

CUADRO SEGUNDO

Jardín en la casa de Rigoletto, separado por un alto muro de un oscuro callejón. Aparece en éste Rigoletto acompañado del mesonero Sparafucile, cuya verdadera profesión es la de asesino asalariado que por cierta cantidad suprime a los rivales de quien le paga, atrayéndolos a su mesón con el cebo de su bella hermana Magdalena y echándolos al río Mincio después de haberlos cosido a puñaladas. Al ofrecer sus horribles servicios al bufón, éste dice que lo tendrá presente por si alguna vez lo necesita, y tan pronto el rufián se aleja, abre la cancela del jardín de su casa y penetra en él. Al encontrarse con su ingenua hija Gilda, que afectuosamente se echa en sus brazos, tiene lugar un emotivo dueto en el cual evocan la memoria de la difunta madre. El celoso jorobado pregunta a la muchacha cuántas veces ha salido en aquellos días y si no ha tenido trato con nadie, a lo que ella le asegura que salió tan sólo para ir a la iglesia, callándose no obstante su encuentro fortuito con un apuesto estudiante que ha despertado en su candorosa alma amorosos sentimientos. Rigoletto encarga a la vieja Giovanna, aya de su hija, que la vigile bien, preservándola de todo contacto con el mundo pecaminoso. Como sea que se perciben unos pasos en el contiguo callejón, Rigoletto abre la puerta y sale para ver quién es, cuando el duque, que estaba disimulado junto a la cancela, aprovecha la ocasión para penetrar en el jardín, y tirando una bolsa de dinero a Giovanna para que no le descubra, se esconde tras unos arbustos. Vuelve el desconfiado padre después de haberse cerciorado de que no había nadie afuera y después de recomendar de nuevo al aya que vele por su hija y besar la frente de ésta, se emboza en su capa y vase. Gilda confiesa entonces a su aya que está enamorada del apuesto estudiante al que apenas conoce y siente remordimiento por no habérselo dicho a su padre. Apenas acabada esta confidencia, aparece el duque, que no es otro que el fingido estudiante, y explica que también él la ama apasionadamente y su nombre es Gualterio Maldé. La amorosa escena que tiene lugar entonces es interrumpida por unos ruidos de la calle que obligan al duque a retirarse guiado por Giovanna hacia una puerta interior. Al quedar sola Gilda, toma una linterna para alumbrar su camino hasta la alcoba, mas en vez de dirigirse a ella, sube a la terraza y presa del hechizo de la noche y el afecto que experimenta por el joven galán, canta la inspirada aria del "caro nome". Aparecen en el callejón los amigos del duque, todos con el rostro cubierto con un antifaz, y quedan maravillados ante la gracia angelical de la muchacha que creen amante del deforme Rigoletto. Al sorprenderles éste, disimulan su presencia allí di-

ciendo que proyectan raptar a la condesa Ceprone y entonces él les indica que la morada que buscan está un poco
más arriba. Fingiendo dirigirse al lugar señalado, convencen
al bufón para que tome parte en la hazaña, y, colocándole a
manera de antifaz un pañuelo que venda sus ojos, lo conducen frente a la valla de su propia casa y haciéndole sostener una escalera, dos de ellos ascienden a la terraza y
apresan a Gilda, a la que se llevan cubriéndola con sus
amplias capas. En el momento de escapar, de la boca de la
doncella se desprende el pañuelo que la amordazaba y tiene
tiempo de exclamar: "¡Auxilio, padre mío!" Entonces Rigoletto se arranca la venda que cubre sus ojos y se da cuenta
con desesperación de la celada de que ha sido víctima. Al
intentar reparar el mal que inconscientemente ha cometido, los raptores están ya lejos, llevándose en su brazos su
más dulce y preciado bien.

ACTO SEGUNDO

Cámara en el palacio. El duque de Mantua está desolado
porque no consiguió ver otra vez, la noche pasada, a su adorada Gilda, cuando llega un grupo de cortesanos y le informan de la captura de la que ellos suponen amante de
Rigoletto. El enamoradizo duque les ruega le conduzcan hasta el aposento en donde guardan a la bella cautiva, cuya
conquista se dispone a emprender. Aparece el contristado bufón, el cual, para saber la verdad de lo ocurrido, finge igno-
rar la identidad de la víctima del rapto e inquiere de los
cortesanos cómo acabó la aventura. Éstos se burlan des-
piadadamente de su oculto dolor, "Provero Rigoletto", y comprendiendo él al fin que están al corriente de la farsa, intenta penetrar en la habitación en donde se halla su infeliz
hija, siéndole vedado el paso por los crueles cortesanos.
Varias veces vuelve a intentarlo, siéndole siempre la puerta
obstruida por aquel grupo de aristócratas depravados. Impotente para luchar contra ellos, les suplica con lágrimas
en los ojos se apiaden de sus desdichas y le devuelvan a
su hija: "Miei signori, perdono, pietate". Mas antes que acabe su ruego aparece ésta y se arroja a su cuello desolada.
Al presenciar el conmovedor encuentro de padre e hija, los
cortesanos se retiran, dejándolos solos en la cámara. Gilda

explica el escarnio y deshonor de que ha sido víctima cuando atraviesa el fondo de la estancia, custodiado por dos guardias, el conde de Monterone, el cual se detiene un instante al pie de un gran retrato del duque para decir que debe haber sido vana su maldición, puesto que la dicha y la fortuna le sonríen todavía. El bufón, al reconocer al noble anciano cuya hija fue también vilmente seducida, le dice que esté tranquilo, pues él se encargará de vengarle al vengar su propia ofensa.

ACTO TERCERO

Interior del mesón de Sparafucile. A un ángulo de la escena se divisa el exterior del edificio, con la puerta de entrada y el río Mincio al fondo del agreste paraje. Aparecen Rigoletto y su hija, ella disfrazada con vestiduras masculinas y pidiendo clemencia a su padre para el hombre que causó su perdición. Él le explica que la ha conducido precisamente allí para que sea testigo de su volubilidad y perverso corazón. En esto llega el duque y penetrando en el sórdido mesón es servido por la seductora Magdalena que fingiéndose pudorosa le jura su pasión en tanto expresa la versatilidad de los corazones femeninos en una alegre y frívola canción: "La donna e mobile". Mientras tanto, el rufián Sparafucile ha salido afuera para hablar con Rigoletto, que le ofrece una cantidad de dinero para que asesine al duque, prometiéndole otra igual una vez ejecutado el crimen. Gilda, ajena al infame trato, tiene ocasión de oír, acechando por una ranura del muro, como el inconstante duque hace el amor a Magdalena, y para conseguirla le ofrece incluso hacerla su esposa si accede a su libidinoso deseo. Acto seguido estalla una violenta tempestad y en tanto Rigoletto y su hija se alejan, el posadero se dispone a verificar el innoble trabajo que le han encomendado. Busca al duque, que habiendo llegado hasta la alcoba de su amante del momento se ha quedado dormido en sus brazos, y al tratar de matarlo, Magdalena intercede por él evitando el crimen. Mas como el asesino necesita una víctima para cobrar la prima que el bufón le ha ofrecido, decide obtenerla con la primera persona que penetre en la casa. Gilda, enterada por su padre del encargo que ha hecho al posadero, decide sacrificarse una vez más por el hombre que la sedujo, aunque también logró enamorarla. Penetrando audazmente en el mesón para intervenir por él, es agredida por Sparafucile, que, confundiéndola con un hombre, le da muerte con su puñal, y después con la ayuda de su hermana mete el cadáver en un saco. Al sonar la hora convenida, llega Rigoletto, y haciendo entrega al mesonero del dinero prometido, recibe en cambio el fúnebre fardo que contiene el cuerpo inanimado del que él cree su enemigo. Arrastrándolo hasta la orilla del río, se dispone a arrojarlo en él cuando percibe la voz burlona del odiado duque que entona su frívola canción. Creyéndose víctima de una alucinación de sus sentidos, desgarra con manos febriles la tela del saco y en su interior descubre, horrorizado, a su hija agonizante que puede aún expirar en sus brazos entonando ambos un sentimental dúo: "Lassú in cielo". La maldición proferida un día por el viejo conde Monterone se cumple con exactitud al morir dulcemente Gilda.

EL TROVADOR
(IL TROVATORE)

Ópera en cuatro actos
dividos en dos cuadros cada uno

Música: José VERDI   Libreto: Salvador CAMMARANO
adaptado del drama de F. GARCÍA GUTIÉRREZ

Estreno: Roma, 14 enero 1853

REPARTO

LEONORA .... Soprano
AZUCENA, gitana .... Mezzo-soprano
INÉS, doncella de Leonora .... Soprano
MANRIQUE, trovador .... Tenor
CONDE DE LUNA .... Barítono
FERNANDO, capitán de las tropas de
LUNA .... Bajo
RUIZ, asistente de MANRIQUE .... Tenor

Lugar de la acción: Norte de España
Época: Siglo XV

ACTO PRIMERO

CUADRO PRIMERO

VESTÍBULO del palacio que habita en Vizcaya el conde de Luna. Varios familiares de éste escuchan el
relato que les hace el capitán de la guardia Fernando, infor-
mándoles del secreto de familia que se cierne como una
maldición sobre la existencia del conde. Trátase de la terrible
historia del segundo hijo del difunto conde de Luna, el cual,
habiendo sido al nacer hechizado por una gitana y viviendo
siempre enfermizo, fue ésta presa por los soldados y quema-

da viva en la plaza pública para conjurar el maleficio. Mas la ejecución produjo un resultado contrario al esperado, pues la vieja hechicera encargó, antes de expirar, a su hija Azucena que la vengara y ésta se apresuró a robar el infante maldito burlando la vigilancia de los que lo guardaban. Al día siguiente fue encontrado a las puertas del palacio el cadáver calcinado de un niño. Este disgusto costó la vida al anciano conde de Luna, el cual, dudando no obstante de que el cuerpecito consumido por las llamas fuera el de su pequeño, encareció, antes de morir, a su hijo mayor y heredero de su título que no dejara nunca de investigar sobre el caso y buscara incansablemente a su hermano por si casualidad vivía aún. Consecuente con este ruego, el actual conde no había cesado ni un sólo día de activar las pesquisas, que hasta el presente habían resultado siempre infructuosas, pues ni tan siquiera había sido posible dar con la gitana Azucena, a la cual las gentes del pueblo suponían muerta, dando fe a la superstición de que a la medianoche aparecía bajo la forma de una nocturna ave de rapiña. Como en un campanario vecino suenan en aquel instante doce campanadas, todos los reunidos vanse con precipitación puerilmente despavoridos.

Cuadro segundo

Jardín del palacio. La hermosa Leonor, dama principal de la corte, amada por el conde de Luna, se pasea acompañada de su doncella Inés, a la que confía la tierna pasión que siente por un trovador llamado Manrique, al que apenas conoce y que algunas noches le canta romanzas al pie de su ventana. Una vez retirada en su aposento y asomada a la ventana de éste, se percibe la voz del nocturno adorador que entona sus deliciosas trovas. En el mismo momento, el conde de Luna, extrañado de que su amada se retire todos los días tan temprano, llega al jardín para averiguar la causa que motiva este alejamiento. Leonor, que ha oído el canto de Manrique, desciende de su alcoba para juntarse con él, y en la semioscuridad reinante lo confunde con el conde, al que reprocha su tardanza. Al entrar el trovador en el jardín y oír que su dama habla con otro hombre, la increpa llamándola perjura. Ella, dándose cuenta del engaño que ha sufrido, se postra a sus pies pidiéndole perdón. Entonces, el desconfiado conde, que reconoce en Manrique no sólo a un rival en el corazón de la bella, sino también a un enemigo político al que había condenado a muerte, desenvaina su espada y lo reta para batirse. Leonor se desmaya en tanto en el breve duelo Manrique es herido por su contrincante.

ACTO SEGUNDO

Cuadro primero

Campamento gitano en los montes aragoneses. Un grupo de zíngaros están maniobrando en una fragua en tanto cantan un vibrante coro. La vieja Azucena, que ha criado a Manrique desde pequeño, le cuida ahora curándole las heridas que recibió en la pelea que sostuvo con el conde de Luna. La gitana le cuenta que su madre fue sacrificada hace muchos años en una pira por mandato del padre de este odioso conde y para vengarla ella raptó a su pequeño hermano para que pereciera del mismo modo, mas con la precipitación de quemarlo aquella noche, consumó inconscientemente su feroz propósito con el cuerpecito inocente de su propio hijo, dejando al niño robado en la cuna del campamento. Viendo en esta terrible confusión la mano del Todopoderoso que quiso castigarla por su crimen, prohijó desde entonces al noble infante como si fuera su verdadero hijito. Al inquirir Manrique si es él ese niño de que habla, se arrepiente la vieja de su indiscreción y trata de encubrir con embustes el misterio que rodea su nacimiento, desviándole así de la verdad. Llega un mensajero y entrega una carta a Manrique en la cual el príncipe de Aragón le da orden de reunir a los hombres de que pueda disponer en su tribu para defender la plaza fuerte de Castellar y al mismo tiempo le informa que Leonor, en la creencia de que él murió en el duelo, va a ingresar como novicia en una orden religiosa. Inmediatamente, el joven trovador reúne a su gente y parte presuroso a cumplir las órdenes de su señor y a la vez rescatar a su amada, sin hacer caso de los ruegos de Azucena que le pide que no vaya aún, pues sus heridas no están completamente cicatrizadas.

CUADRO SEGUNDO

Paraje próximo a un convento. El conde de Luna, escoltado por sus tropas, aguarda la llegada de Leonor para desbaratar la ceremonia que ha de darle entrada en aquella santa casa y poder hacerla su esposa. Al oír el canto de las religiosas que se aproximan, se ocultan todos. Aparece Leonor seguida de Inés y demás damas de su cortejo, dispuesta a tomar el velo que ha de alejarla para siempre de la vida mundana. El conde y sus soldados se precipitan sobre las indefensas mujeres y cuando están a punto de apresarlas aparece Manrique y su gente evitando el atropello. En tanto el trovador y su amada tienen ocasión de escapar ilesos de la contienda, el conde y sus soldados son vencidos por los hombres de Manrique.

ACTO TERCERO

CUADRO PRIMERO

Campamento militar ante Castellar. El capitán Fernando comunica a las tropas que el conde de Luna piensa dar la orden de atacar la ciudad la próxima madrugada. Éste sale de su tienda y en tanto contempla melancólicamente las murallas de Castellar en donde se refugian su enemigo y su amada, un piquete de soldados trae amarrada a la gitana Azucena a la que acaban de hacer prisionera. Al explicar la vieja que es madre de Manrique, al que viene buscando desde Vizcaya, se gana la aversión del conde, mayormente al observar el excesivo miedo que demuestra de encontrarse en su presencia, lo que le hace suponer que colaboró en el rapto de su infeliz hermanito. Deseoso de castigar el crimen del tierno infante y satisfacer al mismo tiempo su odio contra Manrique, condena a la vieja a ser quemada viva. Los soldados se la llevan arrastrándola, enfurecida y profiriendo maldiciones sobre el conde en tanto se aleja.

CUADRO SEGUNDO

Aposento en la fortaleza de Castellar. Leonor y su amado están aguardando la hora de unirse en matrimonio, cuando llega el soldado Ruiz, uno de sus más fieles ayudantes, y le informa que la anciana Azucena ha sido apresada por sus enemigos y va a ser quemada en una hoguera que acaban de encender junto a las murallas de la ciudad, mostrándole por un ventanal el resplandor de sus llamas. El esforzado Manrique, sin vacilar ni un instante ni considerar que no tiene fuerzas bastantes para enfrentarse con las de su enemigo, reúne a sus hombres y se lanza a la loca aventura de librar a su madre de sus poderosos verdugos, dejando a Leonor sumida en el más profundo desconsuelo y presa de los más tristes presentimientos.

ACTO CUARTO

CUADRO PRIMERO

Exterior de un castillo. El fiel Ruiz conduce a Leonor hasta aquel lugar para enseñarle el torreón en donde está encerrado su amado Manrique, que fue derrotado en la batalla por las tropas del conde de Luna y cayó en su poder. El sentimental *miserere* que la infeliz dama oye cantar desde lejos la conmueve hondamente y su emoción crece cuando percibe la clara voz del trovador que se despide de ella y del mundo en un triste canto. Aparece el conde de Luna y repite a sus soldados el mandato de quemar a la gitana y decapitar a Manrique. Entonces Leonor se arrodilla a sus pies implorando clemencia, y no consiguiendo enternecerle, le brinda su mano si perdona la vida a su amado y le permite entrar por un breve instante en la torre en donde está preso. El conde acepta el trato, con la esperanza de poseer al fin a la mujer que tanto desea.

CUADRO SEGUNDO

Celda situada en uno de los torreones del castillo. La gitana Azucena y Manrique están esperando serenamente el momento de ir al suplicio. Llega Leonor y se abraza afectuosamente a su amado, en tanto la anciana mujer dormita en un rincón, dejando a la joven pareja en completa libertad para sostener su tierno coloquio. Extrañado el tro-

vador de que hayan facilitado el acceso de la enamorada
dama hasta aquel custodiado recinto, la interroga acerca
de ello obligándola a confesar la promesa que hizo al conde de Luna para conseguirlo. Esto despierta los celos de
Manrique, que la reconviene duramente por haber así traicionado su amor, hasta que la desfalleciente Leonor le da
cuenta de que para no verse obligada a cumplir su juramento ha ingerido un poderoso veneno cuyos mortíferos efectos
comienza ya a experimentar. Penetra el conde en la celda
en el momento que Leonor expira en brazos de Manrique.
Furioso por esta fúnebre treta que le roba una vez más a la
mujer que tanto ambicionaba hacer suya, da orden a los
guardias de conducir inmediatamente al trovador al patíbulo
y ejecutarlo. Al despertar al poco rato la vieja Azucena de su
letargo y no ver a su lado al joven prisionero, pregunta en
dónde se encuentra. El conde le señala simplemente una
ventana a través de la cual puede verse el patio del castillo
en donde acaba de ser Manrique decapitado. La anciana
gitana lanza agudos gritos de desesperación al contemplar
este cruel espectáculo, y viendo en ello el castigo que el destino envía como venganza del asesinato de su madre consumida en la hoguera, informa con trágica voz de sibila al
conde de Luna de que aquel cadáver decapitado es el de su
propio hermano, de cuya muerte él es el único autor y responsable. Éste, horrorizado por esta tardía y fatal revelación,
se desploma sin sentido, no pudiendo soportar la terrible
acusación que ha de pesar para siempre sobre su conciencia.

LA TRAVIATA

Ópera en cuatro actos

Música: José VERDI   Libreto: Francisco María PIAVE
adaptado del drama "La dame aux camélias"
de Alejandro DUMAS (hijo)

Estreno: Venecia, 6 marzo 1853

REPARTO

VIOLETA VALERY	Soprano
FLORA BELOIX, su amiga	Soprano
ANNINA, doncella de VIOLETA	Mezzo-soprano
ALFREDO GERMONT	Tenor
MONSIEUR GERMONT, su padre	Barítono
GASTÓN DE LETORIERES	Tenor
BARÓN DOUPHAL	Barítono
MARQUÉS D'ORBIGNY	Barítono
DOCTOR GRENVILLE	Bajo

Lugar de la acción: París y sus alrededores
Época: Mitad del siglo XIX

ACTO PRIMERO

SALÓN en casa de Violeta Valery, una de las reinas del *demi-monde* parisiense de su época. Ésta recibe a sus invitados que van llegando a la recepción que les ofrece. Entre ellos se encuentran su amiga y confidente Flora Beloix, joven cortesana entretenida por el marqués d'Orbigny, que también asiste a la velada, como asimismo el barón Douphal, que está enamorado de la dueña de la casa, y el doctor Grenville. Al poco rato llega el aristócrata Gastón de Letorieres, acompañado de su joven amigo Alfredo

Germont, a quien introduce por primera vez en aquella frívola sociedad presentándolo a todos los invitados. Este apuesto muchacho queda hondamente impresionado por la pálida belleza de Violeta y manifiesta este amoroso sentimiento en un apasionado brindis que ofrece a la hermosa mundana. Ella le ofrece entonces su propia copa para que acabe de apurar el champaña que contiene, lo que enardece aún más al enamorado galán. Seguidamente vanse todos al salón de baile para danzar a los acordes de un delicioso vals, mas pronto la dueña de la casa y su pareja se ven obligados a regresar para descansar ella unos momentos en un sofá, pues ha sido presa de un acceso de tos, cosa que le ocurre con harta frecuencia. La tisis que poco a poco mina su existencia ha de acabar consumiéndola. El estado de su frágil salud interesa más aún al apasionado Alfredo, que le propone huir en su compañía a la campiña en donde podrá reponerse de sus dolencias. La joven mundana rechaza este amor ingenuo y sincero, demasiado puro para su existencia de pecado, alegando que una mujer como ella tan sólo puede acarrear desdichas y sinsabores al hombre que la quiera de corazón y disuadiéndole con ello de sus locos proyectos. Acabado el baile, todos los invitados se retiran y con ellos Alfredo y su compañero Gastón. Una vez sola Violeta, extingue la luz de todas las lámparas y en una semipenumbra propicia se entrega al ensueño de recordar a su galán de aquella noche y las bellas fantasías que le ha propuesto. A fin de olvidar los sentimentalismos que tan sólo penas le causan, decide sumergirse en la vorágine de los placeres parisienses hasta aturdir su pobre cerebro. Sus tristes reflexiones son interrumpidas por la voz de Alfredo que, penetrando por el abierto balcón, llega hasta ella desde la calle, donde le canta una tierna serenata.

ACTO SEGUNDO

Terraza de una casita de campo próxima a París. Alfredo, antes de salir de caza por los alrededores, como acostumbra hacer todas las mañanas en los tres meses que lleva de residencia allí, refiere cómo Violeta abandonó la mundanal y bulliciosa existencia que llevaba, para recluirse con él en aquella rústica morada y entregarse por completo a su amor en la apacible tranquilidad del campo. La doncella Annina le informa del precario estado monetario en que se halla su ama, habiendo llegado al extremo de tener que vender algunas de sus valiosas joyas para subvenir a los gastos que ocasiona la campesina residencia. Alfredo se sorprende de esto que ni tan siquiera sospechaba, y, aun agradeciendo el sacrificio, comprende que no debe aceptarlo y se decide a marchar inmediatamente a París para arreglar de una vez la delicada situación. Aparece Violeta y oye de labios de Annina la noticia de la partida de su amado, al propio tiempo que le entregan una invitación para un gran baile que da en su casa de la ciudad su amiga Flora y le anuncia la visita del señor de Germont, padre de Alfredo. Llega este caballero y acusa a la joven cortesana de ser la perdición de su hijo, haciéndola responsable de su ruina moral y material. Como ella se defiende y expone sus razones que demuestran que no es así, el noble anciano se conmueve al comprobar que no son todos malos los sentimientos que alberga el sensible corazón de aquella mujer y que tal vez, como ella misma explica, su único error es haberse enamorado seriamente de su amante. Para darle ocasión de probarlo le exige un rápido rompimiento con él, si en algo aprecia su felicidad, como único medio para salvarle de la deshonra y devolverlo al seno de su honesta familia. Al prometer ella obedecer sus deseos y ofrecerle escribir una cruel carta de despedida que no dejase ánimos a su adorador para seguirla, el venerable caballero se enternece por tanta abnegación y acaba por abrazarla y besarla en la frente, bendiciéndola e infundiéndole ánimos para realizar totalmente su sacrificio. Al quedar sola, la desventurada Violeta intenta escribir la misiva que ha prometido y al mismo tiempo una breve nota aceptando la invitación de su amiga Flora para la fiesta de aquella noche, mas es sorprendida por el súbito retorno de su amante y se aleja de él penetrando en la casa. A poco vuelve el señor de Germont, que viene en busca de su hijo. Aparece un criado y entrega la carta redactada en los términos frívolos y crueles a que se había comprometido hacerlo. Alfredo se desespera al leerla y son vanos los consuelos que le prodiga su padre para mitigar su desengaño y tratar de retenerle; furioso por creerse traicionado por su amante, huye hacia la ciudad para buscarla y aclarar el motivo de su fuga.

ACTO TERCERO

Salones en la casa que habita Flora Belloix en París. Aquella noche tiene lugar un magnífico baile de trajes, y mientras en una de las estancias bailan las parejas, en otra se han dispuesto varias mesas de "bacarratt" para que los invitados puedan jugar. En un grupo de hombres y mujeres disfrazados se comenta la separación de Alfredo y Violeta y las relaciones que ésta ha iniciado con su viejo adorador el barón Douphal, aceptando públicamente su protección. Llega Alfredo y tomando asiento a una de las mesas juega aturdidamente, ganando con una persistencia asombrosa. Al penetrar Violeta en el salón, del brazo de su nuevo amante, Alfredo hace alusión a su extraña suerte diciendo que es oportuna aquella noche, pues necesita mucho oro para poder comprar los favores de una mujer perdida. La joven sufre en silencio este ultraje y todas las insolentes alusiones que Alfredo hace a sus amores muertos. Al fin éste, en el paroxismo de su desesperación y excitados sus nervios al verla inmutable a sus hirientes pullas, acaba por arrojarle a la faz una bolsa repleta de monedas, y, deseando dar satisfacción a su acompañante del insulto, reta al barón en desafío. Se produce un gran revuelo y confusión entre los asistentes a la brutal escena, y mientras las damas recogen a Violeta, que se ha desmayado, los hombres censuran a Alfredo por su grosera actitud. Llega el señor de Germont, que ha recorrido medio París en busca de su hijo, y al enterarse del escándalo le reconviene duramente por su inexplicable conducta, diciéndole que Violeta no merecía tal ultraje, pues se había sacrificado tan sólo por su dicha atendiendo a sus instancias. Al enterarse de la abnegación de su amada, que no hacía sino obedecer las instigaciones de su padre, Alfredo se refugia avergonzado en los brazos cariñosos de éste, atormentada su conciencia por el remordimiento de su duro e injusto comportamiento.

ACTO CUARTO

Alcoba en casa de Violeta. Ésta se halla acostada, dormitando, en tanto su doncella Annina vela su ligero sueño. El terrible mal que anida en el pecho de la desventurada joven la tiene postrada en el lecho desde hace varios días, sin que existan esperanzas de salvación. Penetra en la alcoba el doctor Grenville, que viene a visitar a su paciente. Tratando de darle ánimos, la ayuda a levantarse y la acompaña hasta un próximo diván en donde la deja tendida, en tanto advierte reservadamente a Annina que sólo restan pocas horas de vida a su ama. Una carta del señor Germont informa a Violeta de que en el ya efectuado duelo entre Alfredo y el barón Douphal, resultó herido este último, y, habiendo salido su hijo ileso, irá a visitarla dentro de poco para implorar su perdón, pues está enterado de su admirable sacrificio. Esto llena de alegría el débil corazón de la pobre enferma, y al pretender componerse para estar bella cuando llegue su amado, las fuerzas la abandonan de repente y esto le hace comprender que no hay ya remedio capaz de curarla de su avanzado mal. Entonces se despide con melancolía de todas las cosas que la rodean, en tanto percibe los gritos y músicas del Carnaval que anima las calles y cuya alegría contrasta vivamente con la tristeza que la envuelve. Llega al fin Alfredo y se precipita con pasión en sus brazos. El tierno coloquio que sostienen, rememorando las horas de tibia felicidad que juntos vivieron en el campo, no hace más que precipitar, con su excesiva emoción, el inevitable fin de Violeta. En un fuerte acceso de tos que agita sus frágiles pulmones, expira dulcemente en brazos del único hombre que ha amado de verdad en su breve existencia en la que el lujo y el placer alternaron con la miseria y el dolor. Alfredo derrama amargas lágrimas de dolor y arrepentimiento sobre el cadáver de su amante, guardando junto a su corazón un medallón que como recuerdo eterno le ha entregado poco antes de morir. En tanto, el doctor Grenville y Annina murmuran una plegaria por el alma de la infeliz pecadora que, como la bíblica cortesana, si erró mucho, amó mucho también.

LOHENGRIN

Ópera en tres actos,
el último dividido en dos cuadros

Música y libreto: Ricardo WAGNER

Estreno: Weimar, 28 agosto 1850

REPARTO

ELSA DE BRABANTE	Soprano
LOHENGRIN	Tenor
FEDERICO TELRAMONDO, conde de Brabante	Barítono
ORTRUDA, su esposa	Mezzo-soprano
ENRIQUE I, rey de Alemania	Bajo

Lugar de la acción: Amberes y sus alrededores
Época: Siglo x

ACTO PRIMERO

UNA pradera a orillas del río Escalda, próxima a la ciudad de Amberes. Los heraldos anuncian la llegada del Rey Enrique I de Alemania que viene a reunir y poner en pie de guerra a todos los nobles brabantinos para evitar la invasión de las tribus húngaras que desde Oriente amenazan su reino, habiéndose insurreccionado después de negarse a pagar un tributo que les fue impuesto al ser vencidos nueve años antes. En su discurso incita a los reunidos a morir por la patria y les reconviene por estar actualmente inactivos y sin jefe. Entonces se adelanta uno de los aristócratas que le escuchan, Federico Telramondo, y le explica que al morir el último duque de Brabante le confió sus dos hijos, la joven Elsa y el niño Godofredo, y que habiendo dado la pri-

mera muerte a su tierno hermano, es a él a quien corresponde el gobierno del ducado, al mismo tiempo que exige se
castigue a la desnaturalizada fratricida. El Rey, deseoso de
hacer justicia, manda comparecer a la acusada. Llega Elsa,
que está como poseída por un místico delirio, y a las insi-
diosas preguntas que le hacen, niega rotundamente su parti-
cipación en el crimen que se le atribuye, así como también
se niega a someterse a un juicio para ser juzgada, alegando
que un audaz guerrero que ha visto en sueños será el que
acuda a ampararla y defenderla. El Rey ordena al heraldo
pregonar que si alguno de los caballeros allí presentes desea ser el paladín de Elsa de Brabante, que lo manifieste.
Nadie contesta a este llamamiento, y cuando la joven cae
de rodillas en oración, afligida por el abandono, se divisa
en uno de los extremos del río una ligera embarcación arrastrada por un cisne que conduce hacia la pradera a un caballero desconocido. Éste es el misterioso Lohengrin entrevis-
to en sueños por la iluminada Elsa, la cual lo reconoce
inmediatamente y lanzando un grito de triunfo lo muestra
a sus incrédulos acusadores como el hombre que ha de
hacer resplandecer su inocencia. Al llegar la barquilla a la
orilla, Lohengrin echa pie a tierra y después de hacer los
honores al Rey, pregunta a Elsa si al consagrarle su acero
le confiará su fe, su virtud y su honor, a lo que ella contesta
que le dará también su corazón y el trono de su padre al
concederle su mano. Entonces Lohengrin le hace jurar que
si un día llega a ser su esposa no le preguntará jamás su
nombre, ni su procedencia. Cuando la joven doncella se lo
ha prometido, la abraza amorosamente y después de enco-
mendarse a la protección real, desafía a Telramondo tratándole de impostor y sosteniendo la inocencia de su amada.
Un reñido duelo tiene lugar, en el cual, tras algunos vigoro-
sos asaltos, Lohengrin derriba a su adversario y una vez
a su merced le perdona generosamente la vida. El Rey destierra al vencido y a su esposa Ortruda y seguidamente entrega Elsa al esforzado Lohengrin, que la recibe en sus brazos. Los caballeros sajones y brabantinos levantan a la di-
chosa pareja con sus escudos y les llevan en triunfo hacia
la ciudad.

ACTO SEGUNDO

Patio del castillo de Amberes, contiguo a la catedral. Es de noche, la víspera de la boda de Elsa y su prometido. Andrajosamente vestidos, Federico Telramondo y su esposa se hallan sentados sobre las gradas de la iglesia. Él quiere marcharse para evitar que la luz del amanecer alumbre su miseria, mas Ortruda se obstina en seguir allí, diciendo que tiene un plan para recuperar su antigua y brillante posición. Aparece Elsa en uno de los balcones del castillo, atraída por la voz que pronuncia su nombre, y reconociendo a Ortruda, baja corriendo a su encuentro y le perdona los agravios que le infirió prometiéndole interceder para obtener el perdón de su marido. La hipócrita mujer vase con ella a sus habitaciones, insinuándole pérfidamente que debería descubrir el secreto que envuelve la personalidad de su paladín. Con las primeras luces del alba llegan a la plazoleta varios caballeros, soldados y gentes del pueblo deseosos de asistir a la ceremonia de la boda. Un heraldo anuncia que el Rey, al unir al extranjero con Elsa, lo nombra al mismo tiempo duque de Brabante, confiriéndole el mando supremo de las tropas de esta región. Todos acogen gozosamente esta noticia. Se abren las puertas del castillo y aparece Elsa escoltada por un numeroso cortejo de damas ricamente ataviadas, y al dirigirse a la entrada de la catedral, Ortruda le impide el paso apostándose en medio de la escalinata y proclamándola usurpadora del solio que tan sólo a ella y su esposo pertenece. El Rey y Lohengrin acuden presurosos para evitar el escándalo cuando comparece Federico Telramondo y acusa al enigmático caballero de haberlo vencido por arte de hechicería y reclama que se le hagan las preguntas que ya debieran habérsele formulado a su llegada: declarar su nombre, su alcurnia y su patria. Lohengrin rehúsa dar una contestación categórica a estas interrogaciones. La sombra de duda que cruza por el ánimo de todos los presentes es desvanecida por el noble rasgo de Elsa, que, abrazándose a su prometido, afirma confiar completamente en él, creyendo en su nobleza sin necesidad de conocer sus títulos. Y ambos prosiguen su camino, penetrando majestuosamente en el templo en medio de los vítores y aclamaciones de los que les rodean.

ACTO TERCERO

CUADRO PRIMERO

Cámara nupcial en el castillo de Amberes. Una música lejana toca una vibrante marcha. Al abrirse las dos puertas del fondo de la alcoba, entra Elsa por una de ellas seguida de sus damas y por la otra Lohengrin acompañado del Rey y los caballeros. El cortejo, después de cantar un himno epitalámico, se retira dejando solos a los desposados. Éstos se entregan a un apasionado coloquio. Elsa interroga indiscretamente a su marido acerca de su nombre y origen, pudiendo más su femenina curiosidad que la severa prohibición que éste le hizo de hablar de ello. Para satisfacerla le dice que su apellido es de elevada procedencia y que ha nacido en el esplendor y la grandeza de un lejano palacio, no pudiendo darle ningún otro detalle, pues se vería obligado a abandonarla si confiara algo más. Excitada Elsa por esta insinuación, expresa su temor de que algún día pueda dejarla por otra mujer, y por más que Lohengrin se esfuerza en convencerla de que no ha de llegar este caso, exclama desesperada que aunque le cueste la vida quiere saber quién es. Estos violentos propósitos son interrumpidos por la súbita aparición, tras unos cortinajes de la cámara, del airado Federico Telramondo, que al frente de cuatro conjurados intenta asesinar a Lohengrin. Éste los vence a todos con la destreza de su espada y, dando muerte a su agresor, ordena a los atemorizados esbirros que le acompañaban que lleven el cadáver ante el Rey, a quien él dará cuenta del infame atentado. Seguidamente llama a las doncellas de su mujer y les dice que la vistan y la conduzcan hasta el lugar en donde ha de encontrarse con su soberano a la mañana siguiente y en donde piensa explicar su historia satisfaciendo al fin la curiosidad de todos.

CUADRO SEGUNDO

El mismo paraje del acto primero, a orillas del río Escalda. El Rey y toda la corte se han reunido convocados por Lohengrin. Aparecen los cuatro conspiradores llevando el cuerpo exánime de Federico Telramondo, explicando que el caballero extranjero les mandó hacerlo así. Llega también Elsa y sus doncellas, las cuales toman asiento en un rango honorífico, y finalmente investido de su armadura y empuñando la reluciente espada con su diestra, aparece Lohengrin. Después de rendir sus honores al Rey y saludar a todos los reunidos, explica que él no es otro que el hijo de Parsifal, caballero del Santo Graal, copa milagrosa que contiene la sangre del Redentor del mundo y se conserva en las cimas inaccesibles del Montsalvat. El sagrado cáliz infunde poder sobrehumano a los nobles caballeros que lo custodian, mas este don desaparece así que se descubre su origen, viéndose ahora por este motivo obligado a partir. Elsa se desmaya al oír esta revelación, y en tanto su esposo le prodiga sus atenciones, aparece en un extremo del río el blanco cisne remolcando su ligera embarcación. Al verlo, la infame Ortruda se horroriza y, consumida por los remordimientos, confiesa que aquella ave es una encarnación animal del joven Godofredo, el cual no murió asesinado como todos creen, sino que fue transformado en cisne por sus artes de brujería. Lohengrin se hinca de rodillas para orar y al poco rato surge milagrosamente de entre las nubes la nívea paloma del Santo Graal que después de revolotear un poco se posa en la proa del pequeño bote. Entonces el caballero corta con el agudo filo de su espada la cadena que ataba al cisne y sumergiéndose éste en el agua sale en su lugar el joven Godofredo, que Lohengrin presenta a los reunidos como el único sucesor y heredero del duque de Brabante. Todos se arrodillan en su presencia brindándole sumisión y lealtad. Elsa se abraza afectuosamente con su hermano y al ver que su marido parte inexorablemente, expira de dolor, exclamando: "¡Esposo mío!" Lohengrin, esclavo de los mandatos del Todopoderoso, se aleja en la barquilla que ligeramente se desliza por el río, conducida ahora por la alba paloma del Santo Graal.

EL BUQUE FANTASMA
(EL HOLANDÉS ERRANTE)
(DER FLIEGENDE HOLLAENDER)

Ópera en tres actos

Música y libreto: Ricardo Wagner

Estreno: Dresde, 2 enero 1843

REPARTO

EL HOLANDÉS ERRANTE	Barítono
DALAND, capitán de barco	Bajo
SENTA, su hija	Soprano
ERIK, cazador	Tenor
MARÍA, nodriza de Senta	Contralto
UN PILOTO	Tenor

Lugar de la acción: Costas de Noruega
Época: Legendaria

ACTO PRIMERO

UN escarpado acantilado en las costas de Noruega. Hay un barco velero anclado entre aquellas rocas, que fue arrastrado allí la noche anterior por una tempestad. Ostenta el buque pabellón noruego, y Daland, su capitán, que está en el puente de mando rodeado de la marinería, se regocija al comprobar que casualmente han fondeado en un paraje próximo a su pueblo natal, donde vive su hija Senta en compañía de la anciana nodriza María. El capitán se retira a su camarote para descansar un poco, haciéndose cargo del timón el piloto, que canta un alegre himno. Después de la borrasca ha renacido la calma y los marineros y el propio piloto, rendidos por la fatiga de la noche anterior, quedan adormecidos en cubierta. Surge entonces en lontananza la esbelta silueta de una extraña embarcación de velas rojas y mástiles negros que silenciosamente surca las aguas hasta atracar junto al barco noruego, apareciendo en su puente un hombre enlutado que salta a tierra. Es el holandés errante, que cada siete años tiene la facultad de desembarcar por unos días y dedicarse a la búsqueda de una mujer que le ame hasta la muerte. La fidelidad de este ser bondadoso libraría al condenado del fatal anatema que sobre él pesa de recorrer incesantemente todos los océanos en una infinita travesía de maldición. Vanas fueron cuantas tentativas llevó a término hasta entonces, pero confía tener mejor suerte aquella vez. El capitán Daland sube a cubierta, despierta al piloto y a los marineros y les interroga acerca del buque fondeado junto a ellos. Nada pueden decirle, pues el tenebroso velero está desierto. Daland desembarca y en el acantilado se reúne con el navegante vestido de negro. Éste le cuenta que, después de un viaje muy largo, ansía tomarse un breve descanso en tierra firme y le muestra un puñado de monedas de oro, diciendo que serán suyas si le alberga en su casa. Al manifestar el capitán noruego que en ella habita su hija, el enigmático extranjero ofrece una cantidad mucho mayor y otras riquezas que dice guardar en su buque si consiente en dársela en matrimonio. El ambicioso Daland, deslumbrado por el brillo del oro, acepta el infame trato. Vuelve el capitán a bordo y ordena a la tripulación que apresten el velamen para zarpar al punto con el otro barco, rumbo a su cercano pueblo, y en tanto efectúan los marineros la maniobra de levar anclas, corean todos la alegre canción del piloto.

ACTO SEGUNDO

En una habitación de la casa de Daland, la joven Senta está hilando con una rueca, rodeada de un grupo de muchachas. Éstas acompañan el trabajo con festivas canciones, pero Senta está melancólica y silenciosa, ensimismada en la contemplación de un cuadro representando al Holandés errante de la leyenda, que está colgado de la pared. En vano la nodriza María la amonesta para que deje de pensar en aquel tenebroso personaje. Senta canta a sus compañeras la antigua balada que relata cómo un antiguo buque holandés, navegando a la altura del cabo de Buena Esperanza, fue presa de espantosa tormenta y todo parecía perdido si no se renunciaba a la travesía y se buscaba un puerto de refugio; cómo el obstinado capitán no quiso retroceder, y cuando la nave estaba en trance inminente de naufragar, profirió un sacrílego voto jurando que no abandonaría la embarcación hasta que no consiguiera doblar el cabo, aunque para ello precisara de toda una eternidad; y cómo aquel orgulloso navegante fue castigado a permanecer eternamente a bordo de su buque maldito que, desde entonces, a lo largo de los siglos, surca los mares sin paz ni descanso, existiendo una única esperanza de redención... Como en éxtasis, dice cuán vehementemente desearía ser ella quien salvara al condenado, mostrándole fidelidad hasta la muerte. Llega su novio, el cazador Erik, y explica que ha soñado que el Holandés errante llegaba al pueblo para llevarse a Senta. Ésta prorrumpe en una jubilosa exclamación al escuchar aquel augurio, que a todos los demás llena de pánico. Erik comprende que va a perder a su amada y sale desesperado... La joven queda sola en la estancia, absorta en sus pensamientos, cuando aparece Daland en el umbral de la puerta seguido del extranjero vestido de negro. Senta profiere un grito de sobresalto y sorpresa al comprobar la semejanza que existe entre el desconocido y el Holandés errante, cuyo retrato aparece en el cuadro que cuelga de la pared. Ambos permanecen inmóviles largo rato, extáticos, en muda contemplación mutua... Daland se retira discretamente. Un extraño vínculo amoroso, hecho de fatalismo y sortilegio, une invisiblemente a aquellos dos seres predestinados. El misterioso navegante pregunta a Senta si quiere ser su esposa y si le será fiel hasta el fin de sus días, y ella le contesta que está dispuesta a pertenecerle tanto en la vida como en la muerte. Vuelve Daland y comunica que, con los festejos que ha organizado para aquella misma noche con motivo del feliz arribo de su barco, se celebrará también la fiesta de esponsales. Una inmensa dicha se refleja en el rostro del Holandés errante, pues cree que la hora de su redención está próxima...

ACTO TERCERO

Un malecón del puerto cercano a la casa de Daland. Es de noche. El navío noruego aparece brillantemente iluminado con faroles y empavesado. Anclado en su proximidad está el buque fantasma, sombrío y solitario. Los tripulantes noruegos son obsequiados por las muchachas del pueblo, que les llevan abundante bebida y comida. Cantan y bailan con ellas y, cuando invitan, en son de mofa, a la invisible tripulación del otro barco, hasta entonces silencioso, un lúgubre canto de espíritus contesta a su brindis, entonado con tanto brío que logra sofocar las voces de los marineros noruegos. Éstos acaban por desaparecer de la cubierta, pues el horizonte se ha ensombrecido con nubarrones de tormenta y el mar ha comenzado a agitarse con violento oleaje. Una risotada estridente ha acompañado la retirada de los hombres de Daland... De la casa sale Senta seguida de Erik, el cual le recuerda las promesas de amor que otrora le hizo y la conmina a que se aparte del enigmático extranjero. La joven está como ensimismada y no contesta a tales reconvenciones, pero el Holandés errante, que se halla al acecho, cree que ella accede a abandonarle y, pensando que una vez más ha fracasado en su tentativa de redención, se apresura a subir a bordo de su buque maldito. A su conjuro se despliegan las rojas velas en los negros mástiles y la embarcación se hace inmediatamente a la mar. Con esta súbita separación, el navegante condenado desea preservar a Senta, a la que ama de todo corazón, del castigo que fatalmente están destinadas a sufrir todas las mujeres que faltan a la palabra dada a él. Para librarla de la promesa empeñada, revela públicamente su origen y nombre y el maleficio que le envuelve. Pero Senta no hace caso de tales advertencias. Al ver que el buque fantasma se aleja llevándose al hombre que ama, sube a lo alto de un rocoso promontorio y desde allí, gritando que sigue siendo fiel hasta la muerte al desconocido navegante, cuya verdadera personalidad conocía ya, se arroja al mar. En aquel preciso instante, el buque fantasma se hunde en las turbulentas aguas y de ellas emergen las figuras del Holandés errante y de su amada, que, vivamente iluminados por los rayos del sol naciente, ascienden hacia el cielo, en alas de la redención que les ha proporcionado su gran amor.

TANNHÄUSER

Ópera en tres actos,
el primero dividido en dos cuadros

Música y libreto: Ricardo WAGNER

Estreno: Dresde, 19 octubre 1845

REPARTO

ELISABETH, sobrina del Landgrave	Soprano
VENUS	Soprano
TANNHÄUSER	Tenor
WOLFRAN DE ESCHENBACH	Barítono
HERMAN, landgrave de Turingia	Bajo
WALTER	Tenor
BITEROLF	Bajo
HEINRICH	Tenor
UN PASTOR	Soprano

Lugar de la acción: Wartburg. Turingia
Época: Siglo XIII

ACTO PRIMERO

CUADRO PRIMERO

P ARAJE cubierto de flores, arroyuelos y fuentes crista-
linas en el Venusberg. En este rincón encantador,
Tannhäuser y Venus se entregan a la voluptuosidad de sus
amores rodeados de náyades, sátiros, sílfides y bacantes
que danzan a su alrededor. A pesar del risueño espectáculo
que se ofrece a sus ojos, Tannhäuser está triste, pues experimenta la añoranza de los campos y montañas de la tie-
ra que aturdidamente abandonó para dedicarse a la adora-

ción de la diosa. Al ser requerido por ésta para que entone una loa en su honor, toma entre sus manos un arpa y arranca de sus cuerdas sonoras armonías, que acompañan su cántico exaltando los encantos de Venus. Mas su entusiasmo es falso y sus palabras insinceras. Habiéndolo observado la diosa, le pregunta qué es lo que necesita para que se disipe su melancolía. Entonces el hastiado doncel confiesa que avergonzado de las oprobiosas cadenas de voluptuosidad y molicie que le retienen en aquel paradisíaco lugar, no desea más que poder librarse de ellas y retornar a la tierra para luchar y amar entre los humanos, sus semejantes. Comprendiendo Venus que con nada podía atar a su amante a su lado, estando su espíritu ausente, le concede libertad para ir al mundo de los hombres, prediciéndole no obstante que pronto ha de querer regresar a Venusberg, hastiado de sus andanzas.

Cuadro segundo

Valle próximo al castillo de Wartburg. Milagrosamente se encuentra Tannhäuser transportado a esta apacible campiña de Turingia, la serenidad de cuyos prados, verdes y frescos, contrasta vivamente con la lujuriosa vegetación del exuberante paraje que acaba de abandonar. Un pastorcillo tañe su flauta en tanto cuida de su rebaño de ovejas que pacen por las cercanías, y ante un pequeño y rústico altar alzado a la Virgen en el tronco de un árbol, un caballero se detiene para rezar su oración. Un grupo de peregrinos, entonando un himno de penitencia, cruzan el valle siguiendo su camino hacia Roma. La belleza y la paz de aquel manso rincón de la tierra son como un bálsamo para el agitado espíritu de Tannhäuser, que, arrepentido de sus pecados, hinca una rodilla en el suelo y canta a Dios una vibrante plegaria. En esta humilde y piadosa actitud es sorprendido por su antiguo amigo Wolfran de Esenbach, el cual, al reconocerle, lo presenta a sus acompañantes, el landgrave Herman y los caballeros de su escolta Walter, Bitelrof y Heinrich, que regresan de una cacería. Al enterarse el landgrave de que Tannhäuser había sido en otro tiempo un trovador famoso por sus composiciones, le invita a tomar parte en el próximo torneo de canto que ha de tener lugar en su castillo de Wartburg. Como él elude el gentil ofrecimiento evitando comprometerse al aceptar la invitación, su amigo Wolfran le incita a ello diciéndole que la hermosa Isabel, sobrina del landgrave, espera con ansia el retorno del célebre cantor que tantos trofeos consiguió en certámenes anteriores. Esto halaga el amor propio de Tannhäuser y decide tomar parte en la próxima justa poética el premio de la cual es la mano de Isabel. Todos le rodean afectuosamente, felicitándole por su decisión y dándole la bienvenida a aquel país.

ACTO SEGUNDO

Salón de certámenes en el castillo de Wartburg, engalanado para celebrar la fiesta de la poesía. Aparece Isabel y profiere una inspirada salutación a aquella cámara, que es como el arca y la mansión del canto, evocando al mismo tiempo los triunfos obtenidos en otra época bajo aquel techo acogedor, por el genial Tannhäuser, cuyo retorno la llena de dicha. Aparece éste y al verla se postra ante sus pies, saludándola rendidamente y adorando su belleza. Con él viene su amigo Wolfran, que está también enamorado de la dulce Isabel, pero renuncia generosamente a ella en aras de la felicidad de su compañero de la infancia. Al llegar al salón el landgrave Herman y su escolta, los clarines ejecutan una marcha procesional al son majestuoso de la cual van entrando los invitados al acto. Cuando todos los cortesanos y trovadores que han de tomar parte en el torneo se hallan presentes, el landgrave explica en una bella aria el significado e importancia que aquel concurso tiene para las letras y la música de su país. Acabado su parlamento, da orden a uno de los pajes de sacar a suerte el nombre del que ha de dar comienzo al festival. El azar dispone que éste sea Wolfran de Esenbach, el cual describe en un sencillo canto su concepción del amor, que imagina puro y etéreo, manando de las almas como el agua cristalina de un riachuelo. Tannhäuser, poseído por los lúbricos recuerdos de su desenfrenada pasión por Venus, se levanta enrojecido, y, acusándole de no haber sabido ver claro en el ardor del corazón humano, ensalza en un canto

17

pagano el amor de la carne, hecho de concupiscencia y sensualismo, que conoció en el Venusberg. Todos los asistentes se indignan ante el libertinaje que sus teorías suponen y la excesiva libertad de su lenguaje profano. El caballero Biterolf trata de agredirle con su espada, ofendido por su soez lenguaje, y gracias a la intervención de Isabel puede salir Tannhäuser ileso del altercado que ha promovido con sus ligerezas e indiscreciones. El indignado landgrave Herman le reprende severamente y le destierra de sus dominios. El imprudente trovador queda aturdido y pensativo ante la tempestad que ha desencadenado con su lira, y al percibirse en aquel instante los acordes del himno que los peregrinos entonan en la lejanía prosiguiendo su camino hacia la Ciudad Santa, Isabel y Wolfran le aconsejan que escuche estas voces de fe y esperanza, y, como expiación, una a ellas la suya. Como por haber residido en el pagano Venusberg tan sólo el Papa puede absolverle, el abatido Tannhäuser, con el alma inundada por la beatitud que emana del canto de los penitentes, se resuelve a seguirlos, y precipitándose violentamente fuera de la estancia, escapa exclamando: "¡A Roma! ¡A implorar mi perdón!"

ACTO TERCERO

El mismo valle turingio del primer acto, durante el atardecer de un suave día primaveral. Isabel ora ante el pequeño y rústico altar implorando a la Virgen que proteja a Tannhäuser, guiando sus pasos por el sendero del bien y velando por su existencia en holocausto de la cual brinda gustosa la suya propia, si es necesario tal sacrificio. Aparece Wolfran y después de contemplarla largo rato con tristeza, se le ofrece para acompañarla hasta su morada, atención que ella rehúsa insinuándole que ésta no es en realidad el castillo de Wartburg como él cree, sino la bóveda del cielo, al que piensa no ha de tardar en ascender. Y la espiritual muchacha se aleja como una sombra más de las muchas que la noche proyecta sobre la espesura borrando paulatinamente el paisaje, con su creciente oscuridad. Wolfran se deja caer al pie de un árbol y tomando melancólicamente su arpa, entona una romanza a las estrellas que hay en el firmamento, a las que compara, en su puro brillo y nitidez, al alma de la desdichada Isabel que tanto quiere y jamás ha de poseer. Al poco rato aparece un mísero peregrino, vistiendo un hábito desgarrado y mostrando un rostro empalidecido por el cansancio y las innumerables privaciones. Sus piernas vacilantes lo sostienen gracias al cayado en que se apoya, y, al articular unas palabras, el asombrado caballero reconoce en la voz a su amigo Tannhäuser. Éste explica que no ha sido absuelto de su pecado por el Papa y no existiendo ya redención posible para él en la tierra, desea retornar al Venusberg, acabando así por dar razón a la profecía de la diosa del amor que le pronosticó el retorno a sus encantadoras regiones. En el delirio que hace presa de su débil cerebro cree entrever en una seductora visión a la impúdica Venus que le tiende sus brazos voluptuosos y a la que suplica permita entrar de nuevo en su reino. El fiel Wolfran, deseando preservar el alma del desdichado de nuevas tentaciones, trata de disuadirle de su disparatado proyecto invocando para ello el nombre angelical de Isabel, que canta y puramente sacrifica sus días al recuerdo de sus amores imposibles. Conmovido Tannhäuser por las exhortaciones de su amigo, se arrepiente otra vez de sus muchas faltas e implora desesperadamente del cielo su perdón. Agotado por los austeros ayunos y fatigosas marchas, sus fuerzas le abandonan poco a poco y en su maciento rostro asoman con lívidos colores los primeros síntomas de la consunción. Con las tempranas luces del alba que apuntando tenuemente en el horizonte desvanecen las tinieblas que envuelven a los dos amigos, se divisa un grupo de caballeros que en unas improvisadas parihuelas colocadas sobre sus hombros conducen el inanimado cuerpo de Isabel, cuyo cadáver han encontrado en el lindero de un bosquecillo cercano. Ésta ha librado de la eterna condenación a su amado Tannhäuser ofreciendo su vida a Dios a cambio de su salvación. El tropel de peregrinos, que regresando de Roma cruzan el valle, proclaman gozosos el gran milagro: del báculo papal han brotado flores como símbolo de la redención de Tannhäuser a quien el Sumo Pontífice envía su absolución. Entonces el trovador, dichoso al fin por haber obtenido lo que con tanto ardor deseaba, expira dando gracias al cielo por permitirle morir sin pecado y cerca del cuerpo inanimado de su adorada Isabel, el espíritu de la cual piensa encontrar en el más allá. Al exhalar su postrer aliento, los peregrinos que le rodean entonan un himno de esperanza. La noche se disipa totalmente. El sol brilla en lo alto de las cimas de los montes próximos. Todo es beatitud y serenidad en el ambiente: ha triunfado la fe.

TRISTAN E ISOLDA
(TRISTAN UND ISOLDE)

Drama musical en tres actos
Música y libreto: Ricardo WAGNER
Estreno: Munich, 10 junio 1865

REPARTO

ISOLDA, princesa de Islandia	Soprano
BRANGANIA, su doncella	Soprano
TRISTÁN, sobrino del Rey de Cornualles	Tenor
EL REY MARK DE CORNUALLES	Bajo
KURWENAL, sirviente de Tristán	Barítono
MELOT	Tenor
UN PASTOR	Tenor
UN PILOTO	Barítono

Lugar de la acción: Cornualles y Britania
Época: Siglo XIII

ACTO PRIMERO

CUBIERTA de un navío en donde se ha instalado una tienda de campaña cuyo dosel alberga un lecho en el que está recostada la princesa Isolda. Ésta navega en compañía de su doncella Brangania, hacia las costas de Cornualles, conducida por el caballero Tristán, que ha ido a buscarla a su país en nombre del Rey Mark, su tío, que desea hacerla su esposa. Isolda cuidó a Tristán en otro tiempo, curándole de una herida que recibió en una de sus campañas en tierras de Islandia y concibiendo por él una sincera afección amorosa actualmente; sabiéndose destinada a otro hombre y entregada precisamente por el que ama, se desespera y trata inútilmente de retardar el fatal e inevitable enlace. En la cabecera de su lecho guarda dos mágicas redomas que le entregó su madre antes de partir, una de las cuales contiene un líquido que da la muerte instantánea a quien ingiere unas gotas y la otra una pasión inextinguible al corazón de quien lo prueba. Deseando hablar con Tristán, manda llamarlo, mas éste, aconsejado por su fiel sirviente Kurwenal, le comunica su propósito de no querer entrevistarse con ella hasta el final de de la travesía, pues teme faltar a la lealtad que debe a su rey y señor. Un marinero lanza el grito de: "¡Tierra a la vista!" Inmediatamente toda la tripulación se apresta, entonando alegres cánticos, para desembarcar en el cercano puerto. Kurwenal penetra en la tienda y participa la nueva a las dos mujeres. Isolda le dice que antes de abandonar el buque desea que Tristán le pida disculpa por su falta de atenciones y beba una copa de amistad para sellar la reconciliación. En tanto el sirviente vase para transmitir la invitación a su amo, ella ordena a su doncella que vierta el contenido de la redoma venenosa en el vino, pues desea extinguir su existencia al mismo tiempo que la de su amado. Llega Tristán y bebe la copa de vino que Isolda le ofrece, brindando ambos por un feliz porvenir. Mas la fiel Brangania ha permutado las redomas y en vez de elixir mortífero ha vertido el amoroso. Los dos jóvenes no tardan en experimentar sus poderosos efectos. Embriagados por los mágicos efluvios que trastornan sus corazones, se precipitan el uno en brazos del otro prorrumpiendo en un idílico y ardiente dúo. En tanto, han entrado en el puerto y al atracar en el muelle el Rey Mark seguido de su corte sube a bordo. Isolda, al verle, cae desmayada. Tristán contempla a su tío con estupor e indecisión, sin poder coordinar sus pensamientos ni saber cómo explicar lo ocurrido. La marinería, que rodea al cortejo, profiere salvas aclamando a su soberano.

ACTO SEGUNDO

Jardín del palacio real de Cornualles. Al fondo, rodeado de grandes árboles seculares, está enclavado el pabellón que habitan Isolda y su doncella Brangania. Es de noche. Junto a la puerta hay una antorcha encendida y allí está Isolda, escuchando atentamente los rumores que llegan de una cacería que tiene lugar en el frondoso parque, organizada por el cortesano Melot para alejar al rey y dejarla libre para entrevistarse con su adorado Tristán. La señal convenida para reunirse es que la antorcha deje de brillar en la oscuridad. La impaciente Isolda ordena a Brangania que apague, mas ésta le suplica que desista aquella noche de ver a su amado, pues desconfía de Melot y teme que la partida de caza no sea más que un lazo tendido arteramente para cogerlos in fraganti y denunciar su culpable pasión al soberano. Isolda no hace caso de sus advertencias y extingue ella misma la llama de la antorcha, apareciendo al poco rato Tristán. Los dos enamorados se abrazan afectuosamente, y sentándose en un banco del jardín, se sumergen en la suave placidez del tierno idilio, que hace vibrar sus almas al unísono, bajo la luz soñadora de las estrellas que desde el cielo iluminan tenuemente sus siluetas. Brangania les despierta bruscamente de su sublime éxtasis, comunicándoles sobresaltada que sus temores no eran infundados, pues un grupo de cazadores han cercado el jardín y están aproximándose. Inexorable, como un castigo que los hados infligieran a su mutua dicha, llega el Rey Mark y su escolta, guiados por el traidor Melot, que señala cínicamente a la sorprendida pareja, como irrefutable demostración de que no era mentirosa su infame denuncia. Tristán desenvaina su espada y trata de agredirlo para castigar su villanía, mas él ha sido más diestro y le hiere antes con la suya. Isolda se lanza en socorro de su amado, que se ha desplomado en brazos de su sirviente Kurwenal, en tanto el Rey Mark manda detener a Melot, que pretendía rematar su maléfica hazaña hundiendo por segunda vez su acero en el pecho de Tristán para asestarle el golpe de muerte.

ACTO TERCERO

Patio exterior, circundado de murallas, del castillo que posee Tristán en lo alto de un acantilado de la costa británica. Aquí ha sido conducido el herido caballero por su fiel Kurwenal. Éste ha reclutado algunos hombres de probada lealtad para que rapten a Isolda y la conduzcan al lado de Tristán con el doble objeto de que pueda tener el consuelo de su amor y sus sabios cuidados para curar sus heridas, como en otra ocasión ya lo hizo, arrebatándolo de las garras de la muerte con mágicos untos. Un pastorcillo, apostado como vigía en un altozano, es el encargado de prevenir cuando se aviste algún buque, ejecutando en su caramillo una alegre balada, mas hasta el presente sus sones han sido melancólicos y tristes. Tristán despierta del amodorramiento en que estaba sumido a causa de la gran pérdida de sangre sufrida, y Kurwenal le refiere dónde está, lo que ha hecho por él y la agradable sorpresa que le aguarda. Duda el maltrecho caballero de que tanta dicha pueda ser cierta, cuando la lúgubre melodía pastoril se transforma en una alegre sonata, indicando que la nave que conduce a Isolda se aproxima. Llega ésta acompañada por el bravo piloto que guiaba el buque que la ha transportado y se lanza en brazos de su amado, que a duras penas se ha erguido para recibirla de pie. Mas siguiendo el rastro de la nave que conducía a los recién venidos, navegaba a toda vela otra tripulada por el Rey Mark y su gente, que corrían en su persecución. Pronto se dan cuenta los fugitivos de que los otros han desembarcado también y no tienen más defensa que guarecerse dentro del recinto amurallado y atrancar la puerta de entrada. Mas, como sus enemigos son más numerosos y por tanto más fuertes, derriban con facilidad esta puerta. El primero en penetrar en el patio es el traidor Melot, que se bate encarnizadamente con Kurwenal, pereciendo atravesado su infame corazón por el acero del leal servidor, el cual recibe no obstante heridas de consideración. Con la emoción y el fragor de la contienda, Tristán, cuyos males se han acrecentado, expira en brazos de su amada Isolda. Al llegar el Rey Mark con sus soldados encuentra ya fallecido a su sobrino, así como también a Kurwenal, tendido como un perro fiel a los pies de su amo. Isolda, consumida por el dolor y las penalidades que le arrebatan poco a poco sus fuerzas, agoniza suavemente junto al cuerpo sin vida de su amado, entonando una conmovedora canción en la que acepta con resignación las terribles decisiones del destino. Éste fue bien cruel para los infortunados enamorados, puesto que el Rey Mark no venía para castigarlos como suponían, sino que enterado por la doncella Brangania de la substitución de mágicos filtros que intencionadamente permutó un día, y convencido de que en la pasión que agitaba sus corazones no existía traición, ni engaño, sino una fuerza superior que les dominaba, estaba dispuesto a perdonarles su inconsciente pecado y, renunciando a la que debía ser su esposa, unirlos en matrimonio. Así, si sus existencias se hubiesen prolongado tan sólo unos breves instantes, hubieran podido informarse de este venturoso cambio de su suerte, y, santificando su amor, encontrar la felicidad. Mas los hados no lo habían querido así y su inmensa pasión había sido coronada tan sólo por la desdicha y el infortunio. Al encontralos ahora, sus extendidos cuerpos inánimes, como flores tronchadas del jardín de la vida por la guadaña implacable de la muerte, el afligido soberano no puede hacer ora cosa que bendecir sus cadáveres

LOS MAESTROS CANTORES
DE NUREMBERG
(DIE MEISTERSINGER VON NÜRENBERG)

Ópera en tres actos,
el tercero dividido en dos cuadros

Música y libreto: Ricardo WAGNER

Estreno: Munich, 21 junio 1868

REPARTO

WALTER VON STOLZING, joven caballero.	Tenor
EVA, hija de POGNER	Soprano
MAGDALENA, su nodriza	Soprano
DAVID, aprendiz de SACHS	Tenor
UN SERENO	Bajo

MAESTROS CANTORES:

HANS SACHS, zapatero	Bajo
POGNER, platero	Bajo
VOGELGESANG, peletero	Tenor
NACHTIGAL, pasamanero	Bajo
BECKMESSER, escribano	Bajo
KOTHNER, panadero	Bajo
ZORN, hojalatero	Tenor
EISSLINGER, droguero	Tenor
MOSER, sastre	Tenor
ORTEL, fabricante de jabón	Bajo
SCHWARTZ, tejedor	Bajo
FOLZ, calderero	Bajo

Lugar de la acción: Nuremberg
Época: Siglo XVI

ACTO PRIMERO

I NTERIOR de la iglesia de Santa Catalina. Este edificio, a la vez que como templo, es utilizado por los feligreses como coro y escuela al mismo tiempo. Mientras se hacen los preparativos para celebrar la periódica sesión de los Maestros Cantores, notable corporación de Nuremberg que tiene allí establecida su sede, se inicia el idilio del joven caballero Walter von Stolzing, forastero recién llegado a la ciudad, y la ingenua Eva, hermosa doncella de la cual se ha enamorado súbitamente. Pronto es informado el aristocrático galán de los obstáculos que se oponen a la realización de sus aspiraciones: el platero Pogner, padre de Eva, jamás concederá la mano de ésta a quien no sea cantor y poeta. Walter es noble, rico, valiente, apuesto, pero no reúne aquellas dos cualidades. Mas para el amor y la juventud no existe el imposible, y el intrépido caballero decide improvisarse cantante e ingresar como sea en la docta corporación de los Maestros, exponiéndolo así al secretario de la misma, el escribano Beckmesser. Éste, que también aspira a la mano de Eva, le dice que no podrá conseguirlo sin demostrar antes sus cualidades a todos los miembros de la entidad. El aprendiz zapatero David, que corteja a Magdalena, la vieja nodriza de Eva, da algunos consejos al inexperto doncel para enseñarle a modular la voz, mas éste se fía más del amor que ha de inspirar espontáneamente su genio que no de las complicadas enseñanzas que pueda recibir. Al reunirse los Maestros Cantores, las mujeres abandonan el templo y la sesión da comienzo. El fogoso Walter improvisa una canción ensalzando los primaverales encantos del mes de abril. Beckmesser, que actúa como censor, goza ridiculizándole al trazar las numerosas líneas de yeso que registran las muchas erratas que comete. Los graves Maestros se ríen del petulante novicio y le rehúsan el ingreso en su comunidad. Tan sólo el docto Hans Sachs, cantor de Lutero y amigo de Alberto Durero, flor y nata entre los sabios Maestros, adivina en aquella canción algo grande y nuevo y en vano se esfuerza en proclamarlo, sin lograr contener el alud de burlas y sátiras que hunde al pobre Walter en el ridículo.

ACTO SEGUNDO

Calle de Nuremberg en la cual están situadas las tiendas del zapatero Sachs y el platero Pogner. Eva encuentra a Walter y le dice que a pesar de su fracaso como cantante le ama todavía y está dispuesta a fugarse con él en vista de la tenaz oposición de su padre a sus relaciones. La inoportuna llegada de Beckmesser obliga a los enamorados a refugiarse en el interior de la platería. El escribano viene para dar una serenata a su amada y acto seguido irrumpe con sus cánticos bajo la ventana de Eva. Pronto sus alaridos son interrumpidos por el jovial Sachs, que le invita a callarse, pues asegura que sus destempladas voces le molestan. Únicamente se resigna a escucharlo cuando el agraviado Beckmesser le da autorización para señalar con un golpe de martillo sobre la suela de un viejo zapato cada vez que cometa una falta en su canto. Al entonar de nuevo su romanza son tantos los martillazos con que el burlón Sachs le hace coro, que de todas partes asoman las soñolientas cabezas de los vecinos protestando indignados de la loca zarabanda. En la ventana del cuarto de Eva aparece Magdalena pidiendo también que cese el escándalo, pues desea dormir. Al verla su enamorado David, cree que es a ella a quien cantaba el escribano y se lía con él a palos. Algunos hombres toman la defensa de éste, en tanto otros le atacan y se arma un motín de mil demonios. Aprovechando la confusión producida por el tumulto, Walter intenta llevarse a Eva, pero el prudente Sachs evita el rapto interponiéndose a su paso. Sensatamente obliga a la muchacha a retornar a la platería y al atolondrado caballero a entrar en su propia tienda, en donde lo encierra momentáneamente. Acábase el tumulto y reina de nuevo la paz en la oscura calle que recibe tan sólo la tenue luz de la luna que brilla en lo alto del firmamento, perfilando las siluetas de los edificios. Entonces aparece un sereno que interrumpe el plácido silencio voceando: "¡Todo está tranquilo! ¡Son las once! ¡Alabado sea Dios!"

ACTO TERCERO

CUADRO PRIMERO

Interior de la zapatería de Hans Sachs. Éste ha pasado la noche dando consejos musicales a Walter, a fin de que represente un papel airoso en la próxima reunión de los Maestros Cantores, que es un concurso promovido por Pogner en el que ofrece como premio al vencedor la mano de su hija. Espoleado el ingenio del caballero, cuya ambición aspira a tan valiosa recompensa, acaba por componer una canción cuyos versos transcribe en un papel que olvida encima de la mesa. Llega Beckmesser y, descubriendo el bello poema, se apodera de él sin que Sachs evite el hurto, pues parece que esto no ha de hacer más que cubrir de oprobio al ladrón más adelante. Al desaparecer el escribano, Walter entona de nuevo su inspirada improvisación, a cuyo final asiste radiante de gozo la enamorada Eva. El buen Sachs, dispuesto siempre a hacer la felicidad de los jóvenes, propone bautizar la recién nacida composición de Walter, nombrando a éste y su amada los padrinos y al aya Magdalena y su adorador David los testigos de la ceremonia. El fausto acontecimiento se celebra con alegría y solemnidad entonando los joviales personajes un espléndido quinteto.

CUADRO SEGUNDO

Verde llanura a orillas del río Pegnitz. Es la festividad de San Juan, día señalado para celebrarse el concurso organizado por Pogner, que ha de tener lugar precisamente en aquel pintoresco paraje. Todos los gremios musicales de Nuremberg se reúnen allí desfilando cada entidad al son majestuoso de su propia marcha. Cada una de las corporaciones lleva un estandarte con sus divisas y emblemas que las distinguen de las demás. El patricio Sachs pronuncia el discurso de apertura del acto y comienza el concurso. El plagiador Beckmesser asciende a la tribuna y ataca con su desagradable voz la oda robada a Walter, mas con tan mala fortuna, que a la mitad de su recital le falla la memoria y se arma un embrollo mezclando varias partituras. Su ininteligible sonata levanta una tempestad de protestas, y al ser acusado por el zapatero del hurto que cometió en su tienda, se ve obligado a escapar bajo las amenazas e improperios que le dirigen los reunidos. Entonces Walter es invitado a cantar el poema que ha compuesto, cosa que hace con voz vibrante y segura, mostrando la cadencia y bella inspiración que adornan aquella oda de la que es único autor. Los Maestros Cantores y el pueblo que asiste al acto se entusiasman y aclaman al joven caballero proclamándole vencedor en la lid musical y otorgándole el dulce premio ofrecido: la mano de su amada Eva. Mas cuando van a conferir al triunfador Walter el valioso grado de miembro de la comunidad de Maestros Cantores, éste recuerda el insulto de que fue objeto por sus doctos componentes la primera vez que les mostró sus habilidades y rehúsa desdeñosamente el título. El prudente Sachs le reconviene por este impetuoso orgullo diciéndole que bien está que los jóvenes abran nuevos horizontes al arte penetrando con su vigoroso genio en campos hasta entonces inexplorados, pero sin despreciar ni herir a los viejos maestros que han observado las reglas seculares, manteniendo vivo a través de las tinieblas de los tiempos el sagrado fuego de la tradición. Al escuchar su emocionante parlamento, Eva quita los laureles que coronan la frente de Walter y los ciñe sobre la venerable cabeza de Sachs, entre los vítores y aclamaciones de la multitud.

EL ORO DEL RHIN
(DAS RHEINGOLD)

Ópera en cuatro cuadros

Música y libreto: Ricardo WAGNER

Estreno: Munich, 22 septiembre 1869

REPARTO

WOTAN .... ⎫		⎧ Barítono
DONNER .... ⎪ dioses		⎪ Bajo
FROH .... ⎪		Tenor
LOGE .... ⎭		⎩ Tenor
FRICKA .... ⎫		⎧ Soprano
FREIA .... ⎬ diosas		⎨ Soprano
ERDA .... ⎭		⎩ Contralto
FASOLT .... ⎫ gigantes		⎧ Bajo
FAFHER .... ⎭		⎩ Bajo
ALBERICH .... ⎫ nibelungos		⎧ Barítono
MIME .... ⎭		⎩ Tenor
WOGLINDA .... ⎫		⎧ Soprano
WELLGUNDA .... ⎬ ondinas del Rhin		⎨ Soprano
FLOSSHILDA .... ⎭		⎩ Contralto

Lugar de la acción: Fondo y orillas del Rhin
Época: Legendaria

INTRODUCCIÓN

E L vasto drama musical producido por el genio de Wagner bajo el título de "El anillo del Nibelungo" está compuesto por "Las Walkirias", "Sigfrido" y "El crepúsculo de los dioses", constituyendo "El oro del Rhin" el prólogo de esta maravillosa tetralogía. En ella se nos muestran las titánicas luchas que en tiempos remotos se desarrollaron entre las razas hostiles de dioses, gigantes y nibelungos por la conquista del oro que bajo el símbolo del anillo con él forjado debía otorgar el imperio del mundo a quien lo poseyera. Este inmenso poema se representa pues separadamente, con los títulos antes indicados, en las cuatro partes que lo dividió su ilustre autor, denominándolo solemne festival escénico en tres jornadas y un prólogo.

Cuadro primero

En las profundidades del caudaloso Rhin. Las tres ondinas Woglinda, Wellgunda y Flosshilda se solazan con graciosos juegos en las transparentes aguas del río cuyo aurífero tesoro guardan descuidadamente. Tan sólo Flosshilda se preocupa algo del improbable peligro de que unas manos rapaces pudieran apoderarse del codiciado oro. Del seno de la tierra surge el enano Alberich, perteneciente a la tenebrosa raza de nibelungos que pueblan el mundo subterráneo. Seducido por la belleza de las encantadoras doncellas, pretende apoderarse de alguna para satisfacer sus ansias lujuriosas, mas las tres hermanas se burlan del lascivo intruso dejándole aproximarse arteramente para escurrirse de un zambullido en cuanto intenta cogerlas. Al nacer el sol, un indiscreto rayo penetra en las aguas e ilumina el oro oculto que lanza soberbios destellos. Alberich queda deslumbrado, y olvidando las gracias femeninas trata de indagar el origen de aquel radiante resplandor. Las inconscientes doncellas le revelan que en las concavidades de las rocas se esconde el oro que hará dueño del mundo a quien forje con él un anillo, emblema del poder infinito, mas para obtenerlo es preciso que el pretendiente renuncie para siempre a los goces y delicias del amor. Ante la sorpresa de las tres ondinas, que no creían pudiera existir un ser humano capaz de tal renuncia, el codicioso nibelungo maldice el amor y trepando veloz por los peñones se apodera del oro del Rhin, con el que desaparece otra vez hacia los abismos de su tenebroso reino. Las desoladas doncellas se precipitan en vano tras el raptor de su tesoro y felicidad, lanzando grandes gritos y lamentaciones. El sol es cubierto por sombrías nubes que envuelven el paisaje en tinieblas.

CUADRO SEGUNDO

Cumbre de una montaña, próxima al castillo de Walhalla. Esta inmensa fortaleza acaba de ser construida por los gigantes para que sirva de morada a los dioses. Wotan, que dormitaba junto a su esposa Fricka, despierta de su letargo y al contemplar el enorme castillo lo encuentra apropiado a sus deseos. Mas su esposa le recuerda con amargura que para poseerlo prometió entregar a sus constructores su hermana Freia, diosa de la eterna juventud y la belleza, como pago a sus trabajos. Wotan asegura que hizo este pacto en broma, mas al aparecer la joven diosa perseguida por los gigantes hermanos Fasolt y Fafher, que tratan de apoderarse de ella según es de ley por lo convenido, comprende que sus palabras fueron tomadas al pie de la letra y no tiene más remedio que cumplir su compromiso. Cuando se dispone a entregar a Freia, sacrificándola a sus ambiciones, acuden en su defensa el dios de la alegría juvenil, Froh, y el dios de la tempestad, Donner, oponiéndose al infame trato. Al fin aparece Loge, dios del fuego y del engaño, a cuya astucia se confía Wotan para resolver el conflicto. Aquél propone a los colosos que desistan de su pretensión de llevarse a la bella y graciosa diosa sin la cual todos los dioses envejecerían prematuramente y como compensación les ofrece una cosa mucho más valiosa: el mágico oro dominador del mundo. Acto seguido le relata la aventura del enano Alberich, que con el precioso metal robado al Rhin ha forjado ya el anillo del poder supremo y les brinda darles este todopoderoso amuleto a cambio de Freia. Los gigantes aceptan su proposición, guardando temporalmente como rehén a la joven diosa, mientras Loge y Wotan se disponen a descender al antro habitado por Alberich para sustraerle el tesoro que posee.

CUADRO TERCERO

Caverna de los nibelungos, en el seno de la tierra. El enano Alberich, gracias al aurífero anillo que le da un supremo poder, puede dominar a todos los seres de su raza, y habiéndose vuelto orgulloso y tiránico los humilla conscientemente, obligándoles a trabajar sin tregua. Su hermano Mime, diestro artífice de la forja, se ha visto forzado a moldearle un casco mágico que hace invisible al que lo lleva, permitiéndole transformarse en la forma animal que desee. En pago de su maravillosa labor, el inhumano Alberich lo martiriza azotándole a latigazos y condenándole a una perpetua esclavitud. Llegan al antro Wotan y Loge y éste se las arregla astutamente para herir en su amor propio al enano poniendo en duda las virtudes de su mágico casco. El petulante Alberich cubre con él su cabeza y se transforma en dragón, demostrando así sus propiedades, mas como el taimado dios parece dudar aún, conviértese a sus instancias en sapo. Loge aprovecha este instante para ponerle el pie encima y aprisionándole le despoja del casco. Seguidamente lo torna a su forma normal, maniatándolo con la ayuda de Wotan y llevándoselo con ellos prisionero a la superficie de la tierra.

CUADRO CUARTO

El mismo paraje, en la cima de un monte, del segundo cuadro. A empellones conducen Loge y Wotan hasta allí a su cautivo. Para libertarle le exigen la entrega de todos sus tesoros, imposición que Alberich se ve obligado a aceptar y al mágico conjuro de su anillo van surgiendo los nibelungos, sus siervos, cargados con las riquezas que custodiaban. Realizado este trabajo, retíranse los trajinantes, pretendiendo hacerlo también con ellos el encolerizado enano. Mas Wotan le exige aún, para ser libre, su valioso anillo. Como el dios acompaña su petición de espantosas amenazas, el atemorizado Alberich se decide a despojarse de él profiriendo terribles maldiciones y deseando un sinfín de calamidades al que lo posea y huye rebosando furia y desesperación. Llegan los gigantes y exigen para la devolución de la diosa dejada en prenda una cantidad de oro igual a la que se necesita para cubrirla. Así lo hacen los dioses utilizando los tesoros que han usurpado a los nibelungos, mas faltando una pequeña ranura que cubrir, los colosos exigen para completarla el anillo mágico que ven brillar en la mano de Wotan. Éste se niega a dárselo, mas la súbita aparición de la diosa Erda, encarnación de la madre naturaleza, vidente que conoce el origen y destino de todas las cosas, que le aconseja lo contrario, le decide a entregarlo.

Al arrojarlo despreciativamente al suelo, se lanzan con furia para recogerlo los gigantes Fasolt y Fafher, matando éste a su hermano en la breve lucha que sostienen para apoderarse del precioso talismán. Este fratricidio pone en evidencia que la maldición del perverso enano sobre aquel oro vil empieza a producir sus nefastos efectos. Conmovido Wotan por este luctuoso suceso, decide recluirse en el Walhalla para crear allí una raza de héroes que le protejan contra las adversidades e invita a los demás dioses a seguirle. Donner, dios de la tormenta, invoca los elementos haciendo estallar una imponente tempestad, al final de la cual aparece radiante un arco iris que sirve de puente a los dioses para llegar hasta su celestial morada. Mientras desfilan con majestuoso paso cruzando el firmamento, del fondo del Rhin suben las quejas plañideras de las ondinas lamentando la pérdida de su tesoro y, con él, de su felicidad.

LA WALKIRIA
(DIE WALKÜRE)

Ópera en tres actos

Música y libreto: Ricardo Wagner

Estreno: Munich, 25 junio 1870

REPARTO

BRUNILDA	Soprano
SIGLINDA	Soprano
FRICKA	Contralto
SIGMUNDO	Tenor
WOTAN	Barítono
HUNDING	Bajo

Lugar de la acción y época: Imaginarios

INTRODUCCIÓN

L A WALKIRIA constituye la primera jornada de la tetralogía wagneriana "El anillo del Nibelungo". Según se ha visto en el prólogo de este poema, "El oro del Rhin", el mágico anillo ha sido arrebatado a los dioses por el gigante Fafher. Deseoso Wotan de conocer los fatídicos efectos que este oro maldito puede producir, desciende a la tierra y arranca el secreto a la diosa de la naturaleza Erda, dominándola por amor. De sus pasajeras relaciones nacen las walkirias, intrépidas amazonas, de las cuales Brunilda es la primogénita, que recogen a los jóvenes muertos en los campos de batalla y cargándolos a la grupa de sus alados corceles los conducen al Walhalla, donde los resucitan y convierten en aguerridos héroes destinados a defender la divina mansión de las asechanzas de los nibelungos. En sus andanzas por la tierra, Wotan se unió también con una pasión momentánea con una mísera mujer humana a la que engendró, bajo la apariencia de un lobo, los gemelos Sigmundo y Siglinda. La madre y los dos hermanos fueron hallados en medio de la espesura de un bosque por el cazador Hunding, el cual se apoderó de Siglinda para hacerla su esposa y abandonó a Sigmundo junto al cadáver de su infeliz madre, a la que había dado muerte cruelmente.

ACTO PRIMERO

Interior de la cabaña de Hunding, situada en plena selva. Aparece el exhausto Sigmundo, que huyendo de unos enemigos que le acosaban y en medio de la violenta tempestad, ha usado de sus últimas fuerzas para alcanzar aquel albergue. Siglinda se compadece de las calamidades que le afligen y le ofrece bebidas frescas para apagar la sed febril que le tortura. Entra Hunding, y al interrogar al recién llegado, que explica que huía de unos desalmados con quienes entabló combate porque forzaban a una doncella a casarse en contra de su voluntad, reconoce en él al fugitivo que en compañía de sus amigos ha perseguido durante toda la jornada. Ateniéndose a la ley de la hospitalidad, que no le permite agredirle bajo su propio techo, lo respeta por el momento autorizándole a pernoctar en la choza, pero retándole a un desafío a muerte para la mañana siguiente. Siglinda, que experimenta una extraña simpatía por el desconocido, mezcla un narcótico en la bebida de Hunding que no tarda en sumirlo en un pesado sueño. Sigmundo se abandona a las más sombrías reflexiones e invoca la memoria de su padre para reclamar el arma que le prometió hallaría en el instante del peligro supremo. Al divisar una gruesa espada que se halla hundida en el tronco del fresno alrededor del cual está construida la cabaña, pregunta su origen y Siglinda le explica que es el acero inmortal de Wotan, clavado allí por el mismo dios el triste día de su boda con el odioso Hunding. Por más que muchos han intentado arrancar aquella arma del árbol, nadie ha podido conseguirlo aún, pues está destinada a un héroe que ha de obtener con ella los mayores triunfos y victorias. Sigmundo, realizando un gran esfuerzo, desclava la espada del madero y empuñándola en su diestra la bautiza con el nombre de "Notung" (hija de la necesidad). Ante el milagro operado, Siglinda reconoce en el desconocido a su hermano, y, abrazándole amorosamente, huye con él para siempre de aquel hogar sin cariño, desapareciendo ambos en la inmensidad de la selva.

ACTO SEGUNDO

Un abrupto paraje aislado de la tierra por las inmensas rocas y peñas de los montes que lo circundan. El dios Wotan da orden, a su walkiria favorita, Brunilda, de que en la próxima contienda entre Hunding y Sigmundo, a quien aquél persigue encarnizadamente a través de la selva, dé a este último la victoria. Llena de gozo por este mandato, Brunilda lo transmite a las demás amazonas, que se alejan profiriendo salvajes gritos de júbilo. Mas pronto aparece la diosa Fricka que, ofendida por los amores de los dos hermanos, viene a exigir castigo para su inicuo incesto en nombre del respeto que se debe a los derechos conyugales. Wotan intenta defender a sus hijos, mas al fin se ve obligado a reconocer sus culpables relaciones y condenar a Sigmundo por haber hollado las leyes de la naturaleza y el matrimonio. De nuevo convoca a Brunilda, ordenándole ahora proteger al ultrajado Hunding. Desaparece el contrariado dios al ver llegar al abrupto lugar a la pareja de incestuosos amantes. La infeliz Siglinda, horrorizada al conocer la magnitud de su culpa, siéntese indigna de continuar al lado del apasionado héroe, y, presa del terrible delirio que le produce el remordimiento, acaba por caer desmayada en sus brazos. Brunilda previene entonces a Sigmundo su próximo fin enunciándole la inevitable derrota que ha de sufrir en la lucha que entablará con su rival. Desesperado por esta revelación, Sigmundo intenta asesinar a su hermana hundiéndole su espada en el seno para estar así unidos en la muerte. Mas la walkiria, movida a compasión ante su inmenso dolor, evita el crimen, y no escuchando otra voz que la de su alma, se decide a ayudar al desventurado héroe desobedeciendo el mandato del dios. El cielo se obscurece con espesas nubes y percíbese cercano el son del cuerno de guerra de Hunding citando a su enemigo para el duelo a que se han comprometido. Sigmundo acude a su llamamiento corriendo hacia él guiado por los agoreros toques. Estalla una violenta tempestad y a la luz de los relámpagos se distinguen los dos guerreros batiéndose en la cumbre de un cerro. Cuando Sigmundo va a sucumbir, lánzase Brunilda en su ayuda y lo cubre con su escudo, pero inmediatamente acude Wotan al auxilio de Hunding y protegiéndole diestramente con su lanza, le permite herir mortalmente a su contrincante. Ante el trágico desenlace no puede más que retirarse, y recogiendo a la desvanecida Siglinda, huye, llevándosela para ponerla a salvo. Wotan se deshace con un gesto de desprecio del infame Hunding, al que hace perecer, pues habiendo servido ya de instrumento a sus planes, para nada le sirve, y encolerizado por la desobediencia de su hija predilecta, parte en su persecución para imponer el castigo que merece su rebeldía.

ACTO TERCERO

El peñón de las walkirias, en la cima de una escarpada montaña. En este inaccesible lugar se reúnen las audaces amazonas al retornar de sus correrías antes de regresar al Walhalla. Una tras otra, cabalgando tumultuosamente sobre las nubes, aparecen las walkirias, siendo Brunilda la última en llegar. Temiendo la persecución de su padre, muestra a sus hermanas la desfallecida Siglinda e implora su ayuda, pero ellas no se atreven a desafiar las iras del dios y la abandonan a su suerte sin querer hacerse cargo de su protegida. Entonces Brunilda aconseja a la desolada joven que se refugie en un bosque habitado por el gigante Fafher, donde estará fuera del alcance del poderío de Wotan, pues aunque éste odia terriblemente al poseedor del anillo del Nibelungo, nada puede contra él y su mágico amuleto. Siglinda se resiste a obedecerla, pues muerto su amante para nada le interesa seguir viviendo, pero la walkiria la persuade de sacrificarse en pro del fruto de sus amores que se agita vivo en sus entrañas fecundadas. Entregándole los fragmentos de la espada de Sigmundo, que recogió en el lugar del combate, le dice que forjados de nuevo constituirán un arma invencible para el futuro héroe que ha de dar a luz, al que bautiza con el nombre de "Siegfried", que significa la paz por la victoria. Al desaparecer Siglinda, llega

el enfurecido padre cuya cólera intentan inútilmente apla-
car todas las walkirias. Arrojándolas con violencia de allí,
con el mandato de retornar inmediatamente al Walhalla si
no quieren ellas también sufrir un castigo, les advierte que
su hermana está expulsada desde aquel momento de sus
filas y les prohíbe terminantemente hacer nada en su ayuda. Al quedar solo con su primogénita Brunilda, le comunica
el fallo de su sentencia, pues no por haberla amado mucho
puede ahora dejar de aplicarle el correctivo apropiado a su
pecado de rebelión. La condena consiste en el eterno destierro en aquel lugar solitario donde ha de permanecer indefensa a merced del primero que la halle a su paso. La aba-
tida Brunilda, convencida de la inflexibilidad del veredicto,
se humilla ante su padre y le suplica que al menos le conceda la merced de no ser presa de cualquier mísero mortal,
sino de un valeroso paladín que se vea obligado a luchar y
desafiar mil peligros para conseguirla. Conmovido por la
desesperación de su hija, a la que tanto quiere a pesar de
haberle desobedecido y considerando justa su demanda, Wotan accede e invocando al dios del fuego, Loge, le ordena que
rodee el peñasco de una ígnea cortina que dificulte su acceso. Al conjuro del dios comienzan a surgir llamas que bro-
tando del suelo se elevan hasta formar un grandioso círculo que aísla por completo la roca en donde Brunilda se ha
recostado, adormeciéndose, en espera del héroe que, venciendo el fuego, ha de librarla del castigo a que la ha sometido su padre.

SIGFRIDO
(SIEGFRIED)

Ópera en tres actos

Música y libreto: Ricardo WAGNER

Estreno: Bayreuth, 16 agosto 1876

REPARTO

SIGFRIDO	Tenor
BRUNILDA	Soprano
ERDA	Contralto
WOTAN	Barítono
MIME	Tenor
ALBERICH	Barítono
FAFHER	Bajo

Lugar de la acción y época: Imaginario

INTRODUCCIÓN

S IEGFRIED es la segunda jornada del ciclo wagneriano "El anillo del Nibelungo". Según se ha visto en el último acto de "La Walkiria", Siglinda, por instigación de Brunilda, se ha refugiado en los dominios del coloso Fafher, en donde ha dado a luz un hijo, Sigfrido, muriendo a consecuencia del alumbramiento, después de haber confiado al nibelungo Mime los pedazos de la espada de Sigmundo. Este hábil forjador piensa componer con estos fragmentos un arma con la que Sigfrido pueda exterminar al gigante terror de aquellos parajes, que, convertido ahora en un monstruoso dragón, domina a todos con su espantosa apariencia.

ACTO PRIMERO

Forja de Mime, en plena selva. El nibelungo está tratando de unir los pedazos del acero donado por los dioses y hacer una espada para su hijo adoptivo Sigfrido. Aparece éste y jovialmente asusta a su pusilánime protector con un enorme oso al que acaba de dar caza. Al ver el arma reción compuesta, la blande con sus poderosas manos y al flexionar la rompe de nuevo. Ante el mal que inconscientemente ha producido, queda caviloso y pregunta a Mime el origen de aquella espada. Entonces el paciente nibelungo le narra la historia de Siglinda y Sigmundo, el combate que éste sostuvo con su rival Hunding, en el que quebró su acero y perdió la vida, y su propósito de componerlo, pues sabe que está predestinado a conseguir grandes victorias quien lo empuñe. Entusiasmado Sigfrido por aquel relato que hace vibrar con nuevos impulsos su bravío corazón, suplica a Mime que forje otra vez la espada en tanto él retorna al bosque a corretear entre las fieras que no teme y avasalla con sus hercúleas fuerzas. Apenas queda solo el nibelungo, aparece un vagabundo, que no es otro que el dios Wotan, que para descender a la tierra y andar por ella libremente ha tomado aquella modesta apariencia. El recién llegado disuade a Mime de proseguir su labor, informándole que tan sólo un ser que no conozca el miedo podrá reparar los fragmentos de aquella arma sagrada y una vez la posea lo decapitará, puesto que una de las principales misiones que le están encomendadas es el exterminio de los nibelungos. Cuando regresa Sigfrido y reclama el acero, su protector trata de hacérselo olvidar al propio tiempo que intenta hacerle experimentar el miedo. Para ello le cita la lobreguez de la selva en las oscuras noches, la fiereza de los salvajes animales que la pueblan, mil cosas horripilantes, mas el joven héroe se esfuerza en vano por comprenderle, pues no puede dar cabida en su indómita imaginación a ninguna sensación de temor. Finalmente, Mime le habla de la existencia del terrible gigante que se guarece en las profundidades selváticas bajo el aspecto de un feroz dragón. Entonces Sigfrido, en vez de amedrentarse, siente el valeroso ímpetu de ir a su encuentro para atacarlo, y animado por este audaz deseo, forja él mismo la espada y, empuñándola, se lanza gozoso a la aventura de la que su valor inconsciente le impide ver los peligros. Mime, a quien el temor por su amenazada vida ha tornado su cariño en desconfianza, decide asesinar a Sigfrido cuando descanse, si sale ileso de su contienda con el dragón.

ACTO SEGUNDO

Cueva del gigante-dragón Fafher en la espesura de la selva. Este monstruo dormita confiadamente en su cubil en tanto acecha en el exterior el enano Alberich aguardando una oportunidad para agredirlo y recuperar el mágico anillo de que fue despojado. Aparece Wotan y comunica al enano la próxima llegada de Sigfrido. El astuto nibelungo penetra entonces en el antro y despertando al dragón le previene el advenimiento del joven héroe, exigiendo como pago de este oportuno aviso la entrega del codiciado anillo, pues pretende haberle salvado la vida. Mas la inmunda bestia se niega a darle ninguna recompensa y lo aparta a coletazos de su lado. Avanzando firmemente entre la maleza, llega Sigfrido mecido en su camino por los dulces trinos de los pájaros silvestres. Al encontrarse ante la cueva sopla su cuerno de caza, retando al dragón, que acude a su llamamiento y se apresta para la lucha. Esgrimiendo con denuedo su espada, el heroico mancebo consigue darle muerte tras breve y enconada pelea. Gracias a la sangre que brota de las numerosas heridas de la bestia y cuyo sabor prueba Sigfrido con sus labios, puede éste comprender desde entonces el maravilloso lenguaje de los pájaros. Obedeciendo al mandato de sus gorjeos, penetra en la cueva y se apodera del mágico anillo. Una vez el milagroso amuleto en su posesión, es iluminado por una visión extraordinaria que le permite leer en la mente de los mortales sus más recónditos pensamientos. Ese don le hace adivinar los criminales propósitos que animan a su protector Mime, al que se ve obligado a matar en defensa de su propia existencia. De nuevo presta atención a los trinos de las aves que le relatan ahora la triste historia de la cautiva Brunilda que aguarda dormida sobre un peñasco que un paladín la releve de su condena. El intrépido Sigfrido se dispone a ser el libertador que venciendo el fuego rescate a la walkiria, y guiado por los selváticos pajarillos que posándose de árbol en ár-

bol, en cortos vuelos, le señalan el camino, marcha audazmente hacia su nueva aventura.

ACTO TERCERO

Paraje montañoso cercano a la ígnea roca en que se halla
prisionera Brunilda. El dios Wotan se reúne en aquel agreste lugar con la diosa de la naturaleza Erda, su amante
terrestre de otra época, y le comunica su decisión de abandonar voluntariamente el mando del Walhalla y sus celestiales moradores. No es que desee el fin del imperio de los
dioses, pero se siente fatigado de luchar incesantemente y no
le importa que este final pueda llegar, pues las fuerzas le faltan y cree que es en vano seguir debatiéndose en contra
de sus enemigos. Sabiendo que Sigfrido posee el mágico
anillo del Nibelungo, desearía que este esforzado doncel li-
bertara a su hija Brunilda y unidos ambos tomaran el mando que él abandona. Mas para decidirse a ello necesita aún
nuevas pruebas del valor de Sigfrido y para obtenerlas obs-
truye su camino con numerosos peligros e impedimentos.
El temerario joven vence todos los obstáculos haciéndolos
trizas con su espada invencible y consigue llegar hasta aquel
paraje sano y salvo. Una vez allí, se precipita con arrojo
en medio de las llamas que envuelven a la dormida walkiria,
y habiendo dominado con su tesón y gallardía al conjuro
que alimentaba aquel fuego de maldición, puede aproximarse
libremente a ella. Depositando un tierno beso en la frente
inmaculada de la hija de Wotan, la despierta del letargo
a que estaba condenada. Brunilda se levanta gozosa porque
reconoce en su libertador al héroe que ha de salvar al mundo de las asechanzas de los seres malvados. Al contemplar
el bello cuerpo de la amazona, Sigfrido experimenta por primera vez en su existencia las perturbadoras sensaciones del
amor y el deseo que hacen presa como agoreras aves de rapiña de su inocente corazón. Sin poder contener la amorosa furia que se ha posesionado de su pecho adolescente, declara ardientemente su pasión al ser seductor que se lo ha
inspirado. Brunilda trata de esquivar su asedio haciéndole
comprender que siendo hija de dioses y por lo tanto diosa
ella misma, no le es permitido sentir ni gozarse con aquel
sentimiento que tan sólo aflige haciendo la dicha y el dolor

de los humanos. Pero como las insinuaciones de Sigfrido se hacen cada vez más perentorias y apremiantes, acaba por olvidar la walkiria su ciencia divina convenciéndose ella misma de que no es más que una mujer y como tal sucumbe al ardiente llamamiento que hace a sus sentidos su enamorado, al que se entrega cayendo en sus ardientes brazos.

EL CREPÚSCULO DE LOS DIOSES
(DIE GOETTERDAEMMERUNG)

Ópera en tres actos y un preludio

Música y libreto: Ricardo WAGNER

Estreno: Bayreuth, 17 agosto 1876

REPARTO

SIGFRIDO	....	Tenor
BRUNILDA	....	Soprano
GUTRUNA	....	Soprano
GUNTHER	....	Bajo
HAGEN	....	Bajo
WOGLINDA		Soprano
WELLGUNDA ....}	ondinas del Rhin	Soprano
FLOSSHILDA		Contralto

Lugar de la acción: Imaginario

INTRODUCCIÓN

C ON "El crepúsculo de los dioses", tercera y última jornada de la tetralogía "El anillo del Nibelungo", acaba el vasto poema musical brotado del genio de Wagner. Como su título indica, en él vemos la decadencia de los celestiales moradores del Walhalla que acaban por ser aniquilados por sus enemigos por haberse envilecido con pecados terrenales sus héroes y postreros defensores. Así se cumple la terrible maldición con que el encolerizado nibelungo anatematizó el oro substraído al Rhin, al ser despojado por Wotan de su mágico anillo que a través de los años ha llevado el infortunio y la muerte a cada uno de sus poseedores.

PRELUDIO

Peña en la cumbre del monte donde Brunilda ha permanecido cercada de fuego hasta que Sigfrido la redimió de su condena. Desde que la walkiria se unió a su libertador tomándolo por esposo, ambos esconden allí sus sublimes amores, habitando una cueva cercana. Mas pronto el héroe se ha fatigado de aquella muelle existencia que la placidez hace monótona. Ahora ansía ya lanzarse otra vez a sus correrías para que le deparen nuevas aventuras cuyo riesgo disipe el tedio que le abruma. Comprendiendo su inquietud, Brunilda le permite partir haciéndole entrega de su corcel de walkiria para que le conduzca hacia sus elevados y lejanos destinos. Sigfrido hace depositaria a su esposa del mágico anillo que arrebató al gigante-dragón Fafher al darle muerte en la selva, y montando en su nueva cabalgadura se aleja al trote majestuoso del brioso caballo *Grane*, a la conquista de nuevos laureles que sumados a sus muchas victorias hagan su gloria inmortal. Mas sobre su sino pesa ahora el sortilegio del oro maldito de que es poseedor, y tan sólo desdichas y calamidades ha de encontrar a su paso.

ACTO PRIMERO

Castillo del rey Gunther, en las proximidades del Rhin. El soberano habita esta soberbia residencia con su hermana Gutruna y su hermanastro Hagen. Éste es hijo del nibelungo Alberich, y, sabiendo la historia del robo de que fue víctima su padre, se propone rescatar el anillo de que fue despojado y restituírselo. Con ese fin prepara una milagrosa bebida que haciendo olvidar a Sigfrido a su amada walkiria, le haga concebir una ciega pasión por Gutruna. Con ello dará también ocasión al rey Gunther para cortejar libremente a Brunilda, a la que desea. Llega Sigfrido, y, sin recelar el engaño, acepta y bebe el brebaje que le brindan. Inmediatamente se borra de su mente el recuerdo de la amazona y se enamora de Gutruna. Entonces el soberano le promete cederle la doncella si él a su vez le facilita el medio de conquistar a Brunilda. Sigfrido, bajo el imperio de la droga que excita y enloquece su espíritu, acepta este inicuo trato y para su pronta realización toma la apariencia corporal del rey Gunther y parte para engañar y conquistar a su compañera. Una rápida mutación nos muestra al trastornado héroe llegando al flameante peñasco en donde le aguarda la confiada Brunilda. Al llegar allí, la walkiria no lo reconoce bajo el extraño aspecto que ha adoptado y, sin comprender cómo un forastero pudo franquear el círculo de fuego que la aísla del exterior, blande el mágico anillo implorándole protección. Pero Sigfrido, que conoce el sistema de contrarrestar el conjuro, consigue quitarle el amuleto y apoderándose de ella la arrastra hasta la cueva que les sirve de vivienda.

ACTO SEGUNDO

Paraje en las orillas del Rhin. Hagen, aconsejado por su padre Alberich, traza el plan a seguir para recuperar el anillo del nibelungo. Aparece Sigfrido, ahora en su aspecto físico normal, y dice a Hagen que, cumpliendo con lo pactado, ha conquistado a su esposa con la apariencia del Rey Gunther, creyendo por lo tanto que la amazona no se resistirá ya a sus lúbricas pretensiones y viene ahora a recoger la recompensa de su villanía. Pronto aparece la doncella Gutruna, que acoge amorosamente a su adorador, preparándose ambos para festejar la llegada de Brunilda y el Rey Gunther, unidos a su vez por los lazos voluptuosos de una mutua pasión. Al aparecer la otra pareja, la walkiria queda sorprendida al ver a su héroe cortejando a otra mujer, y al distinguir el anillo mágico que brilla en su dedo, no comprende cómo ha podido obtenerlo, cuando está convencida de que fue el soberano quien se lo arrebató, y pide una aclaración del misterio. Sigfrido, cuyo perturbado espíritu está aún bajo los efectos de la droga ingerida, no recuerda con exactitud nada de lo que ha hecho y da una explicación muy confusa y embrollada. Entonces Brunilda lo denuncia como ilegal detentador del mágico amuleto y despierta los recelos del Rey Gunther afirmándole que es víctima de un engaño. El joven héroe se defiende de las acusaciones jurando sobre su espada invencible que es inocente de las falsedades que se le imputan. Mas la airada amazona sigue acusando a su esposo, al que desprecia, porque en vez de realizar las nobles hazañas a que estaba predestinado, se ha enredado en la maraña de una baja intriga, envileciéndose en unos frívolos amoríos. Sigfrido acaba por no hacerle caso y abandonarla en la violencia de sus rencorosos razonamientos, creyendo que ha perdido la razón. Entonces el astuto Hagen se ofrece a Brunilda para vengar sus agravios si le dice el medio de aniquilar al héroe. Ella explica que éste es tan sólo vulnerable por la espalda, no estando protegida mágicamente esta parte de su cuerpo, porque su destino le veda retroceder jamás ante ninguna contienda o peligro. Hagen, la walkiria y el Rey Gunther se constituyen entonces en tribunal y deliberando en un breve juicio sobre la culpabilidad de Sigfrido, le condenan a muerte por su traición, encargándose el primero de ejecutar la sentencia.

ACTO TERCERO

Valle selvático limitado en una parte por un frondoso bosque y en otra por las aguas del Rhin. Sigfrido se halla reposando de las fatigas de una cacería, cuando las ondinas del río asoman en las orillas y tratan de persuadirle de que les devuelva el mágico anillo de que fueron despojadas por el enano Alberich y cuyo oro, estigmatizado con su maldición, puede acarrearle funestas consecuencias. Pero el desconfiado héroe rechaza brutalmente la petición, afirmándoles que conoce bien la perfidia de las mujeres, tanto de tierra como de agua, y no quiere ser de nuevo víctima de sus engaños y traiciones. Las ondinas contestan a sus ásperos propósitos informándole que en aquel mismo día ha de extinguirse su existencia y retornan indignadas a su líquido elemento. Percíbense unos toques de cuernos de caza que sonando en las profundidades del bosque anuncian la llegada de nuevos caminantes, y a poco aparecen el Rey Gunther y Hagen, que son amistosamente recibidos por Sigfrido. Los recién venidos le invitan a compartir sus manjares y en tanto comen le cuentan sus últimas aventuras. Finalmente, Hagen le brinda un vaso de vino en el que ha disuelto una droga que ha de contrarrestar los nocivos efectos de la que le suministró en otro tiempo. Bebe Sigfrido y al instante recobra su perdida memoria, retornando a su mente el dulce recuerdo de la walkiria, por la que se interesa interrogando a sus anfitriones. Mas, sin darle tiempo

19

a recibir las nuevas que anhela obtener, Hagen le clava su lanza en un hombro, hundiéndola con su fuerte impulso tan profundamente, que le atraviesa el pecho de parte a parte. El héroe se desploma, abatido por el hierro asesino que le ha herido mortalmente. Una rápida mutación muestra una estancia del castillo del Rey Gunther donde está el inanimado Sigfrido tendido sobre un túmulo funerario y Gutruna llorando desesperadamente a su lado. Hagen pretende despojar al muerto del mágico anillo que luce en una de sus manos, mas el Rey Gunther se opone a ello, pues ambiciona para sí el poderoso amuleto. Los dos luchan encarnizadamente y el soberano sucumbe en la pelea. Entonces Hagen trata de apoderarse del anillo forcejeando con violencia para sacarlo del dedo, cuando el brazo del cadáver se levanta misteriosamente amenazándole. Este hecho extraordinario le cubre de pavor, haciéndole desistir de su propósito.

Brunilda, que ha acudido a recoger los despojos mortales del que fue su esposo, da orden de elevar una pira expiatoria en las orillas del Rhin que consuma con sus llamas redentoras el cuerpo del héroe y aquel castillo maldito. Valiéndose de dos cuervos como mensajeros, convoca al dios del fuego Loge para que realice su deseo, ordenándole también aniquilar con su destructor elemento el poderío de los dioses arrasando su celestial residencia. Pronto las llamas ascienden de la 'mortuoria pira y una vez presa de ellas el cadáver de su amado, Brunilda llama a su corcel de walkiria y cabalgando se aleja velozmente perdiéndose entre las nubes que unen el cielo con la línea del horizonte. Las aguas del Rhin se desbordan y extinguen el incendio. Surgen de ellas las tres ondinas y buscando entre las pavesas retiran de la calcinada mano del héroe el mágico anillo causante de su perdición y que tantos males ha acarreado desde que el oro de que está compuesto fue extraído de su escondite. Mas la maldición que pesa sobre él aún ha de producir una nueva y postrera víctima. El codicioso Hagen, que acechaba también la ocasión de remover los escombros para posesionarse del fatídico anillo, se precipita sobre las doncellas, agrediéndolas con brutalidad, para arrebatárselo. Mas esta vez las escarmentadas ondinas saben defender el tesoro de cuya custodia están encomendadas y empujando impetuosamente a su agresor lo precipitan en las agitadas aguas del río, que lo arrastra en la turbulencia de su corriente y lo sumerge para siempre en sus profundidades. Las ondinas se zambullen de nuevo en el Rhin retornando a su sitio de origen el oro que jamás debió salir de su seno. En la lejanía se ve el resplandor de una inmensa hoguera: es el Walhalla, que, presa de voraces llamas que lo destruyen, ilumina por última vez el firmamento con los destellos del incendio que ha de reducirlo a cenizas, lo mismo que a sus divinos moradores, que soportan con estoicismo, sin hacer el más mínimo esfuerzo para ponerse a salvo, el horrible fin que la fatalidad les ha destinado.

PARSIFAL

Festival sagrado en tres actos

Música y libreto: Ricardo WAGNER

Estreno: Bayreuth, 28 abril 1882

REPARTO

KUNDRY	Mezzo-soprano
PARSIFAL	Tenor
KLINGSOR	Barítono
GURNEMANZ	Bajo
AMFORTAS	Barítono
TITUREL, su padre	Bajo

Lugar de la acción: Montsalvat
Época: Edad Media

INTRODUCCION

P ARSIFAL está inspirado en la leyenda narrada en los poemas épicos de Wolfran de Eschenbach, según la cual en el Graal se conservaba el sagrado cáliz que contenía la sangre brotada de la herida que recibió Nuestro Señor Jesucristo en la cruz, al serle atravesado el costado por la lanza de un centurión romano. Esta lanza y la copa conteniendo la divina sangre fueron rescatadas de los impíos por Titurel, el cual, en unión de otros esforzados caballeros, las guardaba celosamente en lo alto de un castillo enclavado en la cumbre de Montsalvat, en los montes aragoneses próximos a la cordillera pirenaica, en los confines de la España árabe. Sintiéndose envejecer, Titurel nombró como substituto suyo en la custodia del santo Graal a su hijo Amfortas. El mago Klingsor, despechado por no haber sido

admitido entre los caballeros de la bendita montaña, creó
a su alrededor, por arte de brujería, un seductor jardín
poblado de tentaciones con el fin de hacer caer en el pecado a sus enemigos. En su maléfica empresa fue secunda-
do por la hechicera Kundry, mujer maldita que se burló
de Jesús cuando ascendía al Gólgota y estaba eternamente
condenada a errar por la tierra, presa a ratos por accesos
de perversión y a ratos por raptos de bondad, caminando
incansablemente hasta que alguien la redimiera de su culpa
implorando a Dios su perdón. Este enigmático ser, rodeado
de encantadoras doncellas, había atraído al pecaminoso jardín al caballero Amfortas, haciéndole caer en la tentación
y dando lugar a que Klingsor le hiriera gravemente valiéndose de la sagrada lanza que le arrebató. Desde que ocurrió tal cosa, una maldición se cernía sobre Montsalvat, im-
pidiendo a la sangre divina del Redentor operar las maravillas con que beneficiaba a sus nobles guardianes y recibir
anualmente la visita del Espíritu Santo que en forma de alba
paloma descendía el día de Pascua sobre el sagrado cáliz.
A pesar de que Amfortas fue rescatado por los caballeros
del Graal y restituido al castillo, desde entonces permanecía tendido en un lecho, sin poder morir ni sanar de su
terrible herida. Así debía seguir hasta que un ser ingenuo
y puro posara piadosamente su mano sin mancha sobre el
cuerpo del caballero pecador. Esto le devolvería la salud y
al mismo tiempo retornaría los esplendores y milagros al
santo Graal, en la actualidad olvidado de Dios. En este punto
comienza la historia de "Parsifal", el doncel sin tacha, héroe ingenuo de alma y corazón inmaculado, predestinado
a operar el milagro.

ACTO PRIMERO

Bosque próximo a Montsalvat. Gurnemanz, guardián de
la puerta que da acceso al Sagrado Graal, encuentra a Kundry, que, cubierta de harapos y como penitente, llega de
Arabia trayendo un mágico ungüento que asegura ha de ci-
catrizar las heridas de Amfortas. Aparecen los caballeros del
Graal conduciendo en una litera a su jefe, que viene a apli-
carse el balsámico unto, aunque no logra aliviar en absoluto
sus males. Salen de nuevo los caballeros llevándose al des-

venturado enfermo. Gurnemanz ratifica su fe de que tan
sólo un simple sin mácula podrá librarles de las calamidades que les afligen. Un cisne atravesado por una flecha cae
a sus pies. Llega el doncel que le ha dado muerte para
recoger su presa y Gurnemanz le reprende con severidad
por haber ocasionado por capricho aquella inocente víctima.
Parsifal, que no es otro el adolescente cazador, le replica
que disparó la flecha de su arco sin pensar que esto podría
dañar al ave. Esta ingenua consideración choca al viejo guardián, que a medida que interroga al doncel queda más y más
impresionado por su cándida simplicidad. Kundry interviene en la conversación informando a Parsifal que su madre
ha muerto. El muchacho se precipita sobre ella, agarrando
con sus robustas manos su cuello con el propósito de estrangularla por creer que miente, y con dificultad consigue
Gurnemanz evitar el crimen. Ante esta nueva prueba de la
falta de discernimiento del mal que demuestra el alma del
joven, se decide el anciano a llevarlo al castillo de Montsalvat en cuyo templo los caballeros ofician aquella mañana.
Entonces los dos caminantes emprenden la escarpada ruta
que conduce a lo alto de la montaña. El telón de fondo se
desliza lentamente a lo largo del escenario, mostrando el
abrupto paisaje pirenaico y dando la sensación de que los
dos hombres avanzan entre las rocas y la maleza. Al fin
se ve la entrada del castillo defendida por gruesas murallas
y seguidamente el interior de la iglesia. Allí los caballeros,
junto al sagrado cáliz que contiene la sangre del Redentor, celebran la fiesta de la Santa Cena comiendo un
poco de pan y bebiendo un sorbo de vino como símbolo de
los manjares benditos que Jesús ofreció a sus Apóstoles. El
atónito Parsifal contempla con grandes ojos de pasmo aquella sacrosanta ceremonia, sin que se atreva a llegar hasta
la mesa divina y oficiar juntamente con los caballeros. Éstos, una vez acabados sus ritos, encierran cuidadosamente
la Sagrada Copa que custodian, y se retiran del templo
con unción. Tan sólo restan en el desierto ámbito el asombrado adolescente y Gurnemanz. Éste, habiendo interpretado la timidez del muchacho por cobardía, cree que se
ha equivocado en su presentimiento de juzgarle como el
enviado de Dios y tratándole de loco e imprudente lo arroja del santo lugar, reconviniéndole aún por haber dado cruelmente muerte al cisne.

ACTO SEGUNDO

Torreón de la fortaleza habitado por el mago Klingsor. Éste despierta a su secuaz Kundry, que se halla dormitando en un rincón y la previene que estando amenazado su maléfico poderío por un inocente sin mácula, que ronda por aquellos parajes, es preciso que ejerza su seducción sobre él para hacerle caer en la tentación y preparar su alma inmaculada con el pecado. La indómita mujer se burla cínicamente de su mandato, pues en su pecho se alberga aún el espíritu del bien que le impulsó a ir hasta la lejana Arabia a buscar remedio para los incurables males de Amfortas. Mas, a un conjuro del brujo, este átomo de bondad la abandona súbitamente, y desplomándose por arte de magia los pesados muros de la fortaleza, Kundry se encuentra sentada sobre las grandes piedras de sus ruinas que se hallan rodeadas por un fantástico paisaje de maravilla. Éste es el jardín del mal en donde seductoras doncellas cubiertas de flores atraen a los hombres para hacerles sucumbir en las innumerables tentaciones que les brindan. Pronto llega Parsifal a este peligroso recinto. Kundry, adornada y hermoseada por las floridas muchachas que pululan a su alrededor entonando lujuriosos cánticos, rodea con sus brazos perversos como serpientes al ingenuo doncel. Todo es propicio al pecado: la exuberante vegetación tropical de los jardines, el enervante perfume que se desprende de los macizos de exóticas flores, las lascivas doncellas que ensalzan la gloria del amor carnal y bailan excitantes danzas, la belleza cálida y voluptuosa de Kundry... Mas, a pesar de todo ello, Parsifal resiste bravamente las múltiples tentaciones y permanece puro en medio de tanta perversión defendiendo con tesón su castidad. Al sentir sobre su boca los labios ardientes de la hechicera, su cerebro recibe como el rayo de una clarividencia milagrosa que le hace ver que es así como cayó Amfortas en el abismo del pecado recibiendo su dolorosa herida. Fortalecido por la providencial visión, arroja de su lado con repugnancia a la libidinosa Kundry y levantando su frente sin tacha hacia las nubes implora al cielo su bendición, permaneciendo así, erguido en una hierática actitud un largo rato. La hechicera se encoleriza al recibir el agravio de verse despreciada, y, sin comprender el éxtasis divino del adolescente que la ha humillado rechazándola, trata de agredirlo con su furor, mas él la apacigua diciéndole que si hubiera accedido a sus insinuaciones pecando con ella, ambos se habrían condenado irremisiblemente, en tanto que ahora, permaneciendo puro, puede intentar aún su redención. El mago Klingsor, que acechaba aguardando el resultado de la celada que tan diestramente había tendido a su joven enemigo, se muestra al oír esto y tira su lanza sobre Parsifal, comprendiendo que si no es asesinándole, ya nada podrá contra él. Mas la mortífera arma se detiene a la mitad de su curso quedando milagrosamente suspendida en el aire. El casto mancebo se apodera de ella y da gracias a Dios por haberle salvado de una muerte violenta. El mago es entonces aniquilado, junto con su maldito jardín, cuyas flores y plantas se marchitan en un instante, transformándose aquel lujurioso vergel en un selvático paraje de gran placidez y suavidad por el cual avanza Parsifal serenamente, regresando al mundo para cumplir la alta misión a que está predestinado.

ACTO TERCERO

El mismo bosque cercano a Montsalvat, del acto primero. Han pasado algunos años. El anciano Gurnemanz descubre junto a unos matorales el maltrecho cuerpo de Kundry, que en constante penitencia ha llegado hasta allí presintiendo el próximo fin de su torturada existencia. Aparece Parsifal, que ha recorrido durante aquel período de tiempo los caminos infinitos de la tierra empuñando siempre la lanza que perforó el costado de Jesucristo, en espera del momento propicio para retornar al Santo Graal. Gurnemanz, comprendiendo al fin que aquel mancebo es el enviado divino que aguardaba desde tantos años en la sagrada montaña, lo acoge con grandes muestras de afecto, en tanto con gesto de penitente humildad la pecadora Kundry, cual nueva Magdalena, lava sus pies cubiertos por el polvo de todos los senderos del mundo y los seca después con su larga cabellera. Como es Viernes Santo, las campanas del castillo suenan en la lejanía repicando los toques de ritual en la festividad del día. Parsifal es despojado por Gurnemanz de su armadura y las ropas que vestía y cubierto por un manto de caballero del Graal. Acto continuo, es invitado por el viejo guardián a seguirle hacia el castillo, como años atrás, recorriendo de nuevo el mismo camino entre las rocas de los escarpados montes que un día recorrieron juntos en el pasado, mas ahora animados de una nueva fe e impulsados por un nuevo y firme propósito. Al penetrar en el templo presencian cómo los caballeros encargados de su custodia conducen el cadáver de Titurel, que acaba de morir, y lo depositan ante el altar. Amfortas, siempre tendido en su lecho de martirio, se retuerce atormentado por los agudos dolores que sus llagas le producen y suplica a sus caballeros que le den la muerte de una vez y se libren así de su infamante presencia. Entonces Parsifal, presintiendo que es aquélla la misión que le está señalada, avanza con firmeza y, tocando con su lanza las sangrientas heridas del condenado, lo sana instantáneamente absolviéndole al mismo tiempo de su falta. Grande es el regocijo de todos los caballeros, que entonan un cántico de alabanza a la infinita misericordia de Dios. La vida anima de nuevo el cadáver de Titurel, que en una momentánea resurrección puede ver el milagro realizado y cerciorarse de que la obra benéfica de toda su existencia ya tiene continuador. Kundry, redimida también del sacrilegio que un día perpetró al burlarse de los sufrimientos de Nuestro Señor Jesucristo abatido bajo el peso de su cruz, expira dulcemente. Parsifal se arrodilla para orar ante el Sagrado Cáliz que los caballeros descubren de los velos que lo envuelven, y sobre la sangre divina del Redentor del Mundo se posa un rayo de luz como en años anteriores en tal festividad. Una blanca paloma simbolizando el Espíritu Santo desciende de las alturas y revolotea sobre la frente sin mácula de Parsifal, desde entonces nuevo jefe de los nobles caballeros que custodian el Graal.

EL FRANCOTIRADOR
(DER FREISCHÜTZ)

Ópera en tres actos,
el segundo y el tercero divididos en dos cuadros cada uno

Música: Carlos María WEBER   Libreto: Federico KIND

Estreno: Berlín, 18 junio 1821

REPARTO

INÉS	Soprano
ANA	Mezzo-soprano
MAX	Tenor
OTTAKAT, duque de Bohemia	Barítono
GASPAR	Bajo
KILIAN	Tenor
KUNO	Bajo
UN ERMITAÑO	Bajo
ZAMIET, el diablo	Sólo recita.

Lugar de la acción: Bohemia
Época: Edad Media

ACTO PRIMERO

Paraje en un coto de caza del duque de Bohemia. Kuno, el jefe de los hombres encargados de guardar los vedados del duque Ottakar, está ya demasiado achacoso para desempeñar su cargo y su señor piensa jubilarlo y substituirlo por un mozo más joven. A este efecto ha organizado un concurso de tiro para conceder el mando de sus guardias campestres al vencedor. Entre los aspirantes a ese puesto está el ojeador Max, hábil tirador adiestrado en todas las artes de montería, que piensa no tan sólo substituir al anciano Kuno, sino también obtener la mano de su bella hija Inés de la que está locamente enamorado y es correspondido por la joven en su pasión. Un primer ensayo preliminar, a manera de prueba, es efectuado y en él vence a Max el campesino Kilian, rico hacendado del lugar que demuestra gran pericia en el manejo de las armas alcanzando todos los blancos. Los asistentes al acto rodean a éste felicitándole por su triunfo, en tanto Max, presa de un profundo desconsuelo, se confía a su amigo Gaspar para que le aconseje el medio de conjurar su mala suerte. Este enigmático individuo vendió en otro tiempo su alma al diablo y con la esperanza de recuperala ofreciendo en su lugar otra víctima, trata de infundir valor al desanimado Max y engatusarlo entregándole un fusil cargado con una bala mágica que no se desvía nunca de su blanco por mal que se apunte. El joven cazador dispara el arma y queda asombrado al ver caer a sus pies una enorme águila que ha alcanzado a pesar de volar a una altura considerable. Entonces Gaspar le dice que en una cueva de un valle próximo, llamado del Lobo, habita un mago que puede fabricarle siete balas como aquéllas para acertar los siete blancos del próximo concurso, y Max parte entusiasmado en su busca, pues desea vencer y conseguir la mano de Inés, aunque para ello deba comprometer la suerte de su alma.

ACTO SEGUNDO

CUADRO PRIMERO

Alcoba de Inés. La joven está aguardando a su novio y se inquieta por su tardanza, pues un ermitaño le ha pronosticado que un peligro les acecha a ambos, sin querer darle más explicaciones y asegurándole tan sólo, respecto a ella, que su corona de desposada la ha de preservar del mal que la amenaza. Su amiga Ana trata en vano de tranquilizarla y aconsejarle que se retire a descansar. Inés afirma que quiere esperar el regreso de su amado y para dominar su impaciencia e implorar la protección celestial se postra de rodillas y reza devotamente en tanto aguarda. Al poco rato aparece Max, y, después de dar cuenta de su fracaso en las pruebas de tiro de aquella mañana, explica que se ha retrasado porque en el valle del Lobo divisó a un ciervo que persiguió hasta darle muerte y ahora quiere ir a recoger el cadáver para ofrecérselo. Inés le suplica que no lo haga hasta el día siguiente, temerosa de que le pueda ocurrir alguna desgracia caminando en la oscuridad, mas él se obstina en su propósito y parte dejando desoladas a las dos muchachas.

CUADRO SEGUNDO

Paraje agreste en un valle, envuelto en las tinieblas de la noche. Llega Gaspar e invocando al diablo que se le manifiesta bajo la forma corporal del mago Zamiet, le informa del engaño de que ha hecho víctima a su amigo, pretendiendo libertar su alma a cambio de la de aquél. Avanzando penosamente entre las sombras, llega Max hasta aquel paraje. Para detenerle en su camino de perdición, se le aparece el espíritu de su madre, que le exhorta a no seguir adelante, mas pronto el diablo le muestra en una falaz visión a la novia Inés despreciándole por haber sido derrotado de nuevo en el concurso y esto le decide a sacrificar su alma para obtener la victoria. Llamando al brujo Zamiet, le comunica su fatal resolución, y, siguiéndole hasta el interior de la cueva que le sirve de guarida, presencia cómo al calor de un fuego infernal son fundidas las siete balas que han de hacerle vencer.

ACTO TERCERO

CUADRO PRIMERO

Alcoba de Inés. La piadosa joven está orando de nuevo para implorar a Dios su bendición en aquel día en que ha de unirse con los lazos sagrados del matrimonio con su prometido Max. Llegan las doncellas que han de escoltarla en la boda trayendo en una caja la corona de desposada. Inés la toma con gran contento y su desilusión es infinita cuando al abrirla halla en su interior una corona mortuoria. Esta misteriosa coincidencia le recuerda la predicación del ermitaño y tan sólo puede consolarse algo al pensar que aquella extraña substitución no es un fúnebre presagio, sino un afortunado azar del que la providencia se vale para salvarla de un mal desconocido que la acecha.

CUADRO SEGUNDO

Paraje en uno de los cotos de caza del duque de Bohemia. El concurso de tiro tiene lugar y todos los reunidos allí están maravillados de la destreza y excelente puntería que Max demuestra esta vez. El afortunado cazador ha disparado ya seis de sus mágicas balas, alcanzando certeramente los blancos a que estaban destinados. Entonces el duque Ottakar, gratamente impresionado por su habilidad, le muestra una paloma invitándole a disparar y concediéndole el cargo del anciano Kuno si la acierta. Seguro del éxito, Max hace fuego con un gesto de orgullosa suficiencia, mas la bala se desvía en su trayecto y en vez del ave a que iba destinada, alcanza a la inocente Inés. Mas, por milagro, la guirnalda de flores que la cubría y había sido bendecida por el ermitaño, la preserva de que el mortífero proyectil penetre en su cuerpo. Todo el mundo queda estupefacto ante este hecho inexplicable. El arrepentido Gaspar, comprende al fin su villano comportamiento y entregando su comprometida alma al diablo muere súbitamente, librando así a la de su amigo del infame pacto con que la había cedido. El confuso Max, lleno de vergüenza ante el triste final de sus ligerezas que tan trágicas consecuencias podían acarrearle, acaba por confesar al duque Ottakar la historia de las demoníacas balas fundidas por el brujo Zamiet en su antro y que tan sólo su loca ambición de triunfo y el ansia de casarse de una vez con su prometida le habían hecho aceptar. El duque le impone como condena un año de severa penitencia por todos sus pecados, transcurrido el cual podrá tomar por esposa a su amada Inés, que promete esperarle todo este tiempo.

EPÍLOGO

¿Sabe la gente lo que ocurre en las óperas, "lo que está pasando"? Creo que muy confusamente. Saben los entendidos lo que se canta y cómo se viste. Importa también la escenografía y, sobre todo, la vida social, lo mundano, que está por encima —en cuanto a atención— al mundo artístico. Aunque no soy un aficionado ni bueno ni malo, he asistido a representaciones en el Teatro Real de Madrid —llevando el frac del adolescente—, en la Grande Opera y en la Opera Comique de París, y en la Scala, de Milán. Aún no he ido al Liceo, lo que me avergüenza bastante.

Estas mínimas incursiones personales en los elegantes templos de la ópera, así como el conocer a muchos amantes de ella, me hacen afirmar que al libreto se le da una importancia tan secundaria, que la mayor parte del público no sabe ni siquiera lo que se ha pretendido ni, la mayoría de las veces, quién es el autor. Todos sabrán, por ejemplo, quién es Bizet y también que "Carmen" es una adaptación de la novela de Merimée; pero nadie recordará seguramente a Meilhac y Halevy. Y así ocurrirá con Ghislanzoni, por muy conocidos que sean Verdi y "Aida", y con Bis y Jouy, por muy sabido que resulte que el "Guillermo Tell" es de Rossini; etc. Sólo con Wagner no caben equivocaciones, porque en sus óperas todo es suyo.

Viene todo esto al asombro que me ha producido recibir el extraño regalo de curiosidad y cultura que supone un libro, como el de Nicolás Barquet, con sesenta y cinco argumentos de óperas famosas, idea verdaderamente feliz que ha encontrado acogida en la vasta e inteligente empresa que el señor Zendrera viene desarrollando en la Editorial Juventud.

Eugenio d'Ors, en un divertido prólogo que hace de este libro, confirma mi sospecha del escaso o ningún conocimiento que solemos tener de los libretos de ópera: "En cuanto a las óperas —escribe—, debo humildemente confesar que si alguna vez me ha seducido el "bel canto" —mucho más, na-

*turalmente, si venía de garganta de soprano que de pulmones
de tenor—, la intriga que mientras tanto iba desarrollándose
en escena me tenía perfectamente sin cuidado."*

*Creo que esta indiferencia d'orsiana sea tan compartida,
que forme uno de los más fuertes lazos que unan con el público al ilustre escritor.*

*La ópera tiene eso: virtuosos y verdaderos coleccionistas
auditivos que han oído docenas de veces la misma romanza, y
sobre todo, público elegante que piensa en que la entrada, los
entreactos y la salida merecen el sacrificio de aguantar el
espectáculo.*

*Sólo leyendo un libro como este de Nicolás Barquet se
entera uno bien de "lo que pasa": de la acción, intriga, etc.,
de un libreto.*

*Elijamos al azar una ópera explicada por el escritor vila-
novés Nicolás Barquet en su libro: "Aida". ¿Saben muchos
que "Aida" fue estrenada en El Cairo? Se lo merece su argumento; pero no creo que muchos supusieran que Verdi la es-
trenase allí y que El Cairo quede inesperadamente incorpora-
do a los lugares santos de la ópera: Viena, París, Venecia,
Roma, Milán, Weimar, Bayreuth, Munich...*

*La imaginación de un libretista es verdaderamente fabulo-
sa. Imaginar nada menos montar el palacio de Menfis; sacar
a la hija del rey de Etiopía —Aida—; mover a la hija del rey
de Egipto, al propio Rey... Montar el templo del dios Phta. la
cámara de Amneris en el Palacio Real, la gran plaza de Menfis.
sótanos, etc... hasta llegar al abrazo de los enamorados entre
fúnebres cantos de sacerdotisas y sacerdotes. Hace falta imaginación y un valor que en otros géneros literarios no suele
ser frecuente.*

*He leído el libro y me he enterado de lo que ocurre en más
de sesenta óperas. Las más intelectuales y confusas, naturalmente, son las de Wagner, que maneja las fuerzas de la Naturaleza con una familiaridad sólo comparable a la con que
Gluck maneja a los dioses.*

*Esta especie de historia de la ópera, mejor aún, de anto-
logía argumental, cronológicamente presenta las óperas de
fines del XVIII —Mozart y Gluck—, el gran siglo musical del
800 y los más salientes del nuestro, que se inicia con "Louise",
la ópera de Charpentier, que tiene ya un enorme valor, conmovedor casi, de época; artistas pobres, primavera del París
del 900, callejones de Montmartre, "midinettes", fuga amorosa,*

seducción y un padre —barítono— que después del coro de
los bohemios y el dueto de "Paris, Paris, ville lumière..." y
la "farandola", llora la definitiva desaparición de Louise, que
corre a "vivir su vida" aunque su padre la llame aún por la
ventana... "después de un momento de reflexión", natural-
mente.

Óperas, óperas... Ahora es cuando uno podría cantar como
fin de artículo la romanza de la evocación: Europa, ópera...
y finis. Rococó bombardeado de las Cortes alemanas, en cuyos
espejos —Dresde, escotado y culto— se contempló Stendhal...
Maestros de orquesta palatinas —Weber bajo arañas que ha-
cen cubista la luz—, casitas campesinas, en la que un hombre
solitario —¿Schiller?— escribe frente a una chimenea de le-
ños... Un coro de walkyrias va ahora por los caminos, mien-
tras se oyen otras tormentas y otros truenos que aquellos de
que disponía Wagner.

Óperas mudas hoy, de París y de Viena, de Venecia y de
Roma... Ópera en escombros de Milán, con el fantasma de
"Madame Butterfly" y de "Otelo"...

También sería fácil decir que por los antepalcos donde
vivió el amor pasea ahora la muerte, oyendo la interminable
sinfonía de la guerra. Pero no hace falta. La ópera ni siquiera
como expresión social ha terminado. En lo convencional de
su género quizás ande su perdurabilidad. Y si el oro del Rhin
está rojo de sangre, siempre habrá para la mirada de una mu-
chacha en flor un caballero Lohengrin que se aleje en su bar-
ca, llevada sobre las aguas del río por la blanca paloma del
Santo Graal...

César González-Ruano.

ÍNDICE ALFABÉTICO DE ÓPERAS

ÍNDICE ALFABÉTICO DE COMPOSITORES

ÍNDICE GENERAL